CONSULTORIA DE IMAGEM

Relações humanas, inclusão e respeito
Histórias brasileiras e portuguesas

Editora Appris Ltda.
1.ª Edição - Copyright© 2023 dos autores
Direitos de Edição Reservados à Editora Appris Ltda.

Nenhuma parte desta obra poderá ser utilizada indevidamente, sem estar de acordo com a Lei nº 9.610/98. Se incorreções forem encontradas, serão de exclusiva responsabilidade de seus organizadores. Foi realizado o Depósito Legal na Fundação Biblioteca Nacional, de acordo com as Leis n°s 10.994, de 14/12/2004, e 12.192, de 14/01/2010.

Catalogação na Fonte
Elaborado por: Josefina A. S. Guedes
Bibliotecária CRB 9/870

C758c Consultoria de imagem: relações humanas, inclusão e respeito; histórias
2023   brasileiras e portuguesas / organizado por Márcia Coelho Flausino. -
       1. ed. - Curitiba: Appris, 2023.
       168 p. ; 27 cm.

       ISBN 978-65-250-3902-2

       1. Moda. 2. Serviço de consultoria. 3. Imagem corporal. 4. Estilo de vida.
       I. Flausino, Márcia Coelho. II. Título.

                                                          CDD – 391

Livro de acordo com a normalização técnica da ABNT

Appris editora

Editora e Livraria Appris Ltda.
Av. Manoel Ribas, 2265 – Mercês
Curitiba/PR – CEP: 80810-002
Tel. (41) 3156 - 4731
www.editoraappris.com.br

Printed in Brazil
Impresso no Brasil

Organizado por Márcia Coelho Flausino

CONSULTORIA DE IMAGEM

Relações humanas, inclusão e respeito
Histórias brasileiras e portuguesas

FICHA TÉCNICA

EDITORIAL	Augusto Vidal de Andrade Coelho
	Sara C. de Andrade Coelho
COMITÊ EDITORIAL	Marli Caetano
	Andréa Barbosa Gouveia (UFPR)
	Jacques de Lima Ferreira (UP)
	Marilda Aparecida Behrens (PUCPR)
	Ana El Achkar (UNIVERSO/RJ)
	Conrado Moreira Mendes (PUC-MG)
	Eliete Correia dos Santos (UEPB)
	Fabiano Santos (UERJ/IESP)
	Francinete Fernandes de Sousa (UEPB)
	Francisco Carlos Duarte (PUCPR)
	Francisco de Assis (Fiam-Faam, SP, Brasil)
	Juliana Reichert Assunção Tonelli (UEL)
	Maria Aparecida Barbosa (USP)
	Maria Helena Zamora (PUC-Rio)
	Maria Margarida de Andrade (Umack)
	Roque Ismael da Costa Güllich (UFFS)
	Toni Reis (UFPR)
	Valdomiro de Oliveira (UFPR)
	Valério Brusamolin (IFPR)
SUPERVISOR DA PRODUÇÃO	Renata Cristina Lopes Miccelli
ASSESSORIA EDITORIAL	Priscila Oliveira da Luz
REVISÃO	Ana Lúcia Wehr
PRODUÇÃO EDITORIAL	Priscila Oliveira da Luz
DIAGRAMAÇÃO	Bruno Ferreira Nascimento
CAPA	Lívia Costa
REVISÃO DE PROVA	Bianca Silva Semeguini

Dedico este livro à minha mãe, Elza Coelho Flausino, cuja elegância sempre esteve na certeza de que todos merecem respeito e de que um sorriso e um bom-dia são mais marcantes que uma roupa cara.

AGRADECIMENTOS

Agradeço profundamente a todos e a todas as entrevistadas, que acreditaram no projeto deste livro, na primeira hora. Ele não existiria sem vocês.

Agradeço às pesquisadoras que escreveram seus artigos com reflexões sobre o fazer e a importância da consultoria de imagem.

Faço uma menção especial ao Grupo Connecting, ao qual fui apresentada pela consultora Vânia Figueiredo, que me colocou em contato com profissionais de todo o Brasil.

Sou grata à Cris Dorini, presidente da Federação Internacional de Profissionais da Imagem (FIPI Brazil), e à Silvia Scigliano, ex-presidente da Associação Internacional dos Consultores de Imagem (AICI – Capítulo Brasil), dirigentes das duas entidades que representam as consultoras e os consultores de imagem, num trabalho incansável pela valorização, pelo reconhecimento e pela regulação da atividade. Mesmo com agendas atribuladas, responderam sim ao meu chamado e fizeram indicações de consultoras a entrevistar.

Meu muito obrigada ao Prof. João Braga, que escreveu o prefácio brasileiro, referência em História da Moda no Brasil, com inúmeros livros publicados sobre o tema, de quem me orgulho de ser ex-aluna, seguidora e amiga, pelo apoio e incentivo; também, pelos incontáveis posts encaminhados, que povoaram os meus inúmeros dias e noites pandêmicos, sempre com muita moda, humor e barroquismos. É uma honra contar com o seu prefácio brasileiro.

Pela generosidade e pelo prefácio português, meus agradecimentos à Dora Dias, professora e reconhecida consultora de imagem, dirigente de entidade profissional, cujos ensinamentos me permitiram conhecer mais sobre consultoria de imagem e sobre o mercado e a cultura portuguesa — e, ainda, sobre os vinhos portugueses.

Ao Prof. Eduardo Carvalho, minha admiração e meu agradecimento pela acolhida carinhosa, mineiramente acontecida numa tarde de sábado. Seu posfácio é o retrato do seu pioneirismo de 33 anos de excelência no ensino da consultoria de imagem.

Finalmente, agradeço à minha assistente Érika Guedes Flausino, minha sobrinha, cuja paciência e expertise em novas tecnologias possibilitou a criação de posts de divulgação, gravação e transcrição das entrevistas — e eu que antes da pandemia nunca tinha usado o Zoom!

APRESENTAÇÃO

Este é um livro de afetos: amor à informação de qualidade, à consultoria de imagem, às pessoas que compartilham sonhos e nos ajudam a realizá-los. Numa dessas madrugadas pandêmicas, cansada de estar entre quatro paredes, senti falta de conhecer gente interessante. Aí, nasceu a ideia de organizar um livro no qual eu entrevistaria consultores de imagem, contaria *cases* de consultoras brasileiras e portuguesas. Mas essa ideia se mostrou pobre diante da enorme variedade de profissionais e modos de atuação. Então, nasceu este livro, capaz de juntar minha experiência em pesquisa, como historiadora que sou, e minha vontade de conhecer a realidade da consultoria de imagem, em Portugal, onde estou, e no Brasil.

Minha vontade era ouvir profissionais da área e conhecer o cotidiano, as metodologias de trabalho, as dificuldades e as alegrias, estabelecendo o diálogo entre esses dois mercados tão próximos, pelo intenso fluxo de informações e formações e, ao mesmo tempo, distantes, pelas diferenças culturais e pelos modelos de negócios. Ambiciosa? Sim, mas quem não sonha não realiza. O tema deste livro é muito amplo, muito ainda pode ser abordado, muitos nomes a serem ouvidos, mas acho que este é um bom começo.

O que se impôs foi a percepção de que a consultoria de imagem, inserida no sistema de moda, é uma ferramenta importante de inclusão. No espaço do livro, lidar com a diversidade de modos de atuação era mostrar a diversidade de clientes e consultoras e mostrar como a atividade seria capaz de quebrar estereótipos e promover o autoconhecimento e o respeito ao diferente.

O resultado dessas reflexões gerou a divisão do livro em nichos: mulheres *plus size*, mulheres pretas, mulheres 50+, mulheres trans, mulheres deficientes. Em busca da discussão sobre formação e transição de carreira, conversei com jovens consultoras e consultoras mais experientes, representantes de escolas e criadoras de técnicas e métodos de atendimento. Importante também foi entender como a legislação protege a atividade e a propriedade intelectual, no Brasil e em Portugal.

O projeto deste livro é sem fins lucrativos, a renda das vendas custeará a sua editoração e depois será dividida entre duas entidades que atendem mulheres em situação de vulnerabilidade e que têm na consultoria de imagem seu alicerce: a Dress for Success Lisboa e o Banco de Roupas, no Brasil, criado por Márcia Caldas. Mulheres apoiam mulheres, e assim o mundo se transforma.

Entender a consultoria como ferramenta de inclusão foi um divisor de águas. Para completar o ciclo, pesquisei a legislação para o reconhecimento da profissão, as escolas de consultoria, busquei a relação entre a consultoria de imagem e os valores culturais. Nos sete artigos, todos escritos por brasileiras, vamos ter um aperitivo do que tem sido estudado no campo acadêmico. Nem sempre foi possível contar com a participação de profissionais e pesquisadores dos dois países, mas acho que o resultado de quase dois anos de trabalho é o compromisso de consultoras com o seu fazer. Não faltou entusiasmo nem esperança. Sobrou vontade de aprender e de ensinar, destacou-se o desejo de atender bem aos clientes e ajudá-los a encontrar o seu melhor.

UM FUTURO DE TRANSFORMAÇÃO E RENOVAÇÃO

As pessoas que atendemos pagam por serviços, mas querem levar aceitação, acolhimento e respeito. E nós, nas redes sociais, nos eventos, nos ambientes corporativos, nos parceiros de negócios, nos cursos que fazemos, nas formações e informações que buscamos, queremos conquistar remuneração justa, reconhecimento profissional da nossa força de trabalho e da geração de riqueza que proporcionamos. Mesmo com desafios similares ou totalmente diferentes, em Portugal e no Brasil, nada substituirá o orgulho e a satisfação de vermos o sorriso de uma cliente feliz.

Espero que este livro seja uma abertura para o novo, um tempo de buscas de novas soluções, capazes de estabelecer novas estratégias de crescimento e valorização da profissão. Que esta jornada seja trilhada em conjunto. Nós fazemos parte do sistema de moda, temos o poder de atuar na quebra de ciclos históricos de racismo, machismo, etarismo, xenofobia, transfobia, gordofobia e preconceitos de classe e contra deficientes. A consultoria de imagem promove o encontro com a felicidade de ser.

PREFÁCIO BRASILEIRO

IR E VIR, LEVAR E TRAZER, REFLETIR E ESCREVER

Ao tentar encontrar um sinônimo para a palavra "moda", que vem a ser algum gosto específico de determinado tempo, cheguei à conclusão que talvez a que melhor venha equivaler seja "*Zeitgeist*", palavra emprestada da área da filosofia, em língua alemã, que pode ser traduzida e entendida em língua portuguesa como "o espírito de uma época", "o ar de um tempo". Sim, moda, que não é somente relativo a roupas e seus correlatos, também usufrui desse entendimento sobre o que é o ar de um tempo. É algo comportamental e transitório; de caráter coletivo; que se comunica por linguagens não verbais e que representa o padrão, o gosto, as vontades, os valores de determinado intervalo temporal, inclusive e especialmente, também por intermédio daquilo que vestimos.

Sendo assim, para entendermos, sentirmos, gostarmos, pesquisarmos, usarmos e trabalharmos com a moda, precisamos conhecer suas premissas, seus códigos visuais, suas identidades estéticas, seus momentos históricos e ter a noção do quanto esse setor é importante como estudo socioantropológico, como economia, como técnica e tecnologia, também, como processo criativo.

Conhecer a História da Moda e seus caminhos percorridos ao longo dos tempos não só é lastro cultural, como também é entender valores de uma época e a relação humana entre seus pares. É entender a importância de um momento histórico e a resposta que foi dada por usos, costumes, gostos, técnicas e aparências visuais.

Uma identidade de moda não é gratuita, pois a moda não é autorreferente. Ela dialoga com diversos outros saberes, fazeres e outras áreas de conhecimento para gerar sua própria visualidade, seu próprio padrão estético e, consequentemente, sua imagem.

Por falar em moda e imagem, vale perpassar pela história da imagem de moda e pelo quanto ela é importante para conhecermos melhor o tempo e nos enxergarmos ali.

Entender e sentir pela aparência também requer conhecer estilo e moda. Enquanto aquele é de caráter subjetivo; esta envolve aspectos de coletividade. Quando alguém propõe algo, por intermédio de sua visão de mundo e códigos estéticos, além de técnicas e tecnologias de um tempo, esse alguém está se referindo ao seu estilo pessoal, que, se for aceito por um maior grupo de pessoas, fica fadado a se tornar moda, ou seja, um gosto coletivo capaz de servir de código de pertencimento entre aqueles que o aceitam e se reconhecem. Dessa forma, o tal estilo pessoal se torna coletivo e, portanto, moda.

As imagens de moda são fundamentais para os que as apreciam e se enveredam nesse fascinante universo das aparências e suas respectivas identidades pessoais, sociais, culturais e temporais. Por questões de conhecimento e reconhecimento, a pessoa se insere bem melhor no contexto social e valoriza sua autoestima. E, para se inserir com fundamento e segurança nesse contexto social da moda de cada época, especialmente a nossa que é plural, faz-se necessário ter informação, senso estético e a própria vontade do pertencimento.

Sendo assim, requerer o trabalho de um profissional qualificado do setor é de fato dar importância para a legitimação de uma aparência e sua consequente inserção social. Eis, então, a importância do trabalho de um profissional que estuda, pesquisa e encontra possibilidades e resultados, como é o trabalho dos consultores e consultoras de imagem e estilo, profissão relativamente nova e que ganha corpo e importância a cada dia.

Dessa forma, ressalto o trabalho de Márcia Flausino, professora, orientadora acadêmica e escritora, que agora, ao lançar este título que você tem em mãos, caro leitor e cara leitora, orienta-nos, instrui-nos, educa-nos em diversos nichos da consultoria de imagem e suas respectivas aparências, seja como nos vemos, como queremos ser vistos e/ou como os outros nos veem e entendem os códigos não verbais da aparência por nós emitidos.

Da moda *plus size* à moda identitária dos afrodescendentes; das pessoas com deficiências físicas às identidades *queers* e seus correlatos; das profissionais pioneiras do setor às novatas na área; das pessoas que criaram metodologias de pesquisa e trabalho às atuais tecnologias associadas à moda: tudo isso, não só como técnica, mas especialmente como relação humana, é contemplado neste brilhante, abrangente e inovador livro de Márcia Flausino, que, numa pioneira proposta editorial do assunto, dialoga, diferencia e esclarece realidades entre Brasil e Portugal, na específica área da consultoria de imagem.

Essa grande e séria profissional, além de amiga, singrou os mares, estabeleceu-se em terras lusitanas, pesquisou distintas realidades, entrevistou diversos profissionais do setor e, com sua primorosa metodologia acadêmica, brinda-nos com este importante título na área de consultoria de imagem e estilo, contribuindo com uma séria proposta de legitimação cada vez maior desse setor profissional, unindo duas nações que historicamente sempre estiveram ligadas, mesmo com um mar que nos separa, porém, foi esse mesmo mar que nos uniu ao ser singrado por navegadores portugueses em pretéritos tempos e que ainda nos une pela língua, pela tradição, pela religião e por valores históricos e culturais.

Obrigado, Márcia, por nos deixar mais ricos em conhecimentos pela espetacular abrangência e profissionalismo deste teu trabalho. Deixo-lhe os meus sinceros cumprimentos.

Agosto de 2022

João Braga
Professor, autor e palestrante.
Autor de *História da Moda no Brasil: das referências às autorreferências* e *História da Moda, uma Narrativa*.
Colunista do jornal *O Estado de São Paulo* e membro da Academia Brasileira da Moda.

PREFÁCIO PORTUGUÊS

O INÍCIO

Quando ainda mal sabia escrever, apaixonei-me por uma profissão que só mais tarde viria a descobrir. Aconteceu por causa de um anúncio sobre mudança de visual que, na década de 80 do século XX, passava na televisão. Cerca de 35 anos volvidos, receber o convite para redigir o prefácio de um livro sobre consultoria de imagem como ferramenta de inclusividade, mais do que prazer, é para mim como privilégio.

Conheci a Márcia Flausino há cinco anos, numa tarde ensolarada de um final de verão em Lisboa. Apareceu na sede da Blossom, sem a formalidade tão portuguesa da hora marcada e com a curiosidade que lhe é característica.

Do mero pedido de informações acerca dos cursos que desenvolvo até a conversa solta sobre moda, imagem pessoal, mulheres e cruzamento de culturas foi um pulinho. E que bela foi essa tarde!

A Márcia se tornou aluna assídua dos meus cursos e *masterclasses* e um membro ativo e habilmente provocador nos encontros da AICI Chapter Portugal. Atualmente, é uma pessoa com quem gosto muito de passar tardes ou serões a conversar. Para adicionar mais sabor a esta história, fará sentido referir que esses momentos podem incluir vinhos, queijos e doces portugueses, sem planeamento definido. Tal como esse gosto em comum pelos pequenos prazeres da vida, adoramos dar licença ao pensamento e questionar os *standards* da área, as metodologias de trabalho e a temática do vestir como uma das grandes ferramentas de autoexpressão contemporânea. Livremente, sem ordens preestabelecidas, como se quer.

A PAIXÃO

Dedico-me profissionalmente à área da consultoria de imagem desde 2007, época em que fui convidada para colaborar como formadora numa escola luso-francesa que surgia em Portugal com o propósito de capacitar profissionais no sector — a Academia Looking.

Num mercado tão pequeno como o português, a profissão era praticamente desconhecida — mas o interesse, crescente.

Acreditei sempre que um consultor de imagem deveria ter em seu poder competências que o catapultassem além das metodologias tradicionais da área, lecionadas na maioria das escolas internacionais há mais de 20/30 anos.

Defendo que é possível agregar um valor inquestionável à relação com o cliente quando o consultor expande o seu repertório para áreas adjacentes — no caso, a cultura visual e de moda, a psicologia, a comunicação, a linguagem não verbal e o protocolo, entre outros, indo muito além da componente técnica. Esses foram os pilares e a visão que trouxe para o primeiro curso da escola que criei em 2009: a Blossom Image Consulting. Além de formadora, já trabalhava com pessoas e empresas antes de ter dado forma ao meu projeto. Sabia que o conceito e tudo o que o vestir pressupõe jamais caberiam em tabelas ou em meia dúzia de técnicas que compartimentassem gostos ou perfis.

Hoje em dia, na Blossom, o meu tempo é distribuído pelos cursos e pela relação com clientes particulares e corporativos. Nos últimos 13 anos, têm passado por mim centenas de pessoas que trazem consigo muitos mundos. Não me refiro apenas às diferenças profissionais, culturais, de gênero ou quaisquer outras categorias definidas pela sociedade. Interessa-me muito observar, com a profundidade que me é permitida, as múltiplas facetas que encontro em cada um. Para mim, a beleza dessa profissão é ajudar a dar corpo às singularidades e contradições que todos temos. Se pudermos ir ficando presentes a acompanhar os processos de mudança sempre que um cliente nos pede para lhe darmos a mão, tanto melhor.

PONTOS DE CONTATO

Ao longo dos anos, tem sido um prazer cruzar-me com clientes e alunos portugueses, mas também de nacionalidades que me levam a toda a Europa, aos Estados Unidos, à América do Sul, à Ásia e a quase toda a comunidade dos países da língua portuguesa, em particular, àquele que nos interessam no contexto desta publicação: o Brasil.

Temos pontos de contato fortes e outros que nos diferenciam e aguçam a curiosidade de parte a parte. A língua, a história ou as famílias que se foram distribuindo entre os dois países são, muitas vezes, o convite e o palco para as descobertas.

Momentos turísticos à parte, aqui nos interessam os aspectos relacionados com o vestir enquanto construção da identidade, a inclusão e a forma como a profissão tem vindo a se desenvolver. Essas questões serão abordadas quer do ponto de vista da relação do profissional com o seu cliente, quer do cliente com a sua própria imagem em contextos muito específicos. Tenho a certeza de que o leitor descobrirá com prazer. Ao longo da minha experiência profissional e em jeito de contributo, são várias as observações que posso partilhar no âmbito desta obra para realçar tanto os pontos de contato como as diferenças entre Portugal e o Brasil.

A NOTORIEDADE E A PROFISSÃO

Vamos começar pelo início com um ponto em comum. No Brasil, em Portugal ou em qualquer outro país do mundo, a consultoria de imagem não é reconhecida como uma profissão e não existe carteira profissional. No universo das profissões associadas à moda/vestir/imagem — refiro-me a *stylists*, produtores de moda, chefes de guarda-roupa, figurinistas, maquilhadores, entre outros —, a situação é exatamente a mesma. Trabalhamos de forma independente. Vamos moldando as nossas carreiras com base na formação e experiência adquiridas e de acordo com a ética profissional estabelecida pelas associações internacionais dos profissionais do sector — AICI e FIPI.

Enquanto presidente da AICI Chapter Portugal, reconheço a importância dos encontros, das ações de formação e das trocas de experiências. O propósito das associações é trazer atualização de conhecimentos, notoriedade e desenvolvimento profissional aos seus membros. Essas entidades assumem um papel incontornável para o reconhecimento dos associados no mercado e não sobreviveriam sem o altruísmo, a dedicação dos membros dos *boards*, assim como a participação ativa dos afiliados. Considero fundamental que as dinâmicas associativistas tenham bem presente o ar dos tempos para que possam continuar a ter um papel forte na elevação da notoriedade dos profissionais que representam.

DIMENSÃO DO MERCADO E LONGEVIDADE

Se em Portugal sinto que ainda estamos a expandir a profissão com *baby steps*, no Brasil, correm-se maratonas. Temos uma diferença de escala muito significativa que se reflete no mercado, no volume dos seus intervenientes, na segmentação dos profissionais e na forma mais ou menos consistente como vão desenvolvendo o seu *métier*. Quinze anos a formar profissionais ensinaram-me a importância de enaltecer o empreendedorismo, a resiliência e a capacidade de trabalho como elementos fundamentais ao desenvolvimento de uma carreira sólida. Muitos alunos recém-formados desenvolvem marcas durante um, dois ou três anos e depois optam por outra área. São poucos os exemplos de longevidade. Devo acrescentar que tenho acompanhado percursos interessantíssimos, e existem vários casos de sucesso. Não relaciono a baixa longevidade com as especificidades da profissão, mas sim com as competências anteriormente referidas. Em trocas de impressões com formadores brasileiros, pude constatar que, neste ponto, a situação é idêntica no seu país.

SAUDADES DO BRASIL EM PORTUGAL

A relação entre Brasil e Portugal é longa e, aos meus olhos, será sempre de amor. Desde miúda que consumo MPB, tenho um fascínio pela cultura, moda e literatura brasileiras. Devem ser poucos os portugueses que não conseguem distinguir o sotaque carioca do sertanejo graças às telenovelas da Globo, que fazem parte do imaginário coletivo aqui da "terrinha". Não querendo afastar-me do nosso tema, no que se refere às relações profissionais e académicas, concluo que há um encanto bilateral. Muitos dos meus alunos brasileiros partilham comigo o fascínio pela cultura e pelo estilo europeus que anseiam conhecer por meio de uma formação no velho continente. De forma inversa, muitos consultores e alunos da Blossom estudam outras metodologias de trabalho com profissionais e formadores brasileiros. Vejo tudo isso com um olhar muito positivo porque acredito que, quando expandimos a nossa visão, crescemos. Esses intercâmbios têm vindo a se consolidar com a expansão da formação a distância.

Do ponto de vista dos atendimentos, observo um fenómeno inverso. Salvo algumas exceções, os alunos brasileiros partilham comigo que atendem maioritariamente clientes brasileiros a residir em Portugal. No meu entender, essa situação é natural e poderá basear-se numa sensação de afinidade, cultura e empatia. Os alunos portugueses, por sua vez, trabalham com um público português e estrangeiro de outras nacionalidades (americano, francês, inglês, italiano, angolano, entre outros), também residente no nosso país.

MITOS, AMOR-ÓDIO E COMUNICAÇÃO

A profissão que aqui estudamos, relativamente desconhecida, mas amplamente confundida com outras (*stylists*, *influencers*, *designers* de moda, *designers* de comunicação, comentadores televisivos em programas de moda), ainda gera sentimentos contraditórios em Portugal. Se, por um lado, suscita curiosidade e põe cá fora as perguntas "quais são as peças de roupa que me aconselha a usar?" ou "estou bem assim?", por outro, deixa muitas pessoas amedrontadas. Ainda há a crença de que o âmbito do nosso trabalho possa esventrar futilmente a relação pessoal e emocional que o cliente tem com o seu guarda-roupa. Paira no ar a sensação de que o consultor julgará as velhas escolhas, substituindo-as por novas, mais caras, mais sofisticadas, cheias de regras e tendências de moda, nas quais o cliente dificilmente poderia sentir-se representado. Nos maiores centros urbanos portugueses, essa ideia tem vindo a se alterar gradualmente, mas, noutras regiões do país, ainda enfrentamos o preconceito. O caminho é longo, mas exequível. Serei sempre uma eterna defensora das minhas paixões.

Acredito que a forma como optamos por comunicar o nosso trabalho é um dos caminhos disponíveis para dar a conhecer os seus benefícios. É com alguma tristeza que assisto, quer em Portugal quer no Brasil, ao fenômeno de massificação de conteúdos digitais "instagramáveis". Na minha visão, essa abordagem reduz a profissão a meia dúzia de técnicas, muito ao jeito *one-size-fits-all*, e deixa no ar uma superficialidade gritante. Considero que essa estratégia desvirtua o nosso papel e em nada dignifica as nossas competências.

Como formadora, interessa-me fomentar o pensamento crítico, a inclusividade, o respeito e a empatia pelo próximo, assim como chamar a atenção para os preconceitos. Quando falamos sobre esse último aspecto, podemos considerar todos os "ismos" cujas sombras ainda pairam sobre o subconsciente coletivo como temas incontornáveis no dia a dia do consultor.

Termino com mais uma afinidade. Quando converso com alunos brasileiros e portugueses, constatamos que machismo, etarismo, identidade de gênero, corpos padronizados e demais temáticas presentes na obra que o leitor tem em mãos são indissociáveis na relação que temos com o vestir. Tanto no Brasil como em Portugal, o caminho para a inclusão está aberto, mas exige tempo e atenção. As temáticas aqui exploradas e orientadas pela visão crítica da Márcia Flausino e dos seus convidados trazem-nos uma visão refrescante. É terreno fértil para quem gosta de pensar com profundidade, e acredito que acrescentarão um valor inestimável ao momento que a profissão está a atravessar.

> *O vestuário nunca foi uma questão simples: estão-lhe associados um profundo interesse subterrâneo e sentimentos complexos. Enquanto tópico, é popular porque é perigoso – apresenta um exterior florido mas raízes profundas nas paixões. Quase ninguém, por esta ou por aquela razão, se sente completamente indiferente ao problema do vestir: se a sua roupa não lhe desperta interesse, a da outra pessoa sim.*
>
> *(Elizabeth Bowen)*

Dora Dias

Com uma experiência profissional de quase 20 anos no mundo da moda, tem uma sólida formação acadêmica em Design de Moda pela FAUL de Lisboa (2004), Gestão do Design pelo CPD (2006) e pós-graduação em Estudos sobre as Mulheres pela FCSH da UNL (2014). Fundadora da Blossom Image Consulting (2009), a empresa de referência na área da consultoria de imagem em Portugal, é docente e consultora para clientes corporativos e particulares, lecionando cursos presenciais e a distância. Criou uma metodologia própria e desenvolve um trabalho estratégico com empresas como a Amorim Luxury Group, Fashion Clinic, Parfums Dior, NOS, L'Oréal Luxe, Sotheby's, entre outras. É presidente em Portugal da mais importante associação internacional de consultores de image, a AICI.

Contatos: www.blossom.pt
@doradias_blossom

SUMÁRIO

A DESCONSTRUÇÃO DE ESTEREÓTIPOS NA CONSULTORIA DE IMAGEM...............19
Ana Caroline Siqueira Martins

MULHERES *PLUS SIZE*..26
    GRAÇA VINAGRE @norules.studio – Portugal...26
    CLÁUDIA ANSCHAU @claudiaanschau – Brasil..29
    LILIAN LEMOS @lilianlemosmachado – Brasil...32
    MARTA BARBOSA @estiloh.consultoriadeimagem – Brasil.........................35
    MARIETT MATIAS @mariettmatiasconsultora – Portugal...........................38

A ESTÉTICA NEGRA COMO ESTRATÉGIA DE ESTILO E IMAGEM VISUAL...............42
Maria do Carmo Paulino dos Santos

MULHERES PRETAS...51
    PALOMA GERVASIO BOTELHO @rcnibrasil e @palomagsb.estilo – Brasil..........................51
    TANIA SITOE @taniabequesitoe – Portugal..54
    LILIAM REIS @imagem.disruptiva – Brasil...57

NOTAS SOBRE UMA CONSULTORIA DE IMAGEM ALÉM DA TÉCNICA...................62
Miriam Lima

MÉTODOS & TÉCNICAS, PIONEIRAS & NOVATAS..68
    LUCIANA ULRICH @lucianaulrich – Brasil, Portugal e mais.......................68
    CLARICE DEWES @claricedewes – Brasil...72
    MARCIA CALDAS @mcvm60_ – Brasil..76
    CLAUDINA CORREIA @femeatop – Portugal...79
    MIRIAM LIMA @miriamlima.estilo – Brasil..81
    FE FUSCALDO @fefuscaldo – Brasil..84
    ANA RENDALL TOMAZ @anarendalltomaz – Portugal...............................86
    MARIA PAULA MALUF @mariapaulamaluf – Brasil...................................89

VELHAS E INFLUENCIADORAS: A VELHICE CONTEMPORÂNEA NOS PERFIS @BADDIEWINKLE E @ICONACCIDENTAL DO INSTAGRAM 92
Vanessa Santos de Freitas e Fabíola Calazans

MULHERES 50+ 101

    ANDREA FRÁGUAS @andrea.fraguas – Brasil.. 101

    SILVIA SALETTI @silviasaletti – Brasil... 105

PESSOAS DEFICIENTES 108

    CAROLINA TEIXEIRA ROSA @carolinateixeirarosa – Brasil e Portugal 108

    SAMANTA BULLOCK @samantabullock – Brasil e Reino Unido 111

    ADILIA SOUSA @adiliasousa – Portugal e Moçambique 114

A CULTURA QUE USAMOS... 118
Adriana Miotto

ENTIDADES, ESCOLAS & PROFISSIONALIZAÇÃO 122

    RAQUEL GUIMARÃES @fashionschool_portugal – Portugal 122

    VANDRESSA PRETTO @vandressa_pretto – Brasil 126

    CRIS DORINI www.linkedin.com/in/crisdorini – Presidente da FIPI – Brasil 128

    SILVIA SCIGLIANO @silviascigliano – Brasil... 132

    BRUNA KOPP https://www.linkedin.com/in/bruna-kopp-39755b161 – Brasil e Portugal 135

    MARIA TERESA DURÃO @dressforsuccesslisboa – Portugal 139

**A TRANSGENERIDADE NO AMBIENTE CORPORATIVO
UM OLHAR SENSÍVEL DA CONSULTORIA DE IMAGEM PARA
A DIVERSIDADE NAS EMPRESAS** 143
Clarice Dewes

MULHERES TRANS E LGBTQIAP+... 150

    ALDO CLECIUS @aldoclecius – Brasil.. 150

**A PELE ONDE EU VIVO
NOTAS PRELIMINARES ACERCA DE AVATARES, SKINS E
A CONSTRUÇÃO DA IMAGEM DIGITAL** 155
Selma Oliveira

POSFÁCIO... 162

A DESCONSTRUÇÃO DE ESTEREÓTIPOS NA CONSULTORIA DE IMAGEM

Ana Caroline Siqueira Martins[1]

---

[1] Doutora em História, com ênfase em moda e consumo, pela Universidade Estadual de Maringá. Mestra em Ciências Sociais, com estudo sobre cultura de moda, pela Universidade Estadual do Oeste do Paraná. Pós-graduada em Moda: Criatividade, gestão e comunicação, pelo Unicesumar, e graduada em Moda, pela Universidade Estadual de Maringá.

Você já se perguntou sobre qual é a relação da consultoria de imagem com a construção e desconstrução de estereótipos? Qual papel social de profissionais da área na percepção e autopercepção de seus clientes? Há um estereótipo quanto à consultoria de imagem? Esses são alguns dos questionamentos que procurei refletir neste texto.

A consultoria de imagem é uma profissão que tem conquistado notoriedade nos últimos anos, fato que ocasionou o surgimento de milhares de novos profissionais na/da área. Assim, esses(as) profissionais, mais ou menos informados, se tornam formadores(as) de opinião, influenciando modos de percepção visual, autoestima, relação com a imagem e aparência etc.

A busca por construir uma imagem adequada e expressiva da personalidade está no eixo do ofício do/da profissional da imagem e do desejo de quem contrata seus serviços. Seja para o trabalho, seja para manifestar um novo estilo de vida, uma ocasião específica ou para comunicar melhor aquilo que se deseja que o outro entenda sobre si, é por meio da imagem que interpretamos uns aos outros. E essa linguagem tem se tornado cada dia mais potente.

A imagem pertence ao campo da comunicação não verbal, composta por signos que transmitem diferentes códigos significativos e sensoriais, que são identificados e interpretados de acordo com o repertório cultural de quem a produz e de quem a recepciona.

Nesse sentido, é importante destacar que a busca, a construção e a interpretação de uma imagem são influenciadas por condicionantes histórico-sociais, que assim promovem uma pedagogia do gosto, dos significados da imagem construída, em um sistema dinâmico e cultural de comunicação. De acordo com Lurie (1997), no livro *A linguagem das roupas*, conversamos uns com os outros por meio da aparência e do vestir, comunicando idade, classe social, gênero, profissão, personalidade, gostos, humor e demais informações importantes, que, corretas ou não, transmitem mensagens antes mesmo de conversarmos por meio de palavras orais ou escritas.

O papel da imagem e das roupas de comunicarem mensagens passa por um processo de significação que é carregado de estereótipos. Tais estereótipos impactam mais ou menos profundamente o olhar do(a) profissional da área da imagem e de seu/sua cliente, "[...] quer pela eleição de grupos que atribuem à roupa determinados valores agregados, quer pela identificação do sujeito usuário de um objeto que lhe aporta [...] traços de identidade." (CASTILHO; MARTINS, 2005, p. 52).

"Toda roupa transmite mensagens a respeito de quem a usa — algumas pretendemos transmitir; outras, não" (FISCHER, 2001, p. 15). A identidade da roupa, do acessório, do calçado, bem como dos demais componentes da imagem pessoal, como cabelo e maquiagem, carregam traços perceptivos bastante consolidados. Há uma espécie de manual prévio de estilos universais, de cores, tecidos, shapes, modelagens e padronagens, que conferem, por exemplo, elegância a uma imagem ou descontração a um look. Trata-se, assim, de estereótipos construídos em torno das diferentes palavras/objetos que compõem o texto/imagem almejada. E é nessa tangente que deve estar a atenção dos(as) profissionais da área.

Estereótipo, em linhas gerais, diz respeito à formação de um conceito preconcebido e generalizado sobre algo ou alguém. É uma forma de preconceito, categorização social, que precisa ser observada na prática da consultoria de imagem.

> A consequência mais imediata da categorização social são os estereótipos. Os estereótipos podem ser definidos, no sentido de Lippmann (1922), como "mapas mentais", "fotografias em nossas mentes" ou imagens super simplificadas sobre os grupos sociais. (LIMA; VALA, 2004, p. 42).

As fotografias perceptivas criadas na nossa mente podem remeter a conceitos positivos ou negativos, porém ambos trazem um problema em comum quando usados para impor uma norma dentro de estereótipos construídos. Lima e Vala (2004) reforçam que os estereótipos podem ser ativados automaticamente na mente das pessoas, fato que pode levar à ideia de que o preconceito é inevitável e, por isso, não precisa ser combatido/descontruído. Mas como esse assunto se relaciona com a consultoria de imagem?

O primeiro passo é compreender que a imagem é um ato de quem somos ou de quem projetamos ser. Uma espécie de manifesto de nossas crenças, valores e visões de mundo, que assim contribui para posicionamentos e estratégias de performances sociais pautados na cultura das aparências. A busca e "desejo de ser" é orientada por influências culturais e estruturas internas que são submetidas, mais ou menos, por processos de estereotipia, ou seja, de conceitos predefinidos.

Como uma forma de existência cultural, social, individual, coletiva, significativa e significante, a imagem se manifesta subjetivamente na estreita relação entre "o eu" e "os outros", em que o papel da memória e dos condicionantes históricos é determinante para as percepções.

Diante do exposto, estereótipos e consultoria de imagem se interrelacionam na perspectiva de que é considerando determinados estereótipos (mais ou menos contundentes) que a proposta de imagem será estudada e apresentada pelo(a) profissional da área e recepcionada pelo(a) cliente.

Imagine que uma cliente tem como desejo de imagem tornar-se mais elegante em seu ambiente de trabalho, devido a uma promoção para um cargo de maior renome. Essa informação básica abre uma grande gama de possibilidades que surgem na mente dos(as) envolvidos(as) no processo de consultoria. Nesse sentido, concorda comigo que já existe um imaginário em torno das palavras, da aparência e do estilo/imagem a ser projetada? Tal imaginação é construída por meio da memória e de signos previamente aprendidos que podem ou não orientar o(a) consultor(a) de imagem a uma série de estereótipos sobre o que é elegância na nossa cultura. Desse modo, se tal profissional da imagem não estiver amparado(a) em conhecimento aprofundado e postura ética diante das reais necessidades da(o) cliente — que envolvem questões comportamentais, de trajetória de vida, condições financeiras, de biotipo e educação, por exemplo —, poderá propor um dossiê de imagem clichê e padrão, que pouco corresponderia, na prática, à realidade individual da pessoa consultorada.

Perceba nessa hipótese que o fato de poder existir um olhar estereotipado sobre estilo, ocasiões de uso ou perfil de cliente presumiria restringir as inúmeras possibilidades de gestão de uma imagem mais autêntica e coerente para a pessoa em questão. Logo, o imaginário estereotipado poderia basear-se em uma concepção imagética normatizada, que reforça o padrão de corpo, classe, estilo e comportamento, por exemplo, implicando, por vezes, na desestabilização do senso identitário da(o) cliente, causando consequências na percepção da imagem e autoestima. Por isso, é importante refletir que a manutenção de estereótipos sobre estilo e imagem, por exemplo, está amparada em expectativas preconcebidas em relação à conduta e à configuração visual.

De acordo com Silva (2000, p. 81), "dizer quem somos é também dizer quem não somos". Isto é, as identidades de cada ser humano são compostas pela marcação da diferença e semelhança dele com os demais, e assim de seu estilo/imagem com os demais. Tal diferença é resultado de um processo de produção simbólica que envolve relações de poder, de disputas por posição social, de estruturas sociais que são parte fundamental da forma como o sujeito se percebe e busca mecanismos para se perceber e pertencer de acordo com seus objetivos.

No caso da consultoria da imagem, o(a) profissional tem uma posição de detentor(a) de poder e de conhecimento que interfere na concepção do(a) cliente sobre si. Nesse sentido, a responsabilidade em promover um processo de consultoria saudável e potente positivamente perpassa a tarefa de desconstrução de estereótipos e de comportamentos classificatórios de definição do que é "bom ou ruim", "certo ou errado", "bonito ou feio", em uma conduta binária de classificação que sabemos ser inapropriada e danosa.

Em outra abordagem, o problema de uma visão estereotipada sobre atributos de imagem pode implicar condicionantes visuais de acordo com perfis de corpos e idade, por exemplo. Nesse construto, não podemos desconsiderar que pessoas gordas, velhas, transgêneros ou de cor de pele preta, por exemplo, podem ser lidas estereotipadamente em uma estrutura de preconceito que pode influenciar a eficácia do trabalho em consultoria de imagem.

Em entrevista realizada por mim com a consultora de imagem Andreza Ramos para a Semana Fashion Revolution Brasil, no dia 22 de abril de 2021, com o tema "Imagem, negritude e consciência na consultoria de imagem", foi possível observar, na realidade concreta de Andreza, que é uma mulher preta, vivências que deixam evidentes o problema dos estereótipos.

> As pessoas entram no processo de consultoria de imagem com uma ideia do que é belo, do que é elegante, do que é chic, mas na grande maioria das vezes essas imagens não contemplam mulheres pretas. [...] então o processo de consultoria também é muito importante para isso, sabe... para mostrar que tem como ser preta ou ser gorda em qualquer performance. E que ser preta, ou ser gorda, ou ser trans não é um estilo, não te define quanto a quem você deve parecer ou como você deve performar [...] Porque quando a gente fala que luta para construir uma moda mais consciente racialmente e afrocentrada, algumas pessoas podem imaginar um turbante, roupas com algumas características do continente africano, mas não é isso. Uma moda que contemple o corpo preto não é uma moda estereotipada, não é uma moda fichada, mas é uma moda onde aquele corpo também consegue performar qualquer estilo, onde aquele corpo consegue se ver, encontrar referências, conhecimento. [...] A moda que trata o indivíduo preto, a mulher preta, não é uma moda que só tem um estilo. (RAMOS, 2021).

O relato da consultora de imagem Andreza Ramos enfatiza a questão dos estereótipos étnico-raciais. O pensamento pode ser ampliado para as limitações encontradas por pessoas gordas ou velhas, por exemplo, que, muitas vezes, prorrogam o próprio processo de consultoria por medo de julgamentos ou imposições preconceituosas. Sobre essa questão, Andreza observa que recebe relatos frequentes de mulheres pretas que dizem: "ainda bem que eu te encontrei, eu queria muito fazer isso (consultoria de imagem), mas eu nunca encontrei ninguém que eu tivesse uma ligação, um vínculo, confiança" — salientando, diante do exposto, que "também entendo que a forma de pensar antirracista precisa partir de outros públicos, principalmente" (RAMOS, 2021)

Nas palavras da cliente de Andreza Ramos, fica nítido que o ambiente e o ofício da consultoria de imagem também são norteados por preconceitos. A ideia de existir um(a) profissional que entende de moda e/ou estilo e que "transforma" a imagem de alguém de forma impositiva, por exemplo, encontra resquícios nos formatos dos programas televisivos, nas pautas de "certo e errado" das revistas e, até mesmo, em reproduções desses conceitos em redes sociais de profissionais da área. Isto é, comportam-se de um modo estereotipado com relação ao ofício.

Em outra perspectiva, a falta de representatividade de profissionais da imagem pretos(as), velhos(as), gordos(as), transgêneros(as) e com deficiências, por exemplo, é ainda uma realidade que demonstra a falta de acesso, de condições, de autoestima e de suporte/incentivos na área, esta que também sofre pela falta de organização do setor, de órgãos regulamentadores que possam promover políticas de integração e representatividade, tão significativas em toda área do conhecimento. Essa representatividade seria parte fundamental para a desconstrução de diversos estereótipos da e na profissão.

Não podemos negar que há preconceitos em nossa cultura, e logo na prática de todas as profissões, inclusive a de consultoria de imagem. E sendo esse mercado amplo e que engloba diferentes abordagens, é fundamental que a não contaminação do olhar seja uma preocupação. Como bem expôs Burke (2010), toda mudança requer tempo e condições, e, no caso da consultoria da imagem, essas condições necessitam de posturas e atos cotidianos de profissionais da área, desde a postura de atendimento à produção de conteúdos que visem a uma abordagem menos estereotipada da linguagem visual pessoal, o que proporcionaria, até mesmo, uma ampliação do mercado de atuação, devido ao aumento da segurança e receptividade das pessoas que receiam sentir-se desconfortáveis para iniciar uma consultoria.

Uma alternativa para a desconstrução de estereótipos encontra-se no exercício do não julgamento na prática cotidiana e na postura inclusiva de ressaltar as diferenças e trabalhar a favor delas. Trata-se de uma visão mais humana do ofício de consultoria de imagem, que contempla no discurso e na prática uma conduta menos segregadora e dotada de regras, pois, mais do que saber o que é "elegante", é preciso decifrar e conceber o que é elegante para a(o) cliente abordado, isto é, uma prática profissional individualizada de verdade, que não entenda a pessoa consultorada como uma boneca a ser colocada em um formato preestabelecido de significados.

O cenário massivo de profissionais da imagem também abre espaço para atuações amadoras e simplistas, que, muitas vezes, promovem a manutenção de padrões estéticos e de status elitistas que não correspondem à realidade vigente, muito mais plural, informada e diversa que no passado.

Uma possibilidade de desconstrução de estereótipo na prática da consultoria de imagem está no trabalho de Marta Barbosa, que, em matéria para o Portal Fashion Bubbles, relata que "como consultora de imagem feminina, encorajo pessoas em geral, gordas como eu, ou não, a deixarem de se ver pelos olhos dos outros", reiterando que "[...] a verdade é que todos nós temos pontos fortes e pontos fracos em nossa aparência. Meu trabalho independe do peso da cliente." (BARBOSA, 2020, online).

A abordagem de Marta Barbosa aponta para um caminho importante a ser destacado: o entendimento das reais possibilidades de todos os perfis de corpos e pessoas e um modelo de atendimento que encoraja as(os) clientes a perceberem o melhor de si, e não a se encaixarem em modelos prontos.

É notório, nos relatos das consultoras de imagem Andreza Ramos e Marta Barbosa, o pensar em novos usos e significações das técnicas e ferramentas pertencentes aos seus ofícios. Há, ainda, uma cultura do cuidado, do afeto e da responsabilidade social contida em suas condutas, eixo indispensável para uma boa trajetória na profissão, em que a construção da imagem deve distanciar-se de uma forma de opressão e aproximar-se, mais e mais, de uma expressão da liberdade.

Diante do exposto, acredito que a mudança de mentalidade (*mindset*) sobre a real função da consultoria de imagem, tanto para quem atua na área quanto para quem usufrui de seus serviços, é um caminho frutífero. Assim, torna-se primordial entender que o trabalho de gestão da imagem conduzido por um(a) profissional especializado(a) requer estudos transdisciplinares em diversas áreas do conhecimento, contemplando desde a história da moda e da aparência, a estudos sobre comportamento humano, fundamentos do design e da configuração da imagem pessoal.

O ofício profissional que se envolve diretamente com seres humanos requer compromisso com pautas importantes para a construção do cenário social vigente. É um trabalho que perpassa a relação consultor(a)-cliente, pois impacta muitos e muitas ao seu redor, possibilita novas concepções e estruturas comportamentais impulsionadas ou não pelo artifício da imagem. Por isso, todo conhecimento na área deve ser usado com o papel social de transformar vidas, e não as restringir.

Por fim, entendemos que, sem dúvida, as linguagens imagéticas estão amparadas nas linguagens culturais que aprendemos continuadamente. Assim, precisamos pensar e agir em prol de uma imagem mais disruptiva e menos estereotipada em caixas e normativas que minimizam a existência humana, mas, sim, que visem à sua expansão. Esse é e deve ser o norte daqueles(as) que dedicam seu tempo e conhecimento à consultoria de imagem.

REFERÊNCIAS

BARBOSA, Marta. Sim, sou *plus size* e sou consultora de imagem. **Fashion Bubbles**, [s. l.], 8 jul. 2020. Disponível em: https://www.fashionbubbles.com/estilo/sou-plus-size/. Acesso em: 20 abr. 2022.

BURKE, Peter. **Hibridismo cultural**. São Leopoldo Editora Unisinos, 2010.

CASTILHO, Kathia; MARTINS, Marcelo. **Discursos da moda:** semiótica, design e corpo. São Paulo: Editora Anhembi Morumbi, 2005.

FISCHER, Toby. **O código do vestir**. Rio de Janeiro: Rocco, 2001.

LIMA, Marcos Eugenio; VALA, Jorge. Serão os estereótipos e os preconceitos inevitáveis? O monstro da automaticidade. *In:* LIMA, Marcus Eugênio Oliveira; VALA, Jorge. **Estereótipo, preconceito e discriminação**: perspectivas teóricas e metodológicas. Salvador: Edufba, 2004. Disponível em: https://repositorio.ufba.br/bitstream/ri/32112/1/Estere%c3%b3tipos,%20preconceitos%20e%20discrimina%c3%a7%c3%a3o%20RI.pdf. Acesso em: 25 fev. 2022.

LURIE, Alison. **A linguagem das roupas**. Tradução de Ana Luiza Dantas Borges. Rio de Janeiro: Rocco, 1997.

RAMOS, Andreza. **Entrevista concedida à Ana Caroline Siqueira Martins**. 1 mensagem do Instagram, 2021. Disponível em: https://www.instagram.com/tv/CN_GD9glsM9/ Acesso em: 10 abr. 2022.

SILVA, Tomaz Tadeu da. A produção social da identidade e da diferença. *In:* SILVA, Tomaz Tadeu da. (org.). **Identidade e diferença:** a perspectiva dos estudos culturais. Rio de Janeiro: Vozes, 2000, p. 73-102.

MULHERES *PLUS SIZE*

GRAÇA VINAGRE @norules.studio – PORTUGAL

<u>Márcia</u> Boa tarde, Graça, Graça Vinagre.

<u>Graça</u> Obrigada pelo convite. Meu nome é Graça Vinagre, tenho 48 anos, moro no Cartaxo e tenho um espaço físico em Santarém. Até 2017, a consultoria não tinha nada a ver com o que eu fazia, eu tinha uma quinta de turismo rural, com criação de cavalos. Em 2017, surgiu uma oportunidade de vender a quinta, vendi, e estive cerca de dois anos para tentar perceber o que iria ser o meu rumo. Em 2019, resolvi fazer o curso de consultoria de imagem. Isto porque, quando nós vendemos a quinta, minha filha disse que não tinha mais interesse nessa área e que gostava mesmo era de maquiagem. **Rapidamente eu comecei a perceber as dificuldades que eu tinha, que eu tenho tido ao longo da vida, porque também, exatamente por ser *plus size*, percebi que era um problema, um problema real e que a maior parte das meninas e das mulheres tinha muita dificuldade nessa parte da aceitação corporal, da autoestima.** Depois, fiz um curso inicial e fui continuar minha formação na Blossom, escola da Dora Dias. Aí, eu me apaixonei pela consultoria. **Hoje, eu tenho um espaço, tem este projeto que é *No Rules*, um espaço físico em Santarém que tem o gabinete de maquiagem da minha filha e o gabinete de consultoria de imagem. Portanto, tenho um espaço de loja com marcas portuguesas e com roupa de tamanhos grandes que eu queria, sempre quis!** Não só marcas portuguesas de *plus size*, tem de todos os tamanhos. A *No Rules* tem roupas de tamanho do S ao XL. Agora, imagine, se em Lisboa o serviço da consultoria não é devidamente conhecido, pense em Santarém, que fica a uma hora de Lisboa! É uma zona mais do interior, e então a consultoria de imagem, ninguém sabe o que é a consultoria de imagem. A experiência é muito interessante, as clientes começam a conversar e, **quando percebem que há tamanhos grandes, quase começam a chorar porque não há muitas lojas, e sentem que não há muitos espaços em que sejam bem-vindas nesse aspecto e com alguma escolha.** As pessoas acabam por contar a própria vida, acabam por desabafar um pouco comigo, e, aliás, a minha filha às vezes está no espaço dela e diz, depois que a pessoa vai embora: "ô, mãe, estou ao lado de alguém com uma boa carreira de psicóloga". [risos] Eu acho que não é só para vender, estamos aqui para ouvir as pessoas e para conciliar e para trazer o ânimo. A consultoria de imagem também traz essa mais-valia. E posso dizer que, neste momento, com cerca de um ano de funcionamento do espaço, desde miúdas de 15/16 anos até senhoras de 60 e poucos anos, sempre tive.

<u>Márcia</u> Esse é o grande diferencial da sua entrevista, você é a única, de todas as consultoras, que tem uma loja. Tem um espaço para dar consultoria de *plus size* na sua loja. Isso é muito especial. Você fez alguma pesquisa para saber que existia um espaço no mercado para atendimento das *plus size*? Você poderia ter criado uma loja completamente fora desse nicho.

<u>Graça</u> Não houve pesquisa, mas seria só mais uma loja de roupas ser com algumas marcas já conhecidas, e assim não fazia sentido pra mim. Claro que existem muitas lojas boas aqui, Santarém é uma cidade grande, é capital do distrito. Agora, roupa com este nicho de mercado não há ou então, se houver, é daquelas lojas pra pessoas mais velhas, aquelas pessoas mais clássicas, coisas muito, muito convencionais, muito tradicionais. Uma coisa mais jovem, mais casual não havia. Hoje, a cliente ainda acha que consultoria é moda, ainda quer saber o que se usa. Ainda temos um caminho longo para percorrer. Acho que Brasil está aí uns 30 anos à frente em tudo que envolve imagem, o Brasil está muito mais evoluído. Aqui em Portugal ainda estamos a começar agora.

<u>Márcia</u> **Tem potencial de mercado, Graça. A dificuldade que eu acho maior para entrar no mercado é que a experiência brasileira, claro que tem como base a cultura brasileira. Entre Portugal e Brasil, há diferenças culturais importantes. Acho que a cultura brasileira tem um componente de consumo muito mais forte do que a cultura europeia, com nítida influência americana, não é? E até por causa das guerras, há uma ideia de poupança, de contenção de gastos. Alguns países, inclusive, passaram por dificuldades muito sérias de fome, privações, né?**

<u>Graça</u> **Nós tivemos muitos anos do regime fascista, portanto, nem sequer havia essa parte das lojas internacionais ou moda…**

<u>Márcia</u> Eu conheci o seu espaço, minha pergunta é: quais são os desafios a enfrentar, no seu espaço, em relação à consultoria de imagem? Porque, quando as pessoas não sabem o que é o serviço prestado têm dificuldade em entender a precificação.

<u>Graça</u> Verdade. Além disso tudo, cá em Portugal, há muita cultura que é tudo caro. Infelizmente, há muito essa cultura. A minha ideia, e já que tenho um espaço físico, sempre foi fazer parcerias e fazer, por exemplo, *workshops*. E trazer pessoas até com alguns nichos, de vir até Santarém e fazer *workshops*. Já tenho feito o *bra fitting*. Sabe o que é, né? *Bra fitting* é um aconselhamento personalizado do look de uma pessoa que também tem as ferramentas necessárias para conciliar o modelo e qual o tamanho correto da roupa interior, do sutiã, ou da lingerie a usar. Só que, infelizmente, mais uma vez, a maior parte das mulheres não consegue tamanhos e modelos que são corretos para o seu corpo. Então, potenciar meu espaço será um dos meus desafios, organizando assim *workshops* e palestras, acho que é uma coisa mais pessoal, mais intimista e que as pessoas acabam por se sentir à vontade para comprar um atendimento mais personalizado.

<u>Márcia</u>: Graça, eu sempre pergunto a todas as entrevistadas: você vive de consultoria?

<u>Graça</u> Não.

<u>Márcia</u> Das consultoras que atendem *plus size*, que estão colaborando no livro, você é a única que não vive de consultoria. Mas você é a única que tem uma loja.

<u>Graça</u> **As brasileiras criaram um padrão de parcerias que, em Portugal, não existe, e que também acho que é uma questão cultural que é, por exemplo, parcerias com lojas. Parcerias com shoppings. Aqui os shoppings são resistentes, e as próprias pessoas não se interessam nessas parcerias. Enquanto as brasileiras, elas são chamadas pelos shoppings…**

Márcia Uma delas, a Lilian Lemos, já veio dar curso aqui numa escola no Porto.

Graça Aqui, já ouvi falar em *personal shopper*, há alguns anos, no Cascais Shopping. Mas isso só funcionou por um tempo. Algumas lojas também tiveram esse tipo de parceria, mas eu acho que foi um instante e que não deram continuidade.

Márcia No Brasil, quem começou com esse tipo de serviço foi o primeiro shopping do Brasil, o Shopping Iguatemi, em São Paulo. O Shopping Iguatemi em São Paulo teve, ainda tem esse serviço de *personal shopper*. Claro que vai funcionar com as lojas que tem no shopping e está ativo até hoje. Tem grande procura e é um serviço gratuito. É tão solicitado que você tem que marcar com, às vezes, meses de antecedência. Mas não é cobrado da cliente.

Graça Sério?

Márcia Aí é que está o pulo do gato, quem paga o salário, vamos dizer da consultora, são as lojas. Porque as lojas vão lucrar. O serviço da consultoria não é um serviço de vendedora. Não vai ganhar por comissão, mas ela está indicando aquela marca que tem a ver com aquela cliente. Então, é uma visão empresarial mais ousada, mas que rende.

Graça Eu também sou voluntária na Dress for Success, eu tenho feito vários atendimentos de consultoria de imagem como voluntária.

Márcia Sim, a Dress for Success é uma organização não governamental que atende mulheres em situação de vulnerabilidade.

Graça Eu sou voluntária da Dress for Success desde finais de setembro de 2019. Entrei logo que finalizei o curso de consultoria, tem sido um percurso muito gratificante.

Márcia A Dra. Maria Teresa Durão, presidente da Dress For Success, também dá uma entrevista aqui no livro. A Dress é uma organização sem fins lucrativos e que faz o acompanhamento de mulheres que estejam em situação vulnerável, usando a consultoria de imagem como ferramenta de empoderamento. Graça, como a consultoria de imagem para mulheres *plus size* pode ser inclusiva?

Graça É uma coisa muito imediata. E dentro do mundo *plus size* realmente há essa questão da aceitação do próprio corpo, de elevar a autoestima porque, graças a Deus, os humanos vêm em várias formas, não há uma única forma do ser humano, não há um tamanho correto do ser humano, há várias formas, há vários tamanhos como aquelas pessoas que são extremamente magrinhas e são de tamanhos que são pequeninas, há outras que são altíssimas, há outras que são gordas, há outros tipos. Aqui, em Portugal, um dos primeiros programas de moda chamava "86-60-86", supostamente as medidas do sonho, para as modelos. E é claro que se criou sempre esse estigma que a mulher perfeita tem que ter essas medidas. Neste momento, nesta fase do século 21, cada vez mais até as revistas de moda, até as marcas de alta costura já estão abrindo a sua clientela para todos os tamanhos. Graças a Deus e a nós, mulheres *plus size*.

CLÁUDIA ANSCHAU @claudiaanschau – BRASIL

<u>Márcia</u> Muito obrigada, Cláudia Anschau, pela sua participação.

<u>Cláudia</u> Eu agradeço a oportunidade de falar sobre essa profissão que eu gosto muito de exercer. Sou consultora de imagem há sete anos. Eu me formei em Medicina Veterinária e não exerci, decidi cuidar dos meus dois filhos. Não houve uma transição, isso tem 20 anos. **Não queria mais a medicina veterinária. Fui fazer Design de Moda e decidi fazer porque o meu nicho já estava formado. Eu queria trabalhar pra *plus size*, eu queria atender o público *plus size* porque eu sempre fui gorda e sempre tive dificuldade em encontrar roupa. Aí, eu fiz Design de Moda no Centro Europeu/ Curitiba, 308 horas.** E com Design de Moda, abriu um curso de consultoria de imagem, e eu preferia atuar como consultora de imagem, apesar de ter me formado também em Design. Fiz todos os cursos que achei necessários para me dar segurança em trabalhar, com formadores daqui e profissionais convidados, que vinham de todo o país; rosto, lingerie, tecidos, coloração pessoal com a Luciana Ulrich, moda, fiz vários seminários.

<u>Márcia</u> Nesse seu caminho em busca de formação, você já estava começando a atender. Eu pergunto pra você porque, há sete anos, esse nicho sofria um apagamento, um silenciamento que era muito grande na moda, nesse sistema de moda no qual a consultoria de imagem também está inserida. Hoje, a gente tem muitas ações falando de gordofobia, assim como a gente tem muitas ações falando de racismo. Mas, há sete anos, era algo assim um pouco mais raro. Como é que você vê hoje a possibilidade de a consultora de imagem lidar com a gordofobia em relação ao atendimento da cliente?

<u>Cláudia</u> Antes de te responder isso, eu vou falar que, em 2016, veio para cá o primeiro *pop plus*. Você conhece? Deve conhecer *pop plus*. É um movimento que surgiu em São Paulo, criado por uma blogueira chamada Flávia Duarte. É uma feira de roupas *plus size* para o consumidor final. Isso, em 2012, ela conseguiu fazer. Ela faz isso três vezes ao ano, hoje não sei se já são quatro, mas eram três. Em 2016, aconteceu através de blogueiras porque elas são as que quebram barreiras, elas são as responsáveis por ter mudado tanto essa questão porque elas abrem a boca, elas reclamam e expõem a loja, elas expõem as marcas que não estão fazendo a roupa maior e elas são uma chave dentro de tudo isso.

<u>Márcia</u> Elas são uma força de pressão respeitada.

<u>Cláudia</u> Exatamente. E uma blogueira trouxe esse *pop plus* pra Curitiba, em 2016, e teve um desfile, e eu fiz a produção desse desfile. Eu comecei ali a espalhar o meu nome.

E eu preciso dizer, independente dos eventos, se o gordo aceita a segregação ele realmente não vai ver um gordo na academia, ele não vai ver um gordo em um bom restaurante porque o gordo vai se sentir julgado porque ele vai pedir a comida, e as pessoas vão olhar e ainda vão dizer: é por isso que é gordo!

<u>Márcia</u> Na nossa conversa, antes de começarmos a gravar, estávamos falando sobre essa questão dos estereótipos, da gordofobia, e a minha pergunta pra você é: como a consultoria de imagem, feita por uma pessoa que também é *plus size*, pode contribuir para melhorar a autoestima dessa cliente?

Cláudia No passado, pouca gente falava do incômodo, do preconceito, da gordofobia. Não era algo malvisto, e, pelo contrário, tinha marca e lugar que achava que isso era uma coisa boa. E hoje em dia é o marketing que fala que "ah tá, vamos fazer para vocês!", mas é uma questão de economia, eles vão ganhar com isso. Não é que eles desejam ver. Inclusive, tem marcas que não fazem número maior que 50 porque daí é uma questão de doença, entendeu? Por isso que eles também fazem pouca publicidade porque senão é uma apologia ao gordo.

Márcia Isso existe? [risos]

Cláudia Existe, isso é fato. Olha, não sei se você soube que teve um caso numa marca jovem bem famosa. Ela tem uma linha *plus size* "estilo provocadora", mas tem. E aí, o que ela fez em uma venda online, ela enviou o produto de tamanho *plus size* e junto foi tipo uma barrinha de cereal falando que a cliente podia adotar hábitos mais saudáveis. Isso é bem recente, antes da pandemia. As marcas, às vezes, não sabem lidar com a situação e fazem tudo errado. Você me perguntou de uma cliente ser atendida por uma *plus size*, certo?

Márcia Na verdade, às vezes, a consultora pode ser *plus size* ela mesma ou não, mas quando uma consultora recebe uma cliente que é *plus size*, essa cliente ela tem *background* em relação ao corpo que pode ser positivo ou não. Estou falando de saúde mental.

Cláudia **Cada consultora tem o seu processo, e eu considero que a consultoria é um processo de autoconhecimento. Para mim, a pessoa vem e quer fazer a consultoria *plus size*, eu não escondo nada dela. Eu mostro as medidas dela, eu faço um mapeamento dela sobre as proporções. Então, eu meço, depois eu transformo aquela medida na escala menor, e ela tem exatamente o corpinho dela ali. Eu apresento pra ela e mostro que a proporção é essa porque ela precisa saber como ela é para ela saber como ela vai se vestir porque eu vou ensinar a ela, a partir dali, porque para mim a parte da morfologia é tudo. Daí, eu pergunto, está tudo bem, você tem acompanhamento psicológico? Porque muito da obesidade é problema emocional. Eu não sou psicóloga, eu não posso entrar num caminho que não é o meu, porque eu não sei lidar com isso. A cliente precisa entender também o seu próprio processo.** Porque ela tem que entrar em uma loja e olhar no cabide, e isso já facilita a ela. Isso aqui me serve, isso aqui não me serve, isso aqui me cai bem, isso aqui não me cai bem. Porque a gente tem um problema muito sério aqui no Brasil, não sei como é em Portugal, mas a numeração aqui é uma desordem. O número 50 pode vestir um 48 e um 52. Então, você choca a pessoa quando você chega aos 52, e ela não veste 52, mas aquela modelagem vai servir a ela. **E não é toda mulher *plus size* que não gosta do seu corpo ou que acha que o braço dela é gordo.**

Márcia Algumas consultoras tiveram uma queda brusca de rendimento. Outras não tiveram queda, mas também não tiveram aumento de renda porque conseguiram equilibrar-se bem no online. Como foi a sua situação?

Cláudia Eu gosto do presencial. A minha consultoria ela demora, não tem x horas, eu vou conforme a necessidade da pessoa. Na pandemia, eu estava com alguns clientes e eu fui trabalhando na medida do possível porque depois teve muita loja que não permitia provar as roupas e como já havia passado mais o processo do tripé da coloração, da tipologia física... Eu tenho um estúdio, é um lugar arejado onde a gente continuou o processo quando não estava naquele período de *lockdown* e aí fazíamos lá. Também fiz bastante *personal stylist*. E, deste *personal stylist*, eu fiz a consultoria completa. Eu não uso muito o Instagram, comigo é tudo indicação, é o boca a boca, e nesse grupo de bairro no WhatsApp eu coloco alguma coisa. Eu tenho cliente de Instagram, mas tudo antes da pandemia porque depois a pandemia mexeu muito com o emocional das pessoas, e eu como *plus size* asmática eu tinha que me cuidar bastante.

Márcia A minha pergunta pra você agora Cláudia, que tem sete anos de atividade: você consegue viver só de consultoria?

Cláudia Olha, agora eu estou cobrando mais justo. Eu tinha feito precificação pelo meu curso, mas eu não fazia o preço correto. Tinha aquela coisa de estar começando, e agora eu cobro o preço justo. Quando eu faço, eu cobro o preço justo porque eu não faço uma coisa muito sucinta, a minha consultoria é uma dedicação bastante grande, é bastante investimento em cursos.

Márcia Sim, tem que recuperar, tem que recuperar o investimento. E eu te pergunto, essas parcerias, para quem trabalha com *plus size* no Brasil, são muito mais comuns do que aqui em Portugal. Em Portugal, as consultoras elas têm uma certa dificuldade, por exemplo, em Portugal ninguém trabalha com WhatsApp. O WhatsApp é um aplicativo em que eles não fazem negócios. É de uso pessoal, eles não vendem. Em Portugal, não se usa WhatsApp para isso. E agora, finalizando, qual é o seu desafio no futuro? Eu vou explicar mais ou menos quais são os parâmetros para você me responder isso. *Plus size* ou não *plus size*, a gente está tendo um aumento de acesso nas redes sociais, um aumento de cursos, um aumento de consultoras, um aumento de pessoas interessadas na área. Mas a gente também está vendo novas tecnologias. Aí vem o multiverso, a pessoa está trabalhando em casa, mas pode se vestir com uma roupa que não é física. Então, existe um trabalho do consultor que é aquele pé no chão que vai lá na loja e compra com a cliente, vai carregar a roupa para levar no provador, que faz esse corpo a corpo e tem os seus desafios. E existe um desafio que é tecnológico para algumas pessoas que trabalham mais com esse tipo de abordagem. Qual é o teu desafio como consultora? Como é que você vê a sua consultoria no futuro?

Cláudia O meu desafio é justamente a questão tecnológica porque eu gosto de estar em contato com a pessoa, eu gosto de dar aquele suporte, gosto de estar junto. A minha página do Instagram está parada porque eu não gosto muito disso. Mas, até onde eu fui, eu fui por necessidade. Quando eu estava fazendo o curso, meu professor falou que eu tinha que fazer, então eu falei: eu vou fazer e fiz. Mas é uma coisa que eu não gosto. Eu sou muito resistente a isso. Mas o meu desafio é a tecnologia que eu vou ter que encarar. Afinal, eu acho que a consultoria está aí também para ajudar essas pessoas e melhorar a autoestima. É um caminho bem bacana para as pessoas no modo geral, e eu sou bem feliz fazendo o que eu faço. Vou aprender mais, também sobre as novas tecnologias.

LILIAN LEMOS @lilianlemosmachado – BRASIL

<u>Lilian</u> Meu nome é Lilian Lemos, eu trabalho com consultoria de imagem especializada no mercado *plus size*, comecei em 2012. **E esse é o meu maior diferencial, é levar as técnicas de consultoria de imagem de forma bem prática e profissional para que a mulher *plus size* consiga transmitir a mensagem da própria imagem, do jeito que ela deseja.** Porque quando a gente fala do universo *plus*, tem um monte de tópicos pequenos que estão nesse caminho: "Ah, eu nunca consegui achar a roupa do meu tamanho", "eu nunca consegui me expressar", "as roupas que eu encontro não comunicam a pessoa que eu sou, eu acabo usando roupa muito larga ou roupa muito estampada, roupa de Vovó". **O meu processo é filtrar tudo aquilo que a cliente tem como desejo de imagem e adaptar todas as regras de consultoria de imagem para o tamanho dela, para a sua fisionomia de uma forma geral. Observo as cores, estilo, formato facial, formato corporal, para daí levar o projeto de imagem que ela deseja.** O mercado *plus size* aqui no Brasil cresceu muito nos últimos cinco anos, exponencialmente, tipo 300%. A gente tem um crescimento na confecção de moda *plus size*. A quantidade de lojas de roupa *plus size* no Brás e no Bom Retiro, que são dois bairros em São Paulo produtores de moda no Brasil, eles tiveram anos referência 2009/2015, um crescimento de 340% na quantidade de lojas de *plus size*. Tudo isso é um misto de desejo e de oferta do mercado.

Quando eu me tornei consultora, eu não tive um curso de consultoria de imagem direcionado para a mulher *plus size*. **Eu fiz um curso tradicional, eu me formei naquilo, fiz e, sempre que era abordado o corpo grande, era encaixado nas regras do formato oval.** E isso me deixava com aquela pulga coçando atrás da orelha. Hoje, eu nem uso muito essa referência de formatos corporais. O corpo *plus size* tem curvas que mudam muito de mulher para mulher e a modelagem da peça, principalmente quando a gente trata de *derrière*, de braços e coxas.

O *Derrière* é aquela curvinha entre o bumbum e a cintura. É ali atrás, e o que acontece é que a maioria das mulheres *plus* tem um bumbum para fora e a cintura muito pra dentro, então isso demanda que a roupa tenha elástico na parte de trás ou que a mulher *plus* o tempo todo leve a peça dela para ajustar. O que eu faço é ensinar às minhas clientes que costureira é uma parceira bacana. O que eu percebi é que não dá pra encaixar aquelas regras do que eu aprendi para poder atender a minha cliente. Então, eu fiz parcerias com mulheres costureiras de várias cidades satélites de Brasília.

<u>Márcia</u> Você criou uma rede de apoio pra sua consultoria. Eu gosto de insistir nesse ponto porque eu acho que esse tipo de consultoria que cria essa rede consegue atender muito bem a sua clientela e gera mais empregos. É bastante forte a questão da sustentabilidade no trabalho da consultoria de imagem quando a consultora tem essa percepção que você tem, de criar essa rede de atendimento a partir de profissionais que você vai selecionando. Acho que é uma postura que contribui para a geração de novas fontes de renda. Isso daí é perfeito.

<u>Lilian</u> Nós temos a obrigação de arrumar soluções para nossa cliente, não importa como. No momento em que a cliente assina o contrato, ela acha que o problema agora é seu, não é mais dela. E isso é ótimo, ela confia em você. Nós temos que ter muitos parceiros lojistas! Você tem que

visitar as lojas semanalmente ou quinzenalmente, para poder ver o que o pessoal está recebendo de novidade, tem que fazer pesquisa constantemente em lojas e marcas que vendem atacado, que fabricam! Porque na hora que a sua cliente tiver uma demanda, você consegue resolver rápido. É preciso ter parcerias em todas as áreas, lojas, visagistas, tudo! E você tem que confiar muito, porque não é só uma indicação,

Márcia Você tem muitos clientes, não vai estar à disposição 24 horas por dia. Então, autonomia faz parte também.

Lilian E eu penso sempre que quando a pessoa compra um serviço, é muito bom que o consultor faça aquele serviço durar muito tempo. Conseguir que a sua cliente se sinta tão confortável que ela leve para a frente tudo aquilo que eu ensinei para ela. Quando a cliente não compra a consultoria completa, eu não fico preocupada porque eu sei que, na hora que a gente terminar aquela etapa, seja corpo, rosto, cores, shopping, armário, ela vai me contratar logo, logo para fazer outra etapa porque ela vai se sentir segura pra isso.

E o nosso trabalho é crescente, mas **uma consultoria completa demora três meses, quatro meses pra você fazer e mostrar à cliente que não é igual aquele comercial de televisão**. Você chega lá, arranca todo o armário dela, joga fora... **Aí ela chega em casa, não está entendendo nada, não se reconhece**.

Márcia É um aprendizado, um processo.

Lilian Sim, e o resultado disso é uma melhor autoestima da sua cliente, mais autonomia, ela se sente muito mais segura para executar aquilo que ela contratou para poder ajudá-la a se representar.

Márcia Como a pandemia impactou o seu atendimento, a sua atuação profissional?

Lilian Na época, pensei: pronto, agora, acabou com tudo. Foi muito difícil, e eu passei pelo menos uns 20 dias de início da pandemia só chorando, não vou negar pra você, não, porque eu vivo de consultoria de imagem. Nesse momento específico, temia o coronavírus e falei: pronto, e agora? O que eu vou fazer? Então, consultei a minha agência de negócios *plus size*, que me orientou a **criar minicursos, em vez de fazer aquele meu curso completo de 12 horas, no qual a aluna ficava muito tempo comigo e tinha um valor agregado maior. Criar minicápsulas de 40 minutos e ministrar com o precinho lá embaixo e vender que nem varejão. Falei: tá bom, vamos tentar! Eu conseguia fazer, era absurdo, eu tinha 25 aulas por semana**. A pandemia só me fez parar nos primeiros 25 dias, o resto eu trabalhei normal, né. A única parte da consultoria de imagem que eu não presto online é o teste de coloração porque eu gosto muito de estar presente. E o meu nome no online está muito bom, então as pessoas estão me procurando da Bahia, do Recife, do Rio de Janeiro, do sul do Brasil... eu estou com uma cliente na Finlândia e em Portugal.

Márcia Abriu novas oportunidades.

Lilian Pois é, aí a gente está conseguindo se adaptar a tudo isso. Fazer uma demanda bacana, descobrindo novas lojas na região. **E a verdade é que a consultoria não pode ser estática**, é uma profissão nova, nós temos novas técnicas quase que anuais. Precisamos nos atualizar o tempo todo. O segredo é não ficar parado e se focar nisso. A vida de consultora não é glamorosa.

Ainda mais quando se trata de uma profissão que as pessoas ainda não entendem exatamente o que a gente faz. Algumas pessoas ainda acham que consultoria de imagem é você dar palpite na hora da compra. Montar um dossiê para a sua cliente com tudo aquilo que ela é, para que ela entenda aquilo como realidade, gostando e se identificando é muito difícil. Eu fiz várias parcerias com lojas e shoppings. Sou uma pessoa que adora shopping, é um espaço múltiplo, você passeia, se alimenta, trabalha e cumpre tarefas, ao mesmo tempo. Sem contar o potencial de resolução de looks.

Márcia É preciso também investir em formação. E formação continuada implica em gastos.

Lilian Consultor de imagem não tem faculdade. Existem faculdades, na Índia, no México, Estados Unidos e em Londres. Brasil não tem faculdade de consultoria de imagem. A gente tem que ir fazendo os cursos livres e criando a nossa própria formação. Enquanto isso, você tem que decidir o seu posicionamento. **Eu escolhi o *plus size* porque eu já era uma mulher *plus* e já sentia muita dificuldade de me expressar através das roupas**.

Márcia O tempo de aprendizado é importante. **Eu gostaria que as pessoas entendessem que a consultoria de imagem, ao contrário do que aparece nos programas de televisão, não é uma atividade invasiva.** Mas eu ainda vejo muitas, muitas postagens na internet falando assim "vamos mitigar os seus defeitos, vamos disfarçar o seu corpo".

Lilian Inclusive você me sinalizou para um post onde a pessoa fala sobre "estar acima do peso". É uma pessoa sem empatia, é a única coisa que eu consigo entender, porque dentro do *plus size*, como eu vivi o mundo da mulher gorda, eu sei a dificuldade de encontrar roupa, eu sei os comentários que você escuta a vida toda. Estamos numa discriminação estrutural.

Márcia É estrutural. Está acima do peso, de que peso se está falando? Do seu, do meu, de que peso? Qual padrão? Todos devem corresponder a um padrão?

Lilian A palavra gorda, não tem nada de errado em falar gordo. Bobo daquele que usa a palavra gordo como um palavrão. Ele que está errado. Eu não sou eu pelo tamanho do meu corpo. Também tem o fato de as marcas de roupas terem visto que o mercado *plus size* tem demanda, é um nicho bacana. Trata-se de respeito. Quando a gente fala em respeito fica mais legal.

Márcia Eu queria que você agora falasse um pouco mais das parcerias com shoppings. E é um nicho interessante que as portuguesas não trabalham muito. E as brasileiras têm mais experiência, sabem que parcerias assim funcionam bem.

Lilian Sim, funcionam. Quando os grandes shoppings vieram pra Brasília há 40 anos, eles vieram já cheios de eventos para reunir as famílias. E cresci passeando em shopping, não fazendo compras unicamente. O shopping para mim sempre foi um espaço muito fácil, muito dinâmico. E onde a minha cliente faz compra? No shopping, porque as lojas de ruas, algumas são bacanas, mas no shopping existe uma demanda muito maior. No shopping, eu acho sapato, acho acessório, o cinto e a roupa. Até 2015, comprar *plus size* era mais complicado. Hoje, as lojas âncoras estão com um corner de moda *plus*.

Márcia É uma vitória. Lilian, eu queria saber qual é o desafio de viver de consultoria daqui em diante?

Lilian É você conseguir cativar o seu cliente, porque a consultoria de imagem pessoal, como eu a vejo, tem três vertentes: a cliente final, aquela que eu vou no armário dela e auxilio com a imagem pessoal. Tem o cliente lojista, para esse eu faço palestras, vou lá fazer os atendimentos aos clientes deles. E tem o meu cliente aluno que é o que aprende comigo nas aulas. O propósito da minha consultoria de imagem é fazer com que a mulher *plus* se sinta feliz com a sua própria realidade e valorização.

MARTA BARBOSA @estiloh.consultoriadeimagem – BRASIL

Márcia Bom dia, Marta Barbosa, você é uma pessoa bastante conhecida no nicho de *plus size*, mas uma das coisas que fez com que você me chamasse a atenção mesmo é essa forma muito alegre, bem-humorada de postar no Instagram. E eu gostaria de começar essa nossa conversa pedindo pra você falar um pouco do seu nome, a sua carreira, se você teve uma carreira anterior e o seu tempo de atuação como consultora.

Marta Sou administradora, fui servidora pública por 33 anos, meu interesse por moda sempre existiu. Mas não era bem o interesse por moda... as amigas me pediam para viajar com elas, pra escolher um vestido para ser uma madrinha de um casamento, para algum evento especial. O que não é bem uma consultoria de imagem, mas de qualquer forma, eu gostava de fazer isso e achava interessante as pessoas quererem a minha opinião. Depois da aposentadoria, eu pensei: "a que eu vou me dedicar agora?" e pensei nesse lado que eu sempre gostei muito. E eu vi que talvez eu gostasse de fazer consultoria de imagem. Fui fazer a formação, vi que não tinha me enganado. Realmente, é o trabalho que eu gosto, estou nesse mercado faz quatro anos.

Márcia Quatro anos? Então, você é uma recém-consultora? [risos]

Marta Eu, hoje em dia, faço *styling*, de vez em quando, mas eu trabalho com consultoria de imagem, que é um espectro muito mais amplo do que isso. **Eu gosto de trabalhar com a pessoa, com a sua individualidade, com a sua energia, com a sua essência – está muito em voga essa questão de essência – mas é importante, porque é daí, da essência, que parte a nossa comunicação ou que deveria partir, né?**

Márcia E o seu projeto? Você foi direto para o Instagram?

Marta Não. Na realidade, eu comecei atendendo as pessoas em consultoria de imagem. Digamos que estava estagiando profissionalmente. Porque eu acho que é muito importante a gente, antes de entrar realmente no mercado, ter uma ideia das dificuldades, de como desenvolver exatamente o trabalho, muito além daquilo que a gente já treina na formação. E fui me aprofundar mais no estudo. Fui além do estudo inicial que eu tinha feito na formação.

Márcia A decisão do seu nicho foi por alguma dificuldade de história de vida? Porque as consultoras *plus size* são mais "aceitas" quando são *plus size*. Queria que você falasse um pouquinho dessa escolha de trabalhar com *plus size*.

Marta **A escolha do nicho *plus size* realmente foi pela questão de inclusão. Porque eu acho que a pessoa *plus size* está na invisibilidade social. Ou seja, a sociedade não enxerga a *plus size*, não enxerga a mulher mais velha, não enxerga a pessoa com deficiência, não enxerga várias situações de pessoas que estão no mundo e que contribuem, e que antes de tudo são pessoas com valores, com características, com muito para dar, com muito pra contribuir, muito abertas a isso. O que tá errado é haver um padrão socialmente aceito no qual você tem que se encaixar. Porque se não seríamos todos iguais, não teríamos diversidade, não teríamos pluralidade.** As mulheres grandes são muito cobradas, sofrem gordofobia, e lidar com a gordofobia não é fácil. Requer que você tenha uma porção muito boa aí de autoestima. O que eu quero é justamente que as mulheres se vejam com olhos de que elas podem ser bonitas com o corpo que têm e que elas vejam essa perspectiva de que não somos todos iguais e que a diferença, que às vezes ela abriga – vamos dizer assim "interessância" –, está no diverso, naquilo que a gente tem de diferente, entendeu? **Então, sim, a escolha foi por algum motivo pessoal, por entender quantas vezes a pessoa gorda está lá escondidinha, não quer nem se levantar, quer ficar sentadinha; escondida atrás de uma mesa, às vezes, com medo até de falar.**

Márcia Usa muito preto porque dizem que preto emagrece.

Marta A gente sabe que as cores têm uma influência psicológica sobre as nossas escolhas. E elas se escondem da cor, às vezes, por dois motivos: um para parecer mais magra e o outro para não aparecer e não chamar tanta atenção.

Márcia **Eu vejo que você... essa é uma característica brasileira, como este livro tem portuguesas e brasileiras em termos de consultoria, uma das diferenças é exatamente as formas de atuação. Existem formas de atuação diferentes. As brasileiras têm ligações com as lojas e, principalmente, shoppings. Eu vejo que você tem parcerias. No Brasil, a gente vê mais, existem as parcerias, mas eu acho que as brasileiras estão um pouco à frente nesse aspecto. E até influenciam as lojas a terem mais opções, por exemplo, de *plus size*.**

Marta Esse é o meu desejo. Quando eu faço parcerias e quando eu até, às vezes, me aventuro em coisas que não são exatamente do meu segmento, como desfilar.

Márcia **Eu vi que você desfilou e eu achei o máximo, porque a construção de imagem profissional passa obviamente pela autoaceitação. E eu não gosto muito dessa expressão autoaceitação – porque parece que a pessoa está aceitando um defeito. E a pandemia?**

Marta No início, eu fiquei um pouquinho perdida sabe, eu achava que passaria rápido. Você não imagina que vai ser tão longo, você não imagina que vai ser tanto tempo. E passado esse susto, fui fazer *lives*, me inteirar e estudar para poder fazer *lives*, atender, dentro do possível consultoria, online, né. Eu digo dentro do possível porque alguns serviços, eu acho que, na minha concepção, no meu entendimento, não são fáceis de fazer online. Eu não me sinto segura. Então, eu não faço. O que eu não me sinto segura eu não faço online.

Márcia Eu entendo o que você está dizendo. Alguns serviços, eu acho que ficam comprometidos porque você não está no ao vivo, e isso faz uma baita diferença. Mas eu vi que você, seu perfil no Instagram recebeu um *boost*, né??

Marta Foi, eu comecei a fazer vídeos e eu comecei a fazer vídeos muito antes dessa questão de *reels* e disso tudo. E de dancinha que hoje as pessoas falam tanto. A minha dança era até uma brincadeira, para animar. Eu comecei a dançar, que era uma brincadeira assim... de manhã tipo: e aí, como é que vai ser o hoje? Uma maneira de encarar a coisa o mais positivamente possível. E eu acho que muita gente se identificou com isso. O Instagram é partilhar um pouco o "humor" do dia a dia, dentro daquilo que você é, do que você propõe.

Márcia Marta, eu pergunto isso a todas as entrevistadas: é possível viver de consultoria?

Marta **Olha, eu acho que, para viver de consultoria de imagem essencialmente, você tem que ter um enfoque real nessa profissão e encarar estrategicamente como você vai se colocar no mercado. Em termos de diferencial, a gente tem algumas pessoas que conseguem viver exclusivamente da consultoria de imagem, no entanto, isso leva muito tempo para ser construído e para se conseguir fazer**. Eu, por exemplo, atualmente sou docente também numa escola e dou aula tanto de consultoria de imagem essencialmente como também dos nichos que eu trabalho mais. Fora isso, eu atendo clientes, não atendo só dentro do meu nicho.

Márcia Tem gente que pensa muito em *glamour*.

Marta **Às vezes, as pessoas glamourizam a consultoria de imagem com um consultor ou uma consultora que chegou lá num certo patamar, que consegue fazer isso, mas a consultoria de imagem não está vinculada a *glamour*.** Tem que conhecer o guarda-roupa da cliente, ajudá-la a se vestir com aquilo que ela tem, tem várias coisas aí dentro da consultoria... Consultoria de imagem é trabalho, não é *glamour*, não é Instagram.

Márcia [risos] O Instagram mostra os momentos glamourizados. Mas tem muito trabalho braçal, muita pesquisa, se você não vai à loja e carrega muita roupa até o provador, é trabalho no computador.

Marta **Tem a parte investigativa de antes de começar a consultoria da cliente, o tanto que você precisa mergulhar naquele universo. Não é mergulhar um pouco, é mergulhar de verdade no universo que ela vive, nas dificuldades dela. É muita coisa pra considerar, depois encontrar realmente coisas que vistam aquela cliente, dentro do orçamento dela e de acordo com a imagem que ela quer passar e com aquilo que ela também se sinta feliz usando**. Hoje, a proposta da consultoria de imagem atualizada, não invasiva, é que a cliente saia da consultoria de imagem se reconhecendo na sua própria pele. Se a cliente procurou os serviços não é porque ela quer continuar do jeito que está, é porque quer mudar alguma coisa, né? A gente tem que considerar isso. Não adianta a consultora apresentar propostas que a sua cliente não vai se sentir ela mesma, não vai conseguir manter. Não se sentirá à vontade.

Márcia Não é uma boneca que você vai vestir, que você escolhe a roupa e ela não fala. É um ser humano que está ali, que está em busca de aceitação.

Marta Sim, mas para o mundo aceitar, você tem que primeiro se reconhecer em si. Eu acho que quando você se veste, se você não estiver vestida de você, não estiver à vontade, fica tudo muito mais difícil. Quando você se reconhece e você gosta da sua figura, quando se olha de verdade, é que as coisas começam a acontecer.

Márcia Pra nós finalizarmos, eu gostaria que você me falasse das suas perspectivas como consultora. Como é que você vê a atividade da consultoria no Brasil?

Marta Eu penso em me dedicar cada vez mais, eu estou animada agora com essa questão de voltarmos ao presencial. Eu acho que a consultoria de imagem está sendo bastante valorizada e foi bastante valorizada pela questão também da pandemia. Se você pensar que as pessoas, que algumas pessoas passaram a refletir sobre si e sobre como elas podem contribuir da melhor forma possível, e não da questão da superficialidade da roupa. Eu acho que a consultoria de imagem atual tem que ter mais propósitos com relação a um mercado mais inclusivo, e eu já trabalho com isso. Há um mercado mais ecológico, eu digo na questão do pensar em soluções possíveis de se comprar e que firam menos o meio ambiente. Eu acho que a consultoria de imagem hoje tem que ter outras preocupações também, e que a gente vai encontrar pessoas com preocupações também nesses segmentos, da moda circular, do reaproveitamento, dos tantos mercados circulares que nós temos e da possibilidade de você também fazer isso em consultoria de imagem, da compra consciente pelo menos, e do destino que você dá ao que tem. Existem marcas nacionais e da sua localidade, que você pode fortalecer, além disso, existe também a questão do mercado local e existe a questão do mercado autoral. Nós temos consultoras, por exemplo, que aderiram ao mercado autoral. Pela segurança de conhecer quem faz e como faz. Essa questão fortaleceu as pequenas confecções porque você tem a oportunidade de comprar de quem faz e que você sabe como faz. Isso ajuda também a *plus size*, porque muitas vezes o que o mercado oferece não lhe agrada, mas se você tem uma costureira que seja uma excelente modelista, daí você pode ter a roupa que você quer e ainda fortalecer aquela profissional. Eu acho que nós voltamos, de forma saudável, a um modelo de existência que, por exemplo, era comum na época do meu pai, ir ao alfaiate. **E isso te dá uma oportunidade de se vestir de acordo com o que você gosta e como você quer. Então, eu acho que nós voltamos a essas questões que são muito importantes e que você colabora com outras vidas que estão envolvidas. Em tudo que você faz, outras vidas estão envolvidas. E são vidas, e são pessoas que estão dando ali o melhor de si.**

MARIETT MATIAS @mariettmatiasconsultora – PORTUGAL

Marcia Bom dia, muito feliz de ter você aqui, Mariett Matias.

Mariett Os amigos me chamam Mary. É um nome pouco comum. Eu nasci na Holanda, portanto, esse nome não é de Portugal. Meu nome artístico e o meu nome verdadeiro é o mesmo. É Mariett!

Márcia [risos] Eu quero começar perguntando do seu projeto profissional. Como é que você se transformou em uma consultora?

Mariett: Eu sempre fui apaixonada por moda e por tudo que tem a ver com este universo, desde muito pequena mesmo. Mais tarde, eu criei um blog dedicado aos meus looks do dia, onde dava algumas dicas, já na altura, sobre *plus size*, eu sou *plus size*... era um blog, um blog com foco nesse segmento que em Portugal, naquela altura, não existia. O blog veio em 2008, 2009 por aí... Por essas alturas, 2010, começou a andar mais. Então, diariamente, eu ponho o meu look. Comecei com o blog, e as coisas foram andando. E, depois, efetivamente, as redes sociais apareceram, e o blog foi ficando para trás e hoje em dia ainda está. Eu sou formada em Comunicação. Mais tarde, eu fiz um mestrado em Consultoria de Imagem.

Márcia Eu não sabia que aqui em Portugal tinha um mestrado em consultoria.

Mariett É uma faculdade em Marketing, é muito focada no marketing. E deixou de existir por falta de inscrições. E, então, eu só comecei, digamos, a criar uns looks no final de 2017. Eu, pessoalmente, por exemplo, nunca eu fui vítima de *bullying* na escola, nunca. Mas eu não posso dizer: olha, fui apontada, fui abusada. E queria ser a voz e o incentivo. Ou seja, para incentivar as outras pessoas a mostrarem-se, **para mostrar que as *plus size* também podem ter estilo, também podem ter uma imagem de acordo com o que elas querem comunicar.** E foi nesse âmbito que surgiu o blog, e a consultoria foi um seguimento, digamos assim, porque as pessoas também começaram a contratar. As pessoas viam os meus looks no blog e vinham no privado questionar: eu tenho isso, eu tenho aquilo... Efetivamente eu comecei com o foco no *plus size*. Atualmente, eu digo que atendo mulheres porque o meu foco continua sendo *plus size*, até porque eu sou *plus size* e, portanto, é o corpo com o qual eu mais me identifico. Mas já tive clientes que me procuraram que não eram *plus size*.

Márcia Mas você, com essa trajetória, quais são os desafios para viver de consultoria?

Mariett **Infelizmente, as pessoas ainda pensam, eu acho aqui em Portugal, e aí comparado ao Brasil, acho que o Brasil nesse aspecto vai destacadíssimo, e nós ainda estamos cá atrás. As pessoas pensam que é algo fútil. Que é um serviço que só quem é famoso e rico consegue ter, ou seja, só as atrizes, os apresentadores de televisão... pensam que elas é que podem, é supercaro e que não conseguem suportar um serviço desse tipo.** Outras coisas que eu acho é que muitas das pessoas pensam que o nosso trabalho é só dar dica. Ou seja... eu comprei esta blusa e agora com o que eu visto? Eu recebo "n" mensagens por dia com esse tipo de questão. E as pessoas não querem mal. Mas eu não posso ficar respondendo nas redes sociais. As pessoas pensam que é por má vontade minha, não percebem... não percebem.

Márcia Não percebem que não é isso, né?

Mariett Exatamente.

Márcia Eu entendo que as redes sociais são um instrumento de trabalho, uma ferramenta, como outras, por exemplo, a televisão pode ser, como rádio já foi, você está oferecendo um serviço de qualquer forma. Você está dando visibilidade ao seu trabalho. Agora me diga: quais são os desafios para viver de consultoria, além desse que você me falou?

Mariett **Existe algum grau de incerteza, não é? Então, diariamente, você tem que se superar.** O que quero dizer com isso é, primeiro, há uma agenda: um dia para me organizar, para escrever conteúdos, para fazer uma série de coisas que não gosto de fazer em outros dias. Por exemplo, gosto que a segunda-feira seja mais calma, tem esta liberdade, não é? Tem essa liberdade que outros empregos não dão. Mas, por outro lado, eu tenho sempre a incerteza de não saber quanto é que vou receber ao final do mês, ou se no final do mês eu vou ter dinheiro para pagar as minhas contas, se vou ter dinheiro, se vou ter um ordenado. **Uma das coisas que eu invisto muito é em formação, constante aprendizagem e perceber também que meu foco de formação é muito o Brasil. Porque eu acho mesmo que nível de formação nós estamos muito atrás, há anos luz. Errado mesmo é quem não investe em formação.** E veio a pandemia. Não vou dizer que houve uma diminuição substancial, mas também não houve subida. Houve uma manutenção ao nível do número de clientes. Eu achei que as pessoas ficaram receosas, ficamos dois meses fechadas em casa. Depois começou a voltar ao ritmo, um ritmo normal. Foi nessa altura que eu criei, eu faço um, digamos um desafio mensal. E por acaso foi um serviço que correu muito bem porque as pessoas estavam em casa. É o "desafio de estilo". Por exemplo, atualmente, tem um que se chama "os passos para conhecer o seu estilo pessoal". O próximo vai ter início já agora no final de abril (entrevista feita em março/2022) e será sobre vestir o seu corpo. Obviamente, não é uma consultoria personalizada, não é. É um desafio em grupo, funcionou numa turma. Eu não foco numa pessoa, foco no grupo. Claro, se alguém me perguntar, eu respondo. Não é uma consultoria privada, eu não vou analisar a personalidade. Mas é muito bom para quem quer saber mais, e foi através daí que "ganhei clientes" porque é uma boa porta de entrada. As pessoas veem, experimentam, percebem o que pode ser feito, que não é uma questão fútil e, sim, questões para pensar, questões que fazem refletir, que fazem uma pessoa querer melhorar, e, portanto, é uma boa porta de entrada para depois.

Márcia E as lojas *plus size*? Você faz pesquisas em lojas? Eu realmente não conheço as lojas *plus size* de Portugal.

Mariett Infelizmente, tudo o que eu faço é online. **Porque o público de lojas portuguesas não foca ainda no tamanho *plus size*.** E, quando eu digo *plus size,* não é tamanho 48, 50. Eu tenho meninas que vestem 54, 56, portanto, eu acho que mais ou menos são equivalentes os tamanhos entre Portugal e Brasil. São tamanhos maiores e que elas não podem, por exemplo, entrar em uma Zara porque nada vai servir. **Mas o efeito psicológico que isso vai causar e a frustração, eu acho que nunca vou por ali, e eu recomendo logo online. Porque online a oferta felizmente já é imensa. Não é porque é *plus size* que deve ser caro. Não existem lojas cá em Portugal que façam roupa a preços razoáveis, de razoável qualidade e acessíveis. É uma falta de noção e de visão do mercado, as lojas não percebem que, ao quererem ganhar tudo, perdem tudo.**

Márcia Uma questão de decisões de marketing.

Mariett Falando em marketing, eu também atendo a lojistas. E eu me comprometo muito e, quando eu dou apoio aos lojistas, eu me meto na posição de comprador. Acho que é preciso criar empatia, as pessoas com a internet têm informação também, a informação passou a estar disponível para todos, não é? E, portanto, as pessoas podem pesquisar.

Márcia E a comparação cria um consumidor mais crítico.

Mariett Exatamente. Penso que os lojistas portugueses deveriam pensar no passo a passo, numa estratégia evolutiva mais fácil. Depois que o cliente foi fidelizado, é mais fácil até subir, por um período, os preços. Se a Márcia vai a uma determinada loja, gostou daquela loja... vai voltar a ir lá. Se, no próximo dia, a blusa custar X, a Márcia dá, porque gostou, porque tem uma experiência positiva.

Márcia Uma das coisas que eu vejo no mercado português é uma lacuna no trabalho com as lojas. Você disse que dá apoio aos lojistas. No Brasil, as consultoras participam de vários eventos na internet. Procure conhecer as "batalhas de looks". Eu não vejo muito esse movimento em Portugal, talvez eu esteja visitando os perfis errados [risos], eu acho que não.

Mariett **Eu dou apoio a lojas, não é o meu foco. Mas as lojas devem estar preparadas para receber esse tipo de orientação. Em primeiro lugar, aqui em Portugal existe a ideia de que o lojista que percebe de moda, de estilo, do corpo, portanto, não precisa de um apoio de uma consultora imagem. Ou seja, em vez de nos verem como complementares, nos veem como concorrência.**

Márcia No Brasil, essa fase já passou, foi no início. Mas eram mais as vendedoras que pensavam que as consultoras estariam competindo com elas. Justamente o contrário, o trabalho das consultoras fideliza e ajuda a vender uma experiência boa, a cliente sempre volta. Agora, para finalizar, qual é a sua perspectiva de futuro como consultora?

Mariett Minha perspectiva é de ser constante. Onde é que isso me leva ainda não sei. Eu espero sempre uma evolução positiva, ou seja, sempre que eu possa causar um bocadinho de diferença na vida de um número cada vez maior de mulheres. Não é um caminho fácil até porque, muitas vezes, lidamos com questões de autoestima. Eu sou consultora de imagem, não sou psicóloga, nem sou psicóloga de formação. **Nessas questões do peso e de tamanhos grandes, existe sempre um grande nível de autoestima baixa, de falta de amor-próprio, questões que viram estigmas que sofremos ao longo dos anos.** Eu própria estabeleço barreiras e percebo se aquela cliente precisa de mais apoio num nível psicológico. Sou a primeira a dizer: antes de recorrer à consultoria de imagem, deverá primeiro procurar um psicólogo, depois então é que vamos trabalhar. O que eu espero é efetivamente causar um cadinho de impacto na vida do maior número de mulheres. Não sei se vou fazer isso o resto da vida, não sei. Não é fácil. Espero que sim, espero que sim!

A ESTÉTICA NEGRA COMO ESTRATÉGIA DE ESTILO E IMAGEM VISUAL

Maria do Carmo Paulino dos Santos[2]

---

[2] Doutoranda em Design pela Faculdade de Arquitetura e Urbanismo da Universidade de São Paulo (FAU-SP) e em Comunicação e Semiótica pela Pontifícia Universidade Católica de São Paulo (PUC-SP). Mestra em Têxtil e Moda pela Escola de Artes, Ciências e Humanidades (Each) da Universidade de São Paulo. Especialista em Desenho de Moda e Criação pela Faculdade Santa Marcelina (Fasm) e em Docência no Ensino Superior pela Universidade Estácio de Sá. Bacharel em Desenho Industrial pela Universidade Guarulhos (UNG) e Licenciada em Pedagogia pelo Centro Universitário São Camilo. Bolsista Cotas da Fundação São Paulo (Fundasp), mantenedora da Pontifícia Universidade Católica de São Paulo (PUC-SP); e da Capes pela Faculdade de Arquitetura e Urbanismo da Universidade de São Paulo (FAU-USP). Orcid: 0000-0001-6013-2812. Lattes: 1144295437540346.

Estilo tem muito a ver com a personalidade e identidade de uma pessoa. Estilo é o que marca, o que define o jeito diferenciado de ser e viver de um indivíduo. Ter estilo é saber fazer escolhas que valorizem a imagem pessoal e que a diferencie das demais. Estilo é o que diferencia a pessoa que tem elevada sensibilidade crítica, criativa, estética e política. Ao reunir todas essas qualidades, esse indivíduo as transforma em sua imagem visual para comunicar o seu posicionamento, as suas atitudes e o seu jeito de ser. Quem tem estilo tem história para contar ao falar de suas escolhas pessoais.

A consultoria de imagem e estilo pessoal trata da aparência, do visual, de como uma pessoa é vista, percebida, ou de como ela gostaria de ser vista. A imagem visual é um reflexo da personalidade e do momento em que se vive, diz muito do comportamento e da comunicação que se quer fazer de si para o outro.

Queira ou não ser visto ou percebido, a imagem pessoal chega na frente e define positivamente ou negativamente quem somos. O papel social que cumprimos no dia a dia torna-se secundário diante da imagem visual que comunicamos. A aparência de uma pessoa será lida antes mesmo de ela ter a oportunidade de demonstrar suas qualidades, habilidades e competências. Infelizmente, a sociedade nos julga primeiro pela aparência. A percepção estética da imagem visual é muito forte no imaginário individual e coletivo.

Qualquer pessoa pode ter estilo. Muitas buscam a todo instante ter um estilo próprio, uns alcançam esses objetivos, outros não. Para muitas pessoas negras e indígenas, ter estilo é um posicionamento contra-hegemônico ao padrão estético branco e magro estabelecido socialmente. É um ato político. Unir corporeidades negras a um jeito muito particular de usar roupas que contam histórias e resgatam memórias, além de explorar penteados que demarcam as "fronteiras" (ANZALDÚA, 2005) de suas culturas, isto é uma maneira de se ter estilo. Mas não é só isso. É necessário também ter atitude e sensibilidade para dosar elementos de identidade cultural em uma harmoniosa imagem visual e em alguns casos até em imagem de moda. É uma maestria a imagem visual que alguns "amefricanos" (GONZALEZ, 1988) conseguem criar com muito estilo.

O estilo afro representado pelo tom de pele negra mais intensa, rosto marcado por uma configuração mais arredondada, lábios mais grossos e com os bem cabelos crespos, volumosos, armados, entrou na passarela da moda brasileira uma vez ou outra quando alguma marca ou estilista tinha a intenção de explorar um visual mais exótico em seu desfile. Era raro ver um(a) modelo(a) negro(a) na passarela da moda ou em editoriais de moda e tampouco na TV como protagonista de alguma cena.

Essa ausência de representatividade negra fez surgir, em 2014, nas redes sociais, um ativismo em prol do orgulho crespo. Muitas adolescentes negras começaram a pautar o racismo falando da importância de se usar os cabelos crespos como uma estratégia de defesa pessoal, valorização da estética negra, elevação da autoestima, ser bela (o), bonita (o) e estilosa (o) com seu cabelo afro armado, trançado, com um *dread* ou com um turbante.

Esse movimento ganhou as ruas em diversos estados brasileiros com as chamadas para as Marchas do Orgulho Crespo. As palavras de ordem eram: *Cabelo armado e nunca penteado! Abaixo a ditadura da chapinha! Em terra de chapinha quem tem o cabelo crespo é rainha! Orgulho Crespo!* (entre outras). Esse ativismo foi tão significativo para a população negra que o governo do Estado de São Paulo estabeleceu, por meio de um projeto da artista e deputada estadual Leci Brandão (o qual foi criado pelas organizadoras do movimento orgulho crespo: Neomísia Silvestre da Hot Pente, Nanda Cury do Blog das Cabeludas e Thaiane Almeida), a Lei 16.682/2018, que instituiu o Dia do Orgulho Crespo a ser celebrado todo dia 26 de julho (SANTOS, 2019). O Estado do Mato Grosso do Sul instituiu o Dia do Orgulho Crespo por meio da Lei 5.206/2018, a ser celebrado todo dia 7 de novembro. Em Salvador, na Bahia, a Lei 9.194/2017 institui o Dia do Empoderamento Crespo, a ser cultuado todo dia 20 de novembro – uma data que evoca memória e resistência ao se celebrar a morte de Zumbi dos Palmares. Em 2020, o governo do Estado do Pernambuco institui a segunda semana do mês de novembro, como a *Semana Estadual do Cabelo Crespo*, por meio da Lei 17.101/2020, para refletir sobre a beleza e a identidade negra, bem como a moda afro-brasileira, destacada no artigo 373-D, no qual se lê:

> Art. 373-D. Segunda semana do mês de novembro: Semana Estadual do Cabelo Crespo. **Parágrafo único**. As atividades, eventos e debates em comemorações alusivas à Semana Estadual do Cabelo Crespo poderão ser realizadas pela sociedade civil e deverão abranger temas sobre a valorização da beleza negra, moda afro-brasileira e demais símbolos da identidade negra. (ALESPE, 2020, p. 4, grifo nosso).

Todo esse ativismo que resultou em leis foi necessário para que houvesse uma abertura da estética negra e dos cabelos crespos estampando rótulos de cosméticos, ocupando espaços em editorias de revistas de moda e marcando presença na maior passarela de moda brasileira, a São Paulo Fashion Week (SPFW). Esse movimento fortaleceu o engajamento de vários influenciadores negros e negras que, por meio de uma imagem de moda afro-centrada e diaspórica, começaram a influenciar as redes sociais e a impulsionar uma moda afro feita por pessoas negras. Eis que surge um *boom* de afro-empreendedores oferecendo produtos e serviços de moda afro – do vestir à consultoria imagem, impulsionando, assim, o segmento denominado de moda afro-brasileira.

Embora recente, esse fenômeno que põe a estética negra na disputa de espaço e de narrativa com a estética branca, a luta do movimento negro pela valorização da estética negra na mídia, na imprensa e na TV, vem de longe, perpassa por quase um século. Abdias Nascimento (1914-2011) foi um dos maiores expoentes da cultura negra e dos direitos humanos no Brasil, fundou, entre tantas iniciativas, o Teatro Experimental do Negro (TEN), em 1941. A motivação que o levou a montar o TEN aconteceu quando ele assistiu a uma peça de Eugene O'Neill e percebeu na montagem um ator branco com o rosto pintado de negro para interpretar um "protagonista negro". Nessa época, havia se passado 53 anos da abolição da escravidão. Os negros não tinham nenhuma perspectiva de mitigar essas estratégias racistas. Não havia a possibilidade de uma pessoa negra se ver representada por uma outra pessoa negra em cena.

Lélia Gonzalez (1935-1994), uma mulher negra à frente do seu tempo, em pleno período de ditadura no Brasil, se manifestou contra a imposição dos militares, foi uma das fundadoras do Movimento Negro Unificado (MNU), cunhou o conceito de amefricanidade para se referir a todas as pessoas negras americanas descendentes de africanos. Essa reflexão surgiu para Gonzalez quando ela passou a compreender os efeitos do racismo em diversos países na América e na África do Sul. Lélia nos ensinou que o regime de *Apartheid* na África do Sul fortaleceu os africanos a externalizarem suas identidades negras. Enquanto no Brasil, por causa do mito da democracia racial e das diversas formas de opressão pós-colonização, as pessoas negras acabaram negando suas identidades. Com isso, afirma que o racismo aqui aconteceu por denegação.

Negar-se por ser negro: isso queria dizer não aceitar o tom de pele escura, os cabelos crespos, o formato do nariz largo, os lábios grossos. Enfim, não aceitar a estética do fenótipo negroide gerou baixa estima entre pessoas negras. Se a autoestima acontece quando uma pessoa está bem consigo mesma, altiva, com a sua estética, com a sua imagem visual e pessoal, como, então, pessoas negras elevariam a sua estima para autoestima? Se a estética negra era dada como fora do padrão e explorada ora como exótica e outrora como erótica? Se o modelo midiático de pessoas com autoestima era sempre representado por um padrão de pessoas brancas, como as pessoas negras superariam o sentimento de baixa estima? Sem representação da estética negra? Impossível. Sem o fortalecimento do um estilo afro que exaltasse a estética negra, não seria plausível mudar o que foi imposto — o padrão estético branco hegemônico, alto, magro, cabelos lisos e de olhos claros.

Esse sentimento de denegação também foi uma estratégia de opressão racista. Ora, se o racismo é a dominação de uma raça sobre a outra, a supremacia branca só se estabeleceu com a anulação da dignidade de negros e indígenas. Humilhar era uma maneira de desumanizar e desvalorizar a cultura, a crença, a estética do outro. Humilhar é despi-lo de sua humanidade. E tudo isso contribuiu para que o racismo por denegação se perpetuasse por todos esses séculos na mente das pessoas negras. Esse fato dificultou o resgate da identidade negra no Brasil entre os seus afrodescendentes.

Entre anos de 1960, 1970 e 1980, a desvalorização da estética negra imposta pela mídia hegemônica preocupava Lélia Gonzalez, que dizia que esses veículos exploravam um padrão estético branco e europeu em detrimento a uma estética erótica/exótica negra.

Ao perceber que os negros estadunidenses estavam impulsionando o movimento *Black is beautiful* como uma estratégia de subversão ao padrão estético branco imposto pelo racismo, e que em Salvador, na Bahia, iniciativas como a do bloco Afro Ilê Aiyê impulsionavam a criação do concurso Negra Ilê, para Lélia, tornou-se fundamental pulverizar a ideia de valorização da estética negra para desconstruir o gênero erótico/exótico criado pela TV e pela mídia de moda, que depreciavam a imagem da pessoa negra. Devido ao racismo por denegação, muitas pessoas negras acreditavam que eram feias, por não se verem na televisão, e, para amenizar um processo de aceitação, mantinham o cabelo crespo sempre alisado porque era o que se via como belo na TV. A respeito da imposição da estética branca, que anulou e depreciou a estética negra, escreve Lélia Gonzalez:

> Mas o aspecto que nos interessa aqui é o do modelo estético ocidental (branco) que nos foi imposto como superior ideal a ser atingido. Por isso mesmo nós, negras e negros, éramos sempre vistos como o oposto daquele modelo através do reforço pejorativo das nossas características físicas: cabelo ruim, nariz chato ou fornalha, beiços ao invés de lábios, tudo isso resumido na expressão "feições grossas ou grosseiras". E quantos de nós se deixaram enganar por tudo isso, acreditando realmente que ser negro é ser feio, inferior, mais próximo do macaco do que do homem (branco, naturalmente). E a ideologia do branqueamento estético destilou o seu veneno mortal não apenas no interior da comunidade negra, mas no falseamento da nossa própria história. De repente, a rainha Cleópatra (que era negra) aparece nos filmes de Hollywood sob a imagem de Elizabeth Taylor; e, bem nos dias de hoje, a televisão brasileira imprime em nossas mentes a imagem de uma Dona Beja (cujo pai foi um escravo forro e, portanto, negro) quase loira e de olhos claros... (GONZALEZ, 1988, p. 197-198).

Pois é, como bem escreveu Lélia Gonzalez nas "entrelinhas", que a própria televisão brasileira se encarregou de reforçar a ideia do racismo por denegação. Ela tinha ou não razão? Escurecendo bem as ideias, Lélia tinha razão. Até a rainha Cleópatra foi embranquecida na corporeidade de Elizabeth Taylor.

Ora, sendo a televisão aberta um veículo que invade a casa de milhões de pessoas sem pedir licença para entrar, e ao se colocar no seio do ambiente familiar, dita como belo um padrão de beleza sempre representado por pessoas brancas, magras, de olhos claros e de cabelos lisos. Como se não bastasse, idealizou um modelo de "família feliz", que era uma família branca cis heteronormativa — composta sempre por um homem (branco, bonito, cabelos lisos cortados curtinho com um pequeno volume no alto, penteados para o lado, sem barba, arrumados de maneira discreta — sempre com camisa em tons claros e muito bem passada). Esse homem sempre protagonizando o provedor bem-sucedido dessa família. O homem idealizado como bem-sucedido é branco. E a personagem mulher dessa cena: branca, cabelo liso, geralmente com um coque estilo rabo de cavalo, bem vestida com saia e blusa ou um vestido, sempre muito feminina no papel da "bela, recatada e do lar". A mulher que foi idealizada para o casamento é branca. Por fim, nessa cena que intencionalmente adentrava os lares das famílias brasileiras, sempre tinha um casal de filhos — uma menina e um menino. O cenário sempre muito bem arrumado, ambiente bem iluminado. Nesse contexto, vendia-se de tudo, produtos e serviços.

Quando essa mesma TV brasileira se propôs a colocar uma pessoa negra em cena, era para representar papéis de degradação e subalternização como de empregados, de bandidos, de baderneiros, de bêbados, as cenas acontecendo em lugares hostis, com pouca luz, em lugares que sempre remetiam a favelas, cortiços e casas inacabadas. E a caracterização de personagens era debochada e reforçava um exotismo sobre o fenótipo de pessoas negras. Quem não se lembra da personagem Adelaide, de Zorra Total (2012), que só foi retirada do ar devido a uma forte mobilização do movimento negro. Racismo! Por que a maior emissora de televisão brasileira, com todo alcance que tem por ser uma TV aberta, prestou-se a esses desserviços para a população negra? Como descontruir essa imagem tão negativa? Tão desumana?

As mulheres negras apareciam em papéis eróticos com seus corpos explorados sensualmente ou naturalizadas em serviços braçais de limpeza, de empregada doméstica, entre outras. Era nesse lugar de depreciação que a TV brasileira colocava as pessoas negras. Para o homem negro, foi criada pela grande mídia a imagem estereotipada de bandido, de violento e fadado ao insucesso. Ou seja, o homem negro malsucedido em oposição ao homem branco bem-sucedido. E para a mulher negra, a imagem da mulher para servir, dos serviços domésticos aos sexuais. É esse lugar que a TV brasileira criou para a mulher negra. E sair desse lugar e desconstruir essa imagem estereotipada tem sido o maior desafio.

As mulheres negras em grande maioria são mães solo – criam seus filhos sozinhas –, estão nos serviços braçais e de limpeza. E é essa mulher que está na oposição da mulher branca, que sustenta a imagem midiática de "bela, recatada e do lar". São as mulheres brancas que se casam, que criam seus filhos com tranquilidade, que viram misses, que são modelos, apresentadoras, executivas etc.

Na contramão dessa estética fabricada, Lélia Gonzalez já vinha questionando esses estereótipos criados pela mídia hegemônica, e quando essa mesma mídia decidia explorar das pessoas negras o gênero erótico/exótico, elas se esforçavam para embranquecer as características de pessoas negras, afinando seus traços e exigindo que os seus cabelos fossem alisados:

> Afinal, pra ser "miss" de alguma coisa a negra tem de ter "feições finas", cabelo "bom" ("alisado" ou disfarçado por uma peruca) ou então fazer o gênero "erótico/exótico". O que ocorre na escolha de uma Negra Ilê, por exemplo, não tem nada a ver com uma estética europeia tão difundida e exaltada pelos meios de comunicação de massa (sobretudo por revistas tipo "pleibói" ou de "moda", assim como pela televisão). Na verdade, ignoram-se tranquilamente essas alienações colonizadas, complexadas, não só das classes "brancas" dominantes como também dos "jabuticabas" e/ou dos "negros recentes". (GONZALEZ, 1988, p. 197-198).

Alisar os cabelos sempre foi uma tortura para muitas mulheres negras, porque esses processos de alisamentos são agressivos, derrubam o cabelo, inflamam o couro cabeludo, provocam ardência, enfraquecem o desenvolvimento natural do cabelo, entre outros males. Sem contar que a indústria de cosméticos demorou demais para desenvolver produtos específicos para os cabelos crespos e cacheados.

Se o cabelo é parte fundamental na construção da imagem visual de uma pessoa, para o Movimento Orgulho Crespo, a ideia de deixar o cabelo ao natural, fazendo com que as pessoas se libertem de alisamentos, surge como uma estratégia que instigou muitas pessoas a resgatarem suas identidades negras e a autoestima ao assumirem seus cabelos *blacks* volumosos, suas tranças diferenciadas, seus *dreads* ou um estilo curtinho escovinha. Esses estilos de cabelo sempre foram usados pelos nossos pais e avós, são estilos que carregam uma memória, uma tradição e continuam embelezando a cabeça dessa nova geração de negros e negras.

Por causa do racismo, famílias negras conservaram a arte e a tradição africana de trançar os cabelos de seus descendentes, na intenção de expressar uma imagem visual que comunicasse a fronteira territorial, cultural e geográfica de suas linhagens genealógica e etnográfica. Cada trança tem uma história, que é aprendida na oralidade, no momento do afeto e dos cuidados com os cabelos.

Nilma Lino Gomes (pedagoga, professora, pesquisadora e ex-ministra da Secretaria de Políticas de Promoção da Igualdade Racial no governo da Presidenta Dilma Rousseff) defendeu, em 2002, em seu doutoramento, a tese "Corpo e cabelo como ícones de construção de beleza e de identidade negra nos salões étnicos de Belo Horizonte". Com essa pesquisa, Gomes descobriu o quanto se fazia necessário falar das mulheres negras e seus cabelos crespos, bem como das crianças negras; e de quanto o *bullying* sofrido no ambiente escolar por causa dos cabelos crespos deixou marcas profundas em suas trajetórias de vida, além de provocar a evasão escolar de muitas crianças negras.

Muitas mães negras encontraram no trançar dos cabelos de seus filhos uma maneira de superar o preconceito racial e de romper com o estereótipo do "negro descabelado e sujo" (GOMES, 2002, p. 44). Para vencer o *bullying* que as crianças sofriam no ambiente escolar, estrategicamente, as mães criaram penteados estilosos com tranças dos mais variados tipos, volumes e adornaram com enfeites coloridos. Esse foi um recurso usado para elevar a autoestima de crianças e adolescentes negros.

A trança é um símbolo de resistência negra. Ela define um estilo pessoal, fortalece a construção da identidade negra, exalta um sentimento de pertencimento à cultura negra afro-brasileira, diaspórica, ou "amefricana", como nos ensinou Lélia Gonzalez.

O estilo afro entre as tranças não é à toa, e sim, propositalmente, que pessoas negras na vida adulta usam cotidianamente as tranças para definir a sua imagem pessoal e visual e, assim, comunicar a sua personalidade.

A trança, como um símbolo de identidade, resistência e pertencimento, demarca uma territorialidade, um lugar, uma história, como ensina Glória Anzaldúa, como as "fronteiras cultural, geográfica e política" que constitui os povos de cor, em especial, as mulheres negras enquanto sujeitas que rejeitam as imposições estéticas do patriarcado branco hegemônico e eurocentrado.

Com isso, gostaria de dizer que ter uma "boa imagem pessoal" não tem nada a ver com o padrão de beleza hegemônico imposto socialmente. O processo de colonização cravou uma hierarquia entre as raças e, com isso, estigmatizou a estética e a cultura negra. Negros, indígenas, asiáticos, entre outros, entraram no jargão do "fora do padrão", de "não ter boa aparência e ou imagem visual", de serem considerados feias e/ou exóticas. O racismo foi eficaz na manutenção negativa desses estereótipos.

Compete a nós (brancos, negros, indígenas e asiáticos) desconstruir esse padrão estético branco, enfraquecer a hegemonia dominante para abrir cada vez mais espaços para pessoas diversas de corpos e etnias, de sorrisos e olhares, dos mais variados estilos de cabelos — crespos, cacheados, encaracolados, lisos, volumosos, curtos. Cada pessoa tem o seu estilo. Compete à consultoria de imagem ajudar cada pessoa negra a encontrar o melhor estilo para compor a sua imagem visual.

Como vimos até aqui, a consultoria de imagem está diretamente ligada a comportamento, à comunicação e à aparência. Portanto, compete também aos profissionais dessa área somar na promoção e na valorização da estética negra; exaltar a beleza negra para romper com os estereótipos negativos e desumanos que foram criados ao longo destes séculos e alguns pontos destacados ao longo deste texto.

Porém, não posso deixar de dizer que o racismo ainda afasta pessoas negras de suas atividades profissionais. Para pessoas negras, não basta ter a formação, ter o diploma, ter a competência ou a habilidade para desenvolver bem qualquer profissão, seja como consultora de imagem ou estilo de moda, estilista, modelista, designer, entre outras. Não importa o título que foi adquirido. Infelizmente, como já falamos, a imagem pessoal chega na frente. E por sermos negros, nem uma oportunidade nos dão.

Parece ser fácil para uma profissional negra chegar, se apresentar e conseguir se afirmar como consultora de imagem e estilo de moda, né? Até seria... se tivéssemos evoluído e superado as barreiras do racismo estrutural e institucional. Infelizmente, mentes colonizadas de pessoas brancas e não brancas impedem o desenvolvimento profissional de pessoas negras na área da moda. Está na hora de abrir essa cabeça e o coração, porque o sangue que corre na veia, independentemente da cor da pele, é vermelho.

Com isso, quero finalizar dizendo que, para mim, foi um desafio escrever sobre consultoria de imagem tendo em vista questões raciais que me atravessam profundamente. Por que essas questões me atravessam?

Sendo eu, uma mulher negra, modista que entende do riscado e alinha multitarefas no dia a dia entre o desenhar, modelar, cortar, costurar e, em paralelo, transitar de professora por alguns espaços acadêmicos. E aí me desafiam a escrever sobre consultoria de imagem e estilo, com um olhar para a estética negra. Não quis trazer um manual de como vestir pessoas negras, senti a necessidade de falar o que todo mundo sabe e prefere calar-se. Falar da estética negra que foi desumanizada, erotizada e exotizada falou mais alto aqui. Espero ter dado conta desta tarefa, queria fazê-la sem deixar rolar lágrimas nos olhos. Infelizmente, não foi possível. Chorei...

REFERÊNCIAS

MARCHA do Orgulho Crespo – Jornalistas Livres, 26 jul. 2015. 1 vídeo (3min1s). Disponível em: https://youtu.be/kwMVNVYqsoo. Acesso em: 16 ago. 2022.

ANZALDÚA, Gloria. La conciencia de la mestiza [Rumo a uma nova consciência]. **Estudos Feministas**, Florianópolis, v. 13, n. 3, set./dez. 2005, p. 704-719.

GOMES, Nilma Lino. Trajetórias escolares, corpo negro e cabelo crespo: reprodução de estereótipos ou ressignificação cultural? **Revista Brasileira de Educação**, Campinas, n.21, set./out./nov./dez. 2002, p. 40-51

GONZALEZ, Lélia. A categoria político-cultural de amefricanidade. **Tempo Brasileiro**, Rio de Janeiro, n. 92-93, jan./jun. 1988, p. 69-82

SANTOS, Maria do Carmo Paulino dos. **Moda Afro-Brasileira, design de resistência**: o vestir como ação política. 2019. 160 p. Dissertação (Mestrado em Ciências – PPG Têxtil e Moda) – Escola de Artes, Ciências e Humanidades da Universidade de São Paulo, São Paulo, 2019.

MULHERES PRETAS

PALOMA GERVASIO BOTELHO @rcnibrasil e @palomagsb.estilo – BRASIL

<u>Márcia</u> Boa tarde! É com muita alegria que eu recebo a Paloma, ativista e consultora de imagem, cuja atuação tem um veio ancestral. Vou deixar que ela se apresente.

<u>Paloma</u> **Agradeço o convite em meu nome, Paloma Gervasio Botelho, e em nome da Rede Consultoras Negras de Imagem e Estilo (RCNI).** Ficamos muito felizes pela confiança no nosso trabalho. Sou natural de São Paulo, Brasil, nascida e criada aqui nessa cidade cosmopolita. Estou na área da consultoria de imagem desde 2015, sou oficialmente consultora de imagem e estilo. Mas compreendendo, estudando e observando essa profissão, eu entendo que eu faço isso desde sempre, desde criança mesmo. **Porque eu aprendi a me vestir e eu baseio o meu trabalho na forma como eu aprendi a me vestir com a minha mãe, principalmente, com tias, madrinha, avó, mulheres negras da minha família. Usando as cores, mas, principalmente, entendendo a importância da imagem para nós, pessoas negras, pessoas da pele preta.** A partir daí, eu sou autodidata, tenho estudos acadêmicos, tenho formação em criação de imagem e *styling* de moda, tenho formação em *cool hunting*. Minha formação é em comunicação e publicidade especificamente.

<u>Márcia</u> Não existe uma formação específica reconhecida pelo MEC ou pelo Ministério do Trabalho. Exceto pelo curso da Fashion School, Portugal tem uma única escola com certificação do governo. O Brasil também tem cursos, que têm metodologias próprias, alguns cursos que se autointitulam reconhecidos, técnicas que são consagradas, por exemplo, a técnica da coloração pessoal, do método sazonal, do método sazonal expandido, que são técnicas e metodologias que elas estão aí do norte ao sul, do leste ao oeste. Você diz que é autodidata, você nessa sua trajetória de mulher preta. **Nessa sua trajetória de vida em que, claro, você se encontrou uma criança cujo cabelo era diferente na escola, uma adolescente que não encontrava nas lojas os cosméticos que serviam para a sua cor – pra nossa, né! Não a minha, mas a sua geração já começou a questionar. Antigamente, a gente nem pensava que deveria ter. Eu te pergunto, nessa sua trajetória, que tem muito da sua vivência de mulher preta, quando foi que você percebeu que existia uma imagem e que essa imagem merecia ser cuidada?**

<u>Paloma</u> Desde sempre. Isso sempre foi… como eu disse, a minha mãe é a minha referência. Isso sempre foi pautado na minha casa. Meu pai faleceu, eu tinha 6 anos, e meu pai também tinha essa preocupação com a imagem. Era vista como uma família muito elegante, nós três juntos. Mesmo eu bebê. E chamava atenção de todas as maneiras. Essa coisa de entrar no metrô e observar olhares em cima de você. Eu sou muito desligada em relação a isso. Tem dias que talvez eu esteja um pouco

mais atenta e, às vezes, eu observo um olhar e eu vou interpretar esse olhar depois que passou. E isso de certa maneira me protege de qualquer olhar negativo que esteja sendo passado pra mim.

Eu tenho fotografias da minha avó paterna e a materna, as duas cada uma no seu estilo. Minha avó paterna usava uns óculos grandes assim como os meus, até mesmo na coloração, uma estética meio "negras da Bahia" e cozinheira de mão cheia. E minha avó materna sempre impecável, já ia a bailes e estava sempre muito bem-vestida e sempre muito elogiada por conta da sua identidade imagética. Eu sempre me destaquei na maneira de me vestir. Mesmo com o uniforme, eu sempre busquei algo que me destoasse, que eu estivesse além da cor da minha pele, que também já era e é e sempre vai ser um diferencial da minha estética. Para muitos como nós, pessoas negras, tinha essa questão também do racismo intrínseco, de que ele está presente o tempo todo. **Eu sempre tive essa preocupação e sempre entendi e interpretei a imagem como estratégia. Tanto que, com a profissão, eu desenvolvi um conceito que o vestir, para pessoas de pele preta, está para além do poder aquisitivo, da vaidade e das tendências da moda, é uma armadura de proteção contra as violências do racismo. E mesmo que a minha mãe não falasse exatamente dessa maneira, era isso que ela sempre me disse e continua me dizendo.**

Márcia Como é lidar com a consultoria de imagem, que é um trabalho também de busca de autoestima, com uma mulher preta, que passou a vida toda ouvindo que a cor dela não era bonita, que os traços não eram bonitos, que o corpo dela tinha proporções que não eram as proporções ideais, que o cabelo era feio e tantas outras coisas que a gente ouve, como lidar com isso? Eu queria que você falasse da rede RCNI.

Paloma A RCNI, Rede de Consultoras Negras de Imagem e Estilo, nasceu também na pandemia, que nem essa ideia do livro. [risos] Mas, na verdade, ela nasce oficialmente. Porque desde 2016 eu e a Marcela Lemos idealizamos a RCNI. Atualmente, a Marcela saiu da RCNI, e eu continuo na gestão e mais pra frente eu posso falar dessa gestão que está sendo construída dia a dia, a partir desses dois anos. Ela nasceu em 2016, em um encontro, não tinha esse nome. Mas foi a Marcela que promoveu um encontro de consultoras. Não teve um foco nas mulheres negras, mas trouxemos a temática e éramos a maioria nesse encontro. Desde então, nós nos aproximamos mais e continuamos conversando. E teve um momento em 2018, se eu não me engano, nós desenhamos a RCNI, eu, Marcela e a Raquel Santos. A Raquel hoje não é mais consultora, ela foi pra área do EUS, Experiência do Usuário da Tecnologia. E eu e Marcela continuamos pensando na RCNI. Mas ali a gente desenhou com nome e tudo, enfim. Ficou na gaveta. Quando chegou a pandemia, eu falei: "Marcela, estou pensando no que fazer, se eu faço uma bateria de *lives* entre consultoras ou se chamo vários profissionais...". E fomos conversando e pensamos na ideia de colocar a RCNI pra jogo. Nos organizamos minimamente e começamos pra ver no que ia dar. Já conhecíamos outras consultoras negras, fomos convidando, conversando e chamando essas pessoas, pelo WhatsApp. E foi assim que nasceu, dia 1 de abril de 2020. Eu sou ruim de data, mas essa data é um dia antes do meu aniversário.

Márcia [risos] Inesquecível.

Paloma [risos] Ou seja, é ariana. Somos arianas. **E aí nasceu a RCNI, já com, pelo menos, umas 20 consultoras no grupo do WhatsApp, que até hoje é onde a gente se reúne, é**

onde trocamos informações e onde buscamos nos organizar também. Atualmente, estamos em 50 consultoras e estamos pra ter mais. Já tivemos com 60. Tiveram algumas saídas ou por falta de atuação ou porque está mais focada na sua carreira, enfim. Os motivos são diversos. A RCNI não tem recursos financeiros. E tem essa falta de representatividade, essa falta de representatividade no meu olhar em todos os aspectos, a forma, a prática, as ferramentas, o olhar. E as faltas de referências inclusive afro-brasileiras, afro-diaspóricas no conteúdo histórico, de estudo, do repertório que é apresentado. E isso a gente sabe que não é somente na consultoria de imagem e estilo, é de uma forma ampla. Então, eu falo que, no curso, eu era a única negra presente. Até aí tudo bem, só que eu era a única também que trazia as referências afro-diaspóricas, afro-brasileira, ou seja, nem as docentes traziam outras referências, inclusive olhando e sabendo que tinha outra diversidade ali nessa sala. Podemos trabalhar um pertencimento mais do que inclusão, o pertencimento. Eu que levava e eu que indagava.

Márcia É um apagamento, né? Se você não fala, você não conhece, você não perpetua o conhecimento, você não entende a filosofia, você desaparece. Desaparece. A ideia é essa, muitas vezes, um projeto bem articulado.

Paloma E é um caminho único que é o olhar do colonizador, ele é a verdade suprema. Ele não amplia os olhares. A gente acaba vendo sempre as mesmas coisas. E eu falo: "tá bom, a gente está vendo a narrativa do estilista X, que é europeu ou norte americano, mas e aqui? Nós?! A nossa história? Afro-indígena? Onde ela aprece, onde ela está?".

Márcia Na RCNI são associadas?

Paloma Sim, associadas, mas é uma nomenclatura que muda. Atualmente é "associada".

Márcia Porque eu já fui da AICI- Chapter Portugal, e por conta da colonização portuguesa, tinha outras mulheres negras. Mas, no Brasil, a AICI Brasil que eu vou entrevistar a Silvia Scigliano que é ex-diretora, uma vez saiu um post no Instagram. Eu passei um ano atrás de coisas no Instagram porque era onWde, na pandemia, todo mundo desembocou. E aí eu falei: "na foto da associação Brasil, nesse grande encontro, não tem uma mulher preta. Cadê? Não tem consultora preta no Brasil? Não é possível que não exista". A resposta foi que estavam trabalhando na criação de um comitê racial. E aí depois teve uma postagem de uma consultora que está trazendo esse tema à tona.

E a questão da beleza e da feiura é também colonizada. Você não questiona, porque você já nasce nela. Ao mesmo tempo, a mulher preta já ouviu tantas vezes que era feia, que ela começou a acreditar. E ela não ouve só na escola. Infelizmente, ela ouve em outros espaços sociais. Queria que você falasse agora retomando, você tem essas associadas. Elas vão porque elas sabem o que está acontecendo ou elas vão pra RCNI por que elas acham que vão se agrupar? Porque, claro, atuar em grupo é mais fácil porque você tem suporte. Ou elas vão por um posicionamento político?

Paloma Boa pergunta. Tem variados anseios, né! A RCNI logo que nasceu, uma das primeiras atividades que nós fizemos foi o grupo de estudo do *Color to color*, do livro da Jean Patton. E nós tivemos quatro meses de encontros semanais com 14 consultoras participantes. E foi muito rico porque falava-se muito da solidão da atuação da profissional de consultoria de imagem, da solidão da atuação da profissional enquanto mulher negra, da não identificação com os processos, principalmente, o de análise de coloração. Mas, sobretudo, o acolhimento. A gente fez um formulário, uma pesquisa pra tentar se aproximar dessas consultoras e entender o que estão buscando e como elas também podem contribuir para a RCNI. E uma das palavras que aparece bastante é acolhimento. De se ver pertencente a um espaço, a um grupo dentro de uma área na qual muitas acabam tentando entrar e acabam desistindo. Acabam se sentindo desencorajadas de persistir na consultoria.

Márcia A RCNI se divulga para conseguir clientes também?

Paloma Ainda não. O que nós temos de futuro: as formações, a capacitação profissional, o grupo de estudo veio muito com essa proposta. A gente trouxe referências afro-brasileiras, afro-diaspóricas, a gente afro-centrou o conteúdo, trouxe mais arte e cultura para incrementar esse repertório. É possível viver da consultoria, mas também não somente do atendimento final. O atendimento que eu digo é a consultoria em si. A gente pode dar palestra, dar aula, dar mentorias, podemos também fazer esse grupo de estudo, enfim. Tem outras possibilidades. **A RCNI vem com todas essas propostas. Temos uma biblioteca virtual no *drive* trazendo uma perspectiva não só com livros da consultoria, mas livros novamente com contexto afro-brasileiro e afro-diaspórico, para trabalhar a consciência racial entre nós, consultoras.**

Márcia Qual é o desafio da RCNI em um país que nunca tinha notado que tinha tanto preto? Porque os pretos ou se esgueiravam socialmente ou pouco se manifestavam como pretos. E hoje em dia é "nós existimos e agora?!", e agora? Como é que a consultoria vai trabalhar pra empoderar essas consultoras e essas clientes? Diga para mim, essa é a pergunta de 1 milhão de dólares.

Paloma [risos] **Pra mim, a consultoria é uma ferramenta poderosa pra gente trabalhar a imagem, já que vivemos em um país com tantos níveis de preconceito. No Brasil, nós, negras, pessoas indígenas, pessoas racializadas, pessoas de grupos minorizados, pessoas com deficiência, pessoas LGBTQIA+, somos julgadas pela nossa imagem, primeiramente. A consultora precisa compreender que ela tem responsabilidade a partir do momento em que ela é contratada por ser uma especialista em imagem.** Ela tem responsabilidade do que ela passa para o cliente porque tem mulheres negras que não usam batom vermelho porque dizem que a boca está sangrando, porque dizem que parece puta, porque dizem isso e aquilo. Difamam a imagem simplesmente pela cor de um batom. **É onde, por exemplo, eu não pratico a análise de coloração da forma tradicional, da forma que ela é praticada. É onde mais vende, mas eu não pratico. Aí é um desafio!** Eu não sei te responder exatamente. [risos] Eu sei que, às vezes, eu consigo impactar uns ou outros e que a RCNI tem esse grande esforço de fazer esse impacto. **Ela se compromete a isso como um propósito, porém ela também compreende que não é só dela essa missão. É um coletivo. Eu acredito que a gente precisa se fortalecer espiritualmente, ideologicamente e psicologicamente.**

TANIA SITOE @taniabequesitoe – PORTUGAL

Márcia Boa tarde. Eu falo com a nova associada da entidade Ethical Influencer (Digital Community Doing Good), Tania Sitoe. Como nasceu a consultora de imagem Tânia Sitoe?

Tania De certa forma, sempre esteve aqui. Sempre gostei de moda, de me arranjar, experimentava roupa, fazia combinações e isto funciona, isto não funciona e tudo mais. Mas eu é que não tinha percebido isso até porque eu hoje tenho 36 anos e, na minha fase da adolescência, a consultoria de imagem não era conhecida cá em Portugal. Não se falava. Lembro-me que foi quando começaram aqueles programas que certamente também passaram no Brasil. Aí eu lembro que já estava ali na faculdade, no início da faculdade, trabalhei durante muitos anos para uma companhia aérea que era gira e muito engraçada. Obviamente, conheci pessoas do mundo inteiro. Então, quando eu comecei a trabalhar, uma das primeiras coisas que eu fiz foi uma viagem, fui a Paris. E nem me tinha apercebido, era a semana da moda de Paris. Só depois é que caiu a ficha e que eu percebi que era a semana da moda. E eu gostei daquilo. Quando voltei para Portugal, pensei: eu gostava era mesmo disto, eu gostava de trabalhar era nesta área neste mundo. E talvez ali uns dias depois eu vi um desses programas e pensei: posso trabalhar como uma consultora de imagem. Fiz o curso na Blossom, da Dora Dias e *voilá*. E foi assim que descobri que era possível trabalhar com moda, mas de uma forma humana, intimista e que ajuda as pessoas, e não que as que as prende, que as repele, que diz que elas não servem, que elas são desajustadas, que são altas, são magras, são gordas, são... já são maduras, seja lá o que for. E então foi aí que eu percebi: não, eu gosto de moda e é assim que eu quero trabalhar em moda. E foi assim que eu comecei o meu percurso como consultora de imagem. E fui fazer diversas formações do *branding* de marcas à coloração pessoal, sempre em busca de aperfeiçoamento.

Márcia Antes de começar a criar a empresa, pensou num plano de negócios, pensou em uma missão, um objetivo, quanto tempo que exige um investimento financeiro, fora o emocional que a gente joga os sonhos em cima de uma profissão nova, existe um investimento financeiro? Quando você começou, tinha noção de preço que você iria cobrar? Você tinha um plano de negócios?

Tania Não. Foi tudo muito orgânico. Não no sentido de ser bom, não é!? Mas não tinha qualquer ideia. "Ah, vou criar um plano de negócio". A minha missão é esta e eu só tinha isso na minha cabeça e sabia que eu queria que as pessoas se sentissem bem comigo, que as pessoas se sentissem "ok vamos trabalhar a sua imagem". Mas de uma forma muito sensível. Sempre foi mais isso, não estava escrito, depois é o que eu escrevi.

Márcia Depois que você já estava dentro é que você resolveu formatar?

Tania Exatamente, isso foi bem depois. Até porque era daquele tipo de coisas que, há nove anos atrás, não se falava quase em Portugal, o conceito de empreendedorismo como hoje.

Márcia **Tânia, eu vou te perguntar que é uma das coisas que eu pergunto pras mulheres pretas que fazem consultoria. No Brasil, o racismo era mais velado. Hoje em dia, com questões políticas, as pessoas começaram a expor mais os seus preconceitos. Vou dizer assim pra ser elegante.**

Tania **É sério? Mas isso é ao contrário do que ainda era suposto.**

Márcia **Eu conversei com várias consultoras pretas brasileiras, e todas elas falaram de como era diferente o tratamento que elas viam para as consultoras brancas e as consultoras pretas. Existe essa diferença em Portugal? Você consegue identificar, ou pra você a questão da cor nunca apareceu?**

<u>Tania</u> **Que eu tenha percebido neste âmbito... no trabalho, não.** Já senti em outras situações nomeadamente no outro trabalho que eu tive. Mas há uma questão aqui. Eu nasci em Moçambique, e a minha família é moçambicana, mas eu vim para Portugal aos 2 anos. Ou seja, toda a minha cultura, apesar de, na minha família, estar super presente a nossa cultura moçambicana obviamente, mas a minha maneira de falar já é daqui, tudo o que eu aprendi é daqui. E eu sinto, e isso eu já senti várias vezes, nessa comparação entre o tratamento que me dão a mim e que eu sinto, às vezes, a uma pessoa ao lado num, num atendimento de um serviço. **Imagina alguém que esteja aqui em Portugal e inclusive eu já senti até com várias amigas brasileiras que eu tenho cá em Portugal. O tratamento é diferente do que me dão a mim e do que dão a elas. Por quê? Pelo sotaque. E várias amigas sim, sim, várias amigas dizem que já se sentiram várias vezes vítimas de racismo que eu, por exemplo, nunca senti apesar da cor da pele. E algumas delas são brancas, de cor são brancas, mas, como têm o sotaque brasileiro, sentem muito mais racismo do que eu sinto. Por quê? Porque as pessoas olham para mim no primeiro olhar, se eu estiver calada ninguém sabe. Mas quando começo a falar, as pessoas me assumem, apesar da cor, como igual. Não sei se me estou a fazer a entender.**

<u>Márcia</u> Entendo. Parece mais xenofobia que racismo. É um combo perverso. Quando você atende mulheres pretas, você faz alguma distinção na forma como você atende?

<u>Tania</u> Não. Não. Não porque, independentemente da cultura, eu tenho que perceber quem é aquela pessoa e o que é que ela gosta. Por quê? Porque lá está a cultura, por exemplo, a cultura brasileira. Africana no geral é colorida, é quente, é alegre. Mas há pessoas que não gostam porque é que eu vou dizer que se a pessoa é brasileira, moçambicana ou angolana, que ela tem que usar roupas coloridas ou que temos que procurar as melhores cores sem perceber se ela gosta dessas cores ou não. Gosto muito do batom vermelho. Gosto muito das unhas vermelhas, gosto dos acessórios coloridos, gosto de sapatos vermelhos e amarelos e tudo mais. Aí são os meus toques de extravagância. Os meus toques de cor. Adoro sapatos coloridos, mas, por exemplo, em roupa não gosto muito de a parte de cima, por exemplo, não gosto de ter muitas cores. Se eu tivesse uma consultora de imagem que dissesse: olhe como tu és uma moçambicana eu sei que tu gostas de roupas muito coloridas... Não, não gosto, para mim não gosto. Gosto de combinar cores, gosto de fazer combinações diferentes, mas pensar em ir buscar o nude da pessoa não me faz sentido para mim, não me faz sentido como método porque pode não ter a ver com aquela pessoa.

<u>Márcia</u> Então aí a gente vai já pensar nos públicos que você atende. E os atendimentos das mulheres com mais de 50 anos? Os conflitos em relação ao etarismo fazem parte da anamnese que você faz? Como você percebe esses conflitos que aparecem na mulher 50+?

<u>Tania</u> Márcia, são muitos conflitos. Muitos bloqueios mesmo e porque lá estamos nós e disseste muito bem, é a sociedade. Nós somos as pessoas que vangloriam a beleza do George Clooney, não é? Mas que fala das rugas da Michele Pfeiffer. Realmente, há um estigma muito grande em relação ao envelhecer feminino. Tem a questão da menopausa, vai-se potencializar que está a envelhecer, está a ficar velha, e depois as revistas falam dos cabelos brancos das mulheres sendo errado. **As mulheres, sobretudo aqui em Portugal, eu sinto que a brasileira é diferente, há ali um cuidado, uma maquiagem que a pessoa tem o prazer de usar. Em Portugal, as pessoas ficam muito opacas muito cedo.**

Márcia E a sua cliente, quando ela aparece? No Brasil, elas dizem que querem vestir short, voltar a mostrar o corpo e a se valorizar. Em Portugal, quando você atende uma mulher de 50+, existe esse desejo?

Tania Existe, mas também existe um medo de ser mal interpretada, de ser...

Márcia Uma sociedade muito tradicional e, às vezes... muito preconceituosa.

Tania Então existe um bocado esse medo, mas também existe muita resistência ...de "olha, vamos experimentar estas calças", "não sei se é para meninas, então vamos experimentar". Quantas vezes eu tenho que negociar e digo: "confia em mim e vamos experimentar". E então as pessoas experimentam, e quanto brilho no olho eu não vi já. E nisso está todo o sentido ao meu trabalho. Mas a resistência não se resume apenas a mulheres maduras, há também às mais jovens. Tem que haver algumas mudanças porque senão vamos ficar com o mesmo.

Márcia Mudar não é uma coisa fácil. O mudar é um exercício muito grande de desapego. Embora a gente não gostasse, era confortável estar daquele jeito. E a pergunta que faço a todos: você vive de consultoria?

Tania Sim, vivo disso. Mas quando comecei a perceber o que é que a consultoria de imagem faz na vida das pessoas é que eu própria comecei a dar o real valor. Mas existe trabalho, não é de um dia para o outro, é preciso um investimento sim, é preciso a nossa marca ser conhecida. Há aqui um conceito de marca pessoal que é necessário que se torne conhecido. Mas, mais do que tudo, é as pessoas perceberem exatamente quem somos e como é que nós trabalhamos.

LILIAM REIS @imagem.disruptiva – *BRASIL*

Liliam Primeiro, eu agradeço o convite. **Meu nome é Liliam Reis, sou consultora de imagem, me dedico há mais de quatro anos a perceber as intersecções entre raça, classe, gênero dentro dos processos de consultoria de imagem. Sou pioneira nesses recortes de estudo. Em função desse pioneirismo, eu também acabei chamando a atenção de algumas escolas. Foi bem naquele *boom* em que o Brasil descobriu que era racista, que o mundo descobriu que o racismo existia, "uma novidade".**

Márcia Uma "novidade incrível".

Liliam E foi bem naquele momento que as empresas começaram a entender que elas precisavam ter uma visão não racista, ética, enfim. No Brasil e no mundo, as marcas começaram a se movimentar, principalmente no meio da moda, um meio extremamente excludente, racista, misógino. Enfim, é aquele misto de tudo que é de ruim.

Márcia E a exclusão fica muito evidente quando você, por exemplo, vê um desfile de passarela. Ou você pega uma revista de moda e você vê uma repetição do mesmo padrão. Por anos, às vezes, até séculos, né?

Liliam A moda, irmã mais velha do capitalismo, lucra muito com esses modelos de negócio que são extremamente excludentes e que, pra você parecer ou tentar estar mais próximo do modelo ideal, você precisa gastar muito. E aí a gente vai ver cada país com o seu recorte, mas no Brasil a gente vê o quanto as mulheres negras gastam com produtos de beleza, principalmente para os cabelos. E pra essas pessoas que duvidam, a gente tem que ter uma militância, principalmente, na moda. Porque a moda tem uma característica muito insidiosa, ela faz sem dizer que está fazendo. Então, vamos receber os modelos negros. Aí põem dois no meio de um mar de pessoas brancas. **Essas situações são nuances, são muros institucionais. Eles também estão presentes na consultoria de imagem. Como? Quando você vai fazer um *personal shopping* no atendimento e você percebe que a modelagem das roupas é feita para mulheres brancas.** E aí você vai levar a sua cliente ao provador, sua cliente preta, e você vai ter mais dificuldade de encontrar pra ela uma roupa que sirva ou que ela não tenha que fazer ajustes, porque o modelo é outro. **O padrão ao qual as grandes marcas estão atreladas é um padrão branco, é uma mulher com uma cintura menos marcada, com um quadril que não é tão grande.** É ergonomia mesmo. Isso é visto assim como um 5% da população, né? A ergonomia vai tratar como atípico aquele que foge ao padrão, mas no Brasil o que foge ao padrão é mais da metade da população. Essas coisas vão se perpetuando.

Márcia E a consultoria de imagem, e os cursos?

Liliam Cursos que já são tradicionais no mundo inteiro, Direito, a Medicina, enfim, são cursos que são antigos, primeiros cursos do mundo. A moda é uma coisa muito recente. Quando a gente pensa na consultoria de imagem, num tempo histórico, nasceu ontem. E esse nasceu ontem é muito complicado porque, às vezes, eu ouço de colegas assim: "nossa, mas determinado comportamento nos dias de hoje", "nossa, mas estamos no século XXI e essas coisas ainda acontecem, que absurdo". E essas falas pra mim são carregadas de desconhecimento, que dão a sensação de que nós estamos assim tão distantes. **Tem muitas mulheres negras consultoras de imagem aqui no Brasil. E, às vezes, tem um olhar errado de que são só consultoras brancas.** Tem muitas mulheres negras. Só que o que eu percebo é que essas mulheres negras, muitas das vezes, tentam fazer uma entrega que é semelhante à entrega da mulher branca. Por quê? Porque a metodologia de aprendizado foi uma metodologia de aprendizado que visava atender mulheres brancas. **Professoras me perguntaram: "mas você vai fazer consultoria para mulheres negras? Mas *esse povo* não entende direito". Não tem como você trabalhar prestando serviço pra mulheres negras. Nenhuma mulher negra tem dinheiro pra pagar. Então, o século XXI é um século em que a gente ainda está tentando provar que a gente é gente, que tem capacidade intelectual, que consegue aprender.** No meu caso, eu desmembrei todos os processos que me eram estranhos, vindos da consultoria de imagem tradicional. Tinha que pregar cliente na parede, desenhar o contorno do rosto e do corpo dela, usar um paquímetro e aferir as feições. Tudo que me era muito estranho, eu comecei a anotar e falei que nada disso fazia sentido. Só que, quando eu comecei, não sabia exatamente o que fazer. E aí começou uma jornada.

Márcia As coisas que você fala, Liliam, são as técnicas e os métodos, né? É de onde vem a "imagem disruptiva"?

Liliam Sim, as técnicas e os métodos, as falas e os posicionamentos e tudo o que vem envolto dos métodos e das técnicas. Eu vim na área da tecnologia, eu trabalhava no departamento comercial de uma empresa grande de *software* de gestão. Então, quando eu comecei a desenhar os processos, e eles começaram com muitos "nãos", no sentido de isso eu não vou reproduzir, isso eu me recuso fazer igual, isso é um absurdo, eu não faço dessa maneira, e ainda não tinha nem ideia do que eu poderia fazer, então, veio o disruptivo. Eu falei: vamos ressignificar algumas coisas, vamos entender qual é o objetivo final do que eu me proponho fazer com a minha cliente e, a partir disso, vou encontrar outras soluções. **E quando eu finalizei essa metodologia de entrega, eu vi que isso quase não é consultoria de imagem. Aos preceitos, né? Do que era a consultoria preservava a ideia de trabalhar o vestir. Mas passava por tantos outros lugares, e os recortes sociais, os recortes de gênero, os recortes sociais eram tão presentes, porque eu entendo a moda e a consultoria de imagem que eu entrego como uma potente ferramenta de transformação social. Era a disrupção. A minha entrega tem projeto social para desenvolver essas potências. A minha entrega visa que a cliente possa olhar pra ela mesma com mais afeto, que possa olhar pra ela mesma com carinho, entendendo que o poder cuidar de si mesma é um resgate ancestral,** livrando-se da culpa. Porque os atravessamentos das nossas clientes negras são diferentes do atravessamento de uma mulher branca. Muitas das vezes, uma mulher branca não consegue deixar de comprar uma peça, não consegue nem conceber como é a ideia de deixar de comprar algo pra si mesma porque ela se sente culpada de ter vencido na vida, "vencido" na vida.

Márcia No Instagram, a Zezé Mota fala que, como atriz, ela não ganhou muito dinheiro, ela fez Chica da Silva. Mas assim o personagem acaba, né? Ela começou a ganhar dinheiro com a música, quando começou a cantar. Um dia, ela estava numa loja e estava dando por um vestido o valor de um salário-mínimo. Começou a se sentir muito culpada porque ela estava gastando aquele dinheiro todo em um vestido. Foi parar na terapia e ouviu da terapeuta: "você lutou tanto pra chegar até aqui e agora você tem culpa porque você está comprando um vestido que você trabalha pra ter como comprar...". **Então, a autoestima da mulher preta é sabotadora.**

Liliam Exatamente, porque quando nós olhamos pro modelo de vida branco, ele nasceu pra dar certo. Então, é estranho e vira nota de jornal quando a gente vê uma pessoa branca vivendo de mendicância. Aqui a gente teve, por exemplo, o "mendigato" (um mendigo branco que mais parecia um modelo, na gíria brasileira, "um gato") virar notícia de jornal. Porque é tão absurdo, é tão fora do lugar que essa pessoa branca não esteja em um local de destaque que vira reportagem.

Márcia É notícia, né?

Liliam É notícia. Agora, uma mulher preta que chega em determinados lugares que a sociedade diz que não eram o lugar dela, que não era possível, quando ela chega lá, muitas das vezes, é a primeira da família que conseguiu alcançar esse espaço. Ela não consegue se ver por quê? Porque muitas vezes ela é a única preta desse espaço. Ela olha pro lado, não tem mais ninguém experienciando aquilo que ela está experienciando, e ela começa a comparar o que a família não tem e o que ela está tendo possibilidade de ter. Então, não é sobre ser frívola ou não, é sobre gastar dinheiro à toa. É sobre ter a dignidade de poder olhar pra si mesma e falar: olha, esse corpo, essa corporeidade, ela não nasceu apenas para sobreviver, eu posso existir. E a roupa é esse novo marcador social pra esse corpo preto. **E aí o disruptivo vem dessa ideia de conseguir quebrar esse paradigma, de romper. Porque eu aprendi inclusive isso com uma cliente: quando a gente vê uma coisa, a gente não consegue mais desver. Desver não existe.**

Márcia É a Caverna do Platão!

Liliam Se você viu pronto, "desver" não existe. E é muito esse lugar de quando você se vê enquanto um ser que não precisa mais apenas sobreviver, mas que pode de fato existir e experienciar esse mundo com toda a sua potência e corporeidade. Desver não tem como mais. Isso mexe com uma estrutura inteira. E eu ainda digo: quem vê, não vê sozinho.

Márcia E aí eu vou te perguntar da questão da consultoria de imagem e seus códigos. A gente falou em técnicas, você fez mudanças, os modelos, os estereótipos, mas existem alguns códigos. E aí eu vou te perguntar o que é elegância pra mulher preta?

Liliam Narciso achou feio tudo aquilo que não era espelho. Estou falando daquilo que é esbelto, que é magro, sobretudo. A gente tem diversas coisas que não cabem na elegância, e na própria consultoria de imagem, parece que tem um certo discurso assim. Hoje eu não noto tanto, mas eu senti isso muito mais quando eu comecei. Quase que todo o objetivo de imagem de todas as clientes era ser mais elegante. E uma das coisas que eu comecei a observar é que, se eu não colocar o parâmetro de elegância como a gente aprende, como uma referência pra cliente, ela vai pra outras vertentes. Então, todas querem ser mais elegantes. **E aí eu pergunto: o que que é elegância pra você? E as respostas são tão diversas quanto as próprias pessoas são. O que eu entendo de elegância hoje é que ela é extremamente particular e ela é uma construção. Então não existe uma definição.**

Márcia Você também atende mulheres brancas?

Liliam Hoje eu atendo 98% de mulheres pretas. Nesse momento, por exemplo, eu não estou atendendo nenhuma mulher branca. E eu tenho 10 atendimentos em andamento.

Márcia Você vive disso. Não dá pra fazer caridade. Né?

Liliam Não. Eu tenho o meu projeto social da Imagem Disruptiva no qual eu ajudo mulheres em vulnerabilidade social. E aí eu reservo quatro das agendas do ano pra conseguir fazer uma entrega gratuita pra essas mulheres. Então a gente faz. Mas o meu negócio, ele é sustentado por mulheres pretas. E eu falo isso assim com muito orgulho. Porque é uma das coisas que eu ouvi na minha trajetória de que não seria possível. A experiência que eu tenho, atendendo mulheres pretas, é muito honrada, elas entendem muito mais do que eu entrego e dão muito mais valor, não no preço, mas valor, ao que eu faço do que no início da minha trajetória né, que majoritariamente eu só atendi mulheres brancas.

Márcia O domínio dos códigos que você passa pras mulheres que você atende dá a elas esse sentido de elegância?

Liliam Esse status de elegância, muitas das vezes, é como se fosse uma prova social. Muitas vezes, a elegância pra mulher preta vem desse lugar. Eu preciso provar que eu posso estar onde eu estou, que eu posso consumir, aí eu preciso ser elegante segundo os preceitos sociais para que eu demonstre que eu posso estar nesse lugar. Ou que eu não seja atingida por falas do racismo. **Para a mulher negra, o vestir-se é uma armadura para se proteger do racismo estrutural.** Quando você fala domínio do código, aí de novo a gente precisa voltar alguns passos. Primeiro: mulheres negras não são todas iguais, com os mesmos atravessamentos, e claro, não se trata só da textura do cabelo. Cabelo crespo não é prerrogativa de mulheres negras, cabelo liso não é propriedade de pessoas brancas, por exemplo. Mas leituras sociais são diferentes, as etiquetas são outras, e o domínio do código, ele também vai servir de maneira diferente pra cada aluno. Quando você fala de domínio do código, eu tenho a leitura de que você tem inclusive o direito de se fazer valer daquele código ou não. Caso contrário, você tem conhecimento de um código que te domina. Na imagem disruptiva, hoje eu entendo que tem, pelo menos, o padrão de atendimento que eu entrego hoje. São de mulheres que conseguiram chegar no espaço de que elas realmente dominam o código. Quando me é interessante, quando me é conveniente usar isso ou aquilo, eu sei o que esses códigos significam e eu posso escolher usar isso ou aquilo. **Eu moro em Minas Gerais, historicamente, um estado do Brasil muito ligado ao trabalho escravo. Aqui, é muito comum você ver pessoas pretas portando alguma coisa, que não necessariamente têm a ver com moda. Um sinal de pertencimento a um espaço hostil. Então é a chave de um carro importado que não sai do dedo. Podia estar na bolsa, mas vai ter que ficar no dedo pra mostrar que ele está ali e que ele pode consumir naquele espaço. É a bolsa que, quando ao sentar, ela precisa ficar em cima da mesa pra mostrar que ela pode se sentar naquela mesa. É o aparelho celular que fica virado a todo momento pra mostrar de onde ele veio.**

<u>Márcia</u> Então, são os nossos marcadores sociais, reais e simbólicos. O nome em jogo é racismo.

<u>Liliam</u> **Dominar os códigos pra mulher preta é ela entender qual é o jogo que está sendo jogado e saber e ter o poder de escolher quais as cartas que ela vai pôr na mesa.** Tem mulheres que, infelizmente, não chegaram nesse espaço de poder... não, esse jogo é meu e eu vou fazer o que eu quiser, eu vou fazer a minha própria mesa, se necessário for. E aí, muita das vezes, tem que ceder aos códigos pra existir naquele espaço, pra não morrer assim. **Uma facada mesmo que é esse sistema.**

NOTAS SOBRE UMA CONSULTORIA DE IMAGEM ALÉM DA TÉCNICA

Miriam Lima- Consultora de Imagem e Psicanalista

> *Há um tempo em que é preciso abandonar as roupas usadas, que já têm a forma do nosso corpo, e esquecer os nossos caminhos, que nos levam sempre aos mesmos lugares. É o tempo da travessia: e, se não ousarmos fazê-la, teremos ficado, para sempre, à margem de nós mesmos.*
>
> *(Fernando Teixeira de Andrade, ensaísta, literato)*

Ir além da técnica, oferecendo uma consultoria de estilo e imagem em consonância com desejos, gostos, demandas de clientes foi a premissa da criação, há quase seis anos, do método de atendimento, quando temas como diversidade e quebra de padrões nem sequer estavam no radar de grande parte das profissionais. Hoje, para ter relevância no mercado, acredita-se que a consultora não pode mais desconsiderar que lida com gente, que a forma como se conduz o atendimento impacta a imagem, a autoestima, as emoções e a vida de alguém.

Como alcançar uma consultoria de imagem em que a cliente saia do processo melhor do que entrou? Liberta de modelos idealizados de beleza, corpo, aparência? Menos refém da própria consultora, o que significa autonomia em suas escolhas, fazendo valer suas singularidades no vestir, no guarda-roupa, no cabelo, na make. Enfim, uma identidade visual autêntica, que expresse o que ela quer comunicar, ao mesmo tempo contemplando suas necessidades nos âmbitos do trabalho e da vida social.

As técnicas são essenciais, já que sem elas há dificuldades em executar nosso trabalho. Mas será que um processo 100% funcional vai contemplar de verdade as demandas da cliente? A consultora que investe no aprendizado de habilidades para entender mais a fundo as questões de imagem da sua cliente está vários passos à frente na profissão. No entanto, ir além das técnicas não tem a ver com deixar as técnicas em segundo plano. Muito pelo contrário: o recomendável é que a consultora de estilo e imagem una as duas pontas.

A primeira ponta é humanizar, entendendo de verdade o que a cliente precisa – a dor da cliente. Isso não é pouca coisa. A segunda é a própria aplicação das técnicas. O domínio delas não interfere no entendimento dos clientes; a não compreensão da técnica como ferramenta torna difícil a localização das questões de imagem. Entende-se, então, que a consultoria de imagem do presente e do futuro não se sustenta sem nos aprofundarmos nas questões dos clientes.

Um questionamento: as normas e os conceitos da consultoria de imagem, formulados há 40 anos, precisam ser revistos à luz da contemporaneidade? Uma mulher 50+ hoje é bem diferente daquela da década de 1970, quando a idade era uma pedra no sapato ainda mais pontiaguda, embora se acredite que a mulher ainda enfrente no dia a dia estigmas, normas e convenções sobre seu vestir e sua aparência.

Consultoras de estilo e imagem lidam com aparência, comunicação, roupa, comportamento. O trabalho é no campo da imagem, do vestir, do guarda-roupa, do externo. Mas a humanidade vem do interno, como afirmou o estilista Mark Jacobs: "Roupas não significam nada até que alguém viva nelas".

UM FUTURO QUE JÁ CHEGOU

O futuro não é um lugar para onde estamos indo, mas o que se cria hoje. O consultor de imagem não está sozinho a bordo do tema tecnologia x consultoria de imagem x autoconhecimento. Ao contrário, vários futuristas, antropólogos e pesquisadores afirmam que a pandemia do coronavírus funcionou como um acelerador de futuro, antecipando mudanças que já estavam em curso.

O *home office* talvez seja o aspecto mais tangível dessa aceleração, aqui e no mundo. Mas o futuro que já chegou está no salto gigantesco, em pouco tempo, de novos ambientes e plataformas, que vão alterar profundamente nossa vida. A referência é a "disrupção tecnológica" e a ruptura cada vez mais acelerada de padrões tecnológicos, que estão criando formas de trabalhar, compartilhar, relacionar. São mudanças contínuas, que vão afetar o mundo. "Mudará não só o que fazemos, mas também o que somos" — disse Klaus Schwab, presidente do Fórum Econômico Mundial, na reunião deste ano, 2022, em Davos, referindo-se à quarta revolução industrial, já em curso.

Consultoras de imagem podem até pensar que isso está muito longe do seu trabalho. Será mesmo? Na rotina de hoje, sem que se deem conta, há coisas que não existiam 10 anos atrás. Redes sociais, aplicativos de mensagens e plataformas de economia compartilhada são serviços que representam disrupções tecnológicas. Na consultoria de imagem, a Inteligência Artificial, por exemplo, vai oferecer, cada vez mais, recursos, serviços e soluções técnicas de estilo e imagem. Mas a Inteligência Artificial ainda não é capaz de simular a natureza humana.

Se o futuro está cada vez mais acelerado em tecnologia, precisamos de antivírus que protejam os usuários, de alguma forma, do poder dos algoritmos. O filósofo e pensador Yuval Harari fala tanto sobre a importância do autoconhecimento, expressão, por sinal, que virou lugar comum na consultoria de estilo e imagem, mas deve ser tratada com mais profundidade. Conhecer-se não é tarefa fácil, embora as vias para se autoconhecer sejam muitas, cada uma delas tem resultados diferentes.

Crê-se que o ser humano se conheça um pouco mais profundamente, o que será sempre um ganho pessoal e profissional para entender mais a fundo a cliente e auxiliá-la no seu processo de autoconhecimento no campo da própria imagem. Quando se investe no autoconhecimento, ganham-se mais recursos para desenvolver um trabalho de imagem autêntico para a cliente.

IMAGEM, DIVERSIDADE E QUEBRA DE PADRÕES

Estamos na era da tecnologia como em nenhum outro momento da humanidade. Mas o mundo, ao mesmo tempo, está em busca de diversidade e de quebra de padrões, questionando a busca por imagens idealizadas. Como os profissionais da consultoria estão lidando com essa quebra de paradigmas? Acredita-se que seja necessário adentrar e buscar a pluralidade de corpos, de rostos, de cabelos, de raças, de idades. Num mundo que será cada vez mais diverso, plural e inclusivo, a consultora de imagem deve preparar-se para entender a cliente além dos ditos padrões e modelos até hoje vigentes.

É um desafio entender a cliente gorda, a cliente velha, a cliente preta, a cliente trans e tantas outras. Tecnicamente, que corpos em formatos X, Y ou Z adequam-se a determinadas modelagens. Mas isso adianta pouco se não se compreende o universo singular da cliente, suas dores e expectativas.

O domínio da comunicação de imagem, códigos de vestir etc. é um fator importante no atendimento, mas ir além da técnica é entender quais são os possíveis entraves da cliente com seu corpo, seu rosto, sua imagem. Também deve fazer parte da abordagem o acompanhamento do movimento do mundo, que se volta cada vez mais para a cultura da diversidade e da representatividade. O bem-estar mental dos clientes, no que se refere à sua necessidade ou não de ter seu corpo reconfigurado, se existe o desejo de "disfarçar" o que se convencionou chamar de defeitos, ante ideais de beleza inalcançáveis, ou ainda de se sentir bem na própria pele, se sentir bonita do jeito que ela é.

O VESTIR NO TRABALHO DA CONSULTORA DE IMAGEM

E como anda o vestir nesse novo mundo em curso? Se se avança aceleradamente em tecnologia, enquanto o contraponto pela diversidade se fortalece, as escolhas do vestir também começam a ser ressignificadas. Quando a cliente se dá conta de que suas escolhas de roupa envolvem também sentimentos, memórias, suas histórias de vida, e não só decisões objetivas, fica mais perto de se vestir de si mesma.

Roupa, acessório e mesmo o jeito de se comportar precisam ser entendidos dentro de um contexto, que é o próprio "texto de vida" da cliente. Daí a importância de despadronizar o processo de atendimento para não padronizar a cliente. É a cliente quem informa sobre sua relação com o vestir e a aparência, ela precisa contar como se vê, a história do seu vestir. Dessa forma, ficam menos presas a regras de estilo ou preocupadas em escolher sempre o mesmo tipo de peça para marcar sua identidade visual.

HUMANIZAÇÃO NA CONSULTORIA DE ESTILO E IMAGEM

Muito se tem falado em consultoria humanizada. Mas o que é humanizar na consultoria de estilo e imagem? É acolher as vulnerabilidades da cliente com seu vestir, roupa e imagem, como elas aparecem durante o processo e como lidar com elas dentro dos limites de uma consultoria. Quando alguém contrata uma consultoria, leva expectativas, histórias de vida, **as "dores" relacionadas à autoimagem, mesmo que a cliente não se dê conta. A qualificação profissional é imprescindível.**

O resultado do trabalho pode ficar comprometido pelo excesso da técnica, se a profissional colocar a cliente em uma espécie de linha de produção, valendo-se de fórmulas e modelos genéricos. Cada pessoa tem uma lente singular para se enxergar e vê o mundo conforme sua partitura interna.

Como conduzir um processo de consultoria de imagem humanizado? É preciso trabalhar com o intangível, pois o tangível já é abordado nas técnicas. Cada pessoa traz as suas **expectativas, histórias, memórias de vida e toda a sorte de afetos ligados ao estilo e à imagem pessoal.** E quanto mais o profissional se qualifica para entender o comportamento da cliente e suas singularidades, mais chances tem de oferecer propostas autênticas, conectadas às suas demandas.

Não é uma tarefa tão fácil alcançar um trabalho exitoso, que resulte em uma expressão visual personalizada e autêntica, sem compreender, por exemplo, que as dificuldades de imagem de uma mulher de 50 anos diferem daquelas de uma mulher de 30. Lidamos com mulheres plurais, com desejos e necessidades singulares.

Humanizar não é empregar todas as técnicas que aprendemos nos mais diferentes cursos. É preciso definir o que serve e como vai funcionar para cada cliente. A humanização não se dá sem entender as reais demandas da cliente, deve-se dominar as ferramentas adequadas para cada caso.

Hoje, sem processos genuinamente humanizados, a profissional corre o risco de ficar fora do mercado. Daí a importância de a consultora de imagem ampliar seu foco para as necessidades da cliente e na compreensão mais profunda do que ela quer comunicar com sua imagem.

Ao humanizar seus processos, a consultora amplia sua base de clientes, já que entrega propostas mais efetivas de imagem, inova e gera valor para a cliente, potencializando os resultados da consultoria. Quando o profissional adota conceitos e práticas humanizados, utiliza seu repertório técnico para soluções de imagem que contemplam as solicitações de sua cliente e suas demandas de mudança. Uma cliente pode ir para a consultoria de imagem e solicitar uma mudança que pareça banal, de menor importância aos olhos da consultora. Mas não se deve perder de vista que quem decide o alcance e os limites do processo é a pessoa.

A consultora ou o consultor que se propõe a tais questionamentos investe na humanização. Quanto mais avançar nisso, mais vai ajudar sua cliente, inclusive, sem ceder às exigências impiedosas e até inalcançáveis da cliente em relação à sua autoimagem.

ESCUTA, A GRANDE FERRAMENTA DA CONSULTORA DE IMAGEM

A escuta é o cerne de uma consultoria de imagem humanizada. A consultora de imagem lida com padronizações, idealizações, vaidades, noções distorcidas, falsas crenças e os pilares da autoestima e autoimagem da cliente. Escutar é primordial.

É possível propor uma identidade visual autêntica sem a escuta da cliente? A reação a essa pergunta reafirma mais a predisposição a realizá-la do que a possibilidade real de sua execução. Escutar exige disposição e desprendimento, renunciar a julgamentos. Nós ouvimos até na ausência. Os sons nos invadem na música do vizinho, nas buzinas, nas vozes que chegam da rua. Queiramos ou não, estamos sempre ouvindo. Mas o escutar nos abre para a linguagem do outro. A escuta não se faz sem acolher o que está em torno das vulnerabilidades da pessoa. Escutar é renunciar ao narcisismo, às vaidades, o que passa por um exercício de autoconhecimento e desapego da própria imagem. Mais do que nunca, o treinamento é fundamental.

Uma imagem autêntica encontra ressonância nos interesses e desejos de quem contrata os serviços de um consultor de imagem. A escuta representa uma ação simbólica para compreender a imagem da cliente. O contrário disso é quando o profissional tenta decifrar a personalidade da cliente, além de enquadrá-la em padrões de imagem. Escutar também ajuda a cliente a se dar conta de que a perfeição é inatingível. Uma metáfora adequada é: como convidados a entrar na vida da cliente, o ideal é levar a mínima bagagem pessoal possível. É buscar se afastar de seus interesses, predileções, gosto e estilo.

Escutar a cliente é considerar o que ela realmente sente e diz, não o que se gostaria de ouvir e o que seria mais agradável, adequado ou confortável. Escutar não é funcionar como um espelho gratificante, apreciando tudo o que a cliente diz ou aplaudindo toda manifestação sobre sua imagem. É o acolhimento da individualidade que permite entender que cada cliente articula em si os motivos internos e externos que o moveram a procurar uma consultoria de imagem. Sem isso, a consultora de estilo e imagem acaba caindo na repetição de fórmulas. A individualidade é um pressuposto do trabalho da consultoria de imagem. A escuta pede certa imparcialidade frente às histórias trazidas pela cliente.

NÃO HÁ CONCLUSÃO NA ATUAÇÃO DA CONSULTORIA DE IMAGEM

Permito-me, depois da reflexão sobre o atendimento além da técnica, a escrever em 1ª pessoa. Ser consultora de imagem não foi um improviso e já comecei com uma sólida formação técnica, amparada em ótimos cursos. O problema era que os resultados que oferecia às clientes em meus primeiros atendimentos ficavam anos luz distantes do que queria ao me valer só da funcionalidade das técnicas, o que me levou a criar o método Interno Estilo. Autenticidade e coerência, com autonomia e liberdade do cliente, fundamentam o trabalho na consultoria. Imagem vai além das roupas que usamos e é envolvida pelos nossos gestos, atitudes, a forma como nos comunicamos, refletindo nossa vida, nossas experiências e memórias.

Afinal, o que é transformação na consultoria de imagem? Escutar, humanizar e transformar são verbos que pertencem à consultoria de imagem. Mas será mesmo que podemos "transformar" a vida do cliente? Nós, profissionais de imagem, ao final de cada atendimento, devemos indagar-nos e refletir sobre os resultados e efeitos de nosso trabalho. O que é transformar a vida de alguém? Será que adotamos processos e práticas genuinamente transformadoras?

Sempre me pergunto, ao final do processo, se minha consultoria de imagem contribuiu para a cliente. Transformar a vida de alguém seria um marco e tanto, um ponto de inflexão que dificilmente um processo de consultoria de imagem, por si só, alcança em sua plenitude. Nosso trabalho contribui para um processo de transformação, que será sempre singular e de dentro para fora. Está ao nosso alcance auxiliar a cliente nessa jornada, provocando nela "despertamentos", o que pode contribuir para que se sinta melhor e mais autêntica com sua imagem.

Minha aspiração com essas reflexões e a minha atuação na consultoria de estilo e imagem é contribuir para que a profissão se torne mais relevante. Que possamos com esse trabalho, que é sobre gente, gerar benefícios e valor para a cliente. Ou seja, uma consultoria humanizada, com significado, afetiva, com mais conexão com a cliente.

MÉTODOS & TÉCNICAS, PIONEIRAS & NOVATAS

***LUCIANA ULRICH** @lucianaulrich – CRIADORA DO STUDIO IMMAGINE, REFERÊNCIA EM COLORAÇÃO PESSOAL NO BRASIL, EM PORTUGAL E MAIS*

<u>Márcia</u> É com muito prazer que eu recebo aqui pra entrevistar para o livro sobre consultoria de imagem a papisa da coloração pessoal!

[risos]

Luciana Ulrich. Muito obrigada por disponibilizar o seu tempo para participar desse projeto, que é um projeto sem fins lucrativos, mas que se pretende uma grande fotografia da consultoria de imagem no Brasil e em Portugal.

<u>Luciana</u> É um prazer poder participar. Venho contribuir com a minha experiência na área de coloração pessoal. Eu sou paranaense, moro em SP há quase 30 anos e conheci a área da consultoria de imagem há uns 16/17 anos. Eu sou advogada de formação, mas fiz um MBA em empreendedorismo. Sempre gostei de trabalhar na área de marketing, trabalhei em uma escola de negócios, mas sempre entendi que a imagem era muito importante, ou seja, a comunicação, o comportamento, a aparência na nossa apresentação. E fui me aprofundar sobre consultoria de imagem quando eu tive uma loja. Queria entender mais sobre a parte de tecidos, estilo e modelagem e me deparei com a área de coloração pessoal que, nessa época, as pessoas falavam "não, a gente tá falando de imagem. Cor não é importante! Vamos pensar mais no estilo, mais na identidade". E não era tão aprofundada a história de como uma cor fazia parte desse nosso visual. E a gente sabe que a cor é o que mais comunica nos elementos de design, em tudo, em produto, em *branding* de marca e tudo mais. Mas eu acho que isso tinha um ranço do que tinha sido vivido nos EUA, na Europa, com a coloração pessoal que era uma classificação de peles, na qual a pessoa era proibida de usar ou não usava determinada cor porque não valorizava sua beleza. Então, as pessoas cansaram um pouco desse colocar dentro da classificação, colocar as pessoas dentro de um quadrado, e a coloração ficou uma coisa envelhecida, ficou uma coisa meio antiquada. Foi nessa época que eu tive acesso no Brasil, era 2008, mais ou menos por aí. E quando eu conheci a parte da cor, eu me encantei porque acho que a cor tem muito a ver com a identidade de cada pessoa. Eu posso revelar a minha identidade, comunicar quem eu sou por meio da cor. E aquilo me intrigou e eu comecei a estudar muito a parte da coloração pessoal e entendi que a gente tinha que trabalhar a cor de uma maneira diferente porque aquela classificação, que eu trabalho hoje com o método sazonal e estendido, funciona, é muito bom, mas esse roteiro que é utilizado faz sentido aqui no Brasil? Nós temos uma mistura muito do afro, do europeu, do próprio indígena e as cores de pele se traduziram em muito mais do que a gente via

nos livros. Resumindo, quando eu conheci a coloração pessoal, vi que o método que tínhamos lá fora era muito engessado em termos de tipo de pele, tinha muito aquela coisa de ser proibido de usar determinada cor e é questão de a gente ainda não entender da pele brasileira.

Márcia A pele brasileira é muito diversa, o povo brasileiro é diverso.

Luciana Exatamente. Então, eu comecei a focar muito nas nuances da pele brasileira. Podemos usar o mesmo método, mas temos que trabalhar com uma classificação um pouco mais diversa. Por exemplo, a gente trabalhava em uma fase de teste de contraste de cores pra ver a questão de quanto a pele... a diferença de claros e escuros, mas o mercado de tecidos tinha cores de baixo contraste para pessoas brancas, tinha de médio contraste e alto contraste. Mas e a pele negra ficava como? A pessoa que tinha pouca diferença entre cor de pele, cabelo e olhos, só que era uma diferença de tons escuros? Então, eu comecei a fazer vários estudos. Desenvolvi esse tecido. Além de pensarmos o método, eu comecei a desenvolver materiais também que a gente pudesse trabalhar essa diversidade de peles. O contraste da pele negra e a temperatura e classificação da pele oliva, por exemplo, que é uma pele que tem um amarelado, mas que ainda tem um fundo frio que é muito comum aqui no Brasil, por conta da diversidade e mistura de raças. Então é muito comum. A primeira vez que fui dar aula em Brasília, as pessoas ficavam "o que é essa pele oliva"? Pouco se falava a respeito dela. Pela minha prática eu fui incrementando o roteiro do teste, a maneira da gente entender o método e saber aplicar, aqui no Brasil. Isso marcou a minha trajetória, desde 2010, no Studio Immagine. E todos esses anos de coloração pessoal, nós pensamos justamente num método para peles reais e soluções que as pessoas desejam. O que a gente tinha de material nas cartelas de entrega era só cor de roupa. A brasileira consome produtos de beleza. **Então, buscamos a coloração para cabelo e maquiagem. Eu posso estar com uma roupa que não está dentro da minha cartela, mas eu vou trabalhar o meu tom de pele, eu vou trabalhar o meu tom de cabelo. E eu comecei a incrementar dentro da nossa cultura, cabelo e maquiagem são importantes, então vamos incluir na cartela e no nosso protocolo de atendimento esse diagnóstico.**

Márcia O método foi se fazendo na medida em que você foi percebendo as peculiaridades pra melhorar o atendimento?

Luciana Exatamente.

Márcia O seu método "explodiu" no Instagram, virou um tema, a coloração pessoal se transformou num acontecimento, uma *trendy*.

Luciana Todo mundo sabia qual era o seu signo e qual era a sua cartela. Virou assunto.

Márcia **E você extrapolou as fronteiras brasileiras com a coloração pessoal, o método da sua escola, como é que isso acontece? Países diferentes, culturas diferentes. Como esse método consegue estar em Portugal e no Brasil ao mesmo tempo?**

Luciana Uma coisa que eu trouxe para o método do *Studio* são as duas fases no teste de coloração pessoal. A primeira é a parte técnica para se descobrir o tom da pele da cliente. A fase 2 é chamada de cores da sua essência, quem você é. Porque essa cor vai interagir com o estilo da pessoa, com o *dress code* dela, com humor, com tendência, vai interagir com muitas coisas. **A questão é**

pensar quem é essa pessoa que está usando a cor, a maquiagem e o cabelo. Trabalha-se o tom na maquiagem, na cor do cabelo e no acessório. Cor é identidade, e o que eu tenho que entregar é uma solução, não é um problema. A cliente deve se enxergar naquela cartela, nas cores que usa. Independentemente de estar na cartela ou não, isso tem que funcionar pra ela. E a gente resgatou muito essa história da pandemia porque acho que as pessoas buscaram muito a questão do autoconhecimento. Mas esse conhecer a pele não tem a ver com o que se veste, e sim com a identidade. É essa maneira personalizada da se empregar a cartela e de pensarmos na beleza e na flexibilidade que encantou as europeias, americanas. **Temos facilitadoras em diversos países: Portugal, França, Inglaterra.** Não é uma regra que estamos te entregando, e sim uma identidade. Todo trabalho que oferecemos tem uma relevância contemporânea e o que fazemos esses anos todos é atender as clientes dentro daquilo que elas buscam.

Márcia Há quantos anos, Luciana?

Luciana De empresa aberta, desde 2010. Mas de formação e tudo o mais, desde 2008.

Márcia Como te falei, fiquei "stalkeando" perfis, foram mais de seis meses fazendo pesquisa para o livro. Eu comecei a ver que algumas discípulas, e mesmo algumas que não fizeram o seu curso, estavam se apropriando do seu discurso, "surgiram" outros métodos.

Luciana Outras vertentes, normal, né?

Márcia Outras vertentes, porque como houve uma explosão nas redes sociais sobre isso, era de se esperar que isso acontecesse.

Luciana O mercado cresceu, tudo cresce.

Márcia Eu também vi uma outra coisa que foi quase uma confusão, de achar que a coloração pessoal era consultoria.

Luciana É, tem gente que confunde.

Márcia Confunde e algumas consultoras que eu entrevistei disseram que as clientes não chegam pedindo consultoria, elas querem saber a cartela de cores. Como é que você entende, e é uma coisa grande, e eu acho que você tem noção disso, essa influência que essa técnica teve e que vai continuar tendo. Até porque você está dizendo que tem facilitadoras em outros países.

Luciana Até na Austrália. Temos facilitadoras até lá.

Márcia Veja, a minha pergunta é uma pergunta grande, mas eu acho que merece essa dimensão. Brasil que atualmente não é tão bem-visto, mas que tem uma imagem muito ligada à questão da cor, sol tropical e de um colorido que não é só da cor, mas do estilo de vida, e aí chega uma brasileira e diz que existem cores, e essas cores podem favorecer. E eu queria saber se você, quando pensou nisso, tinha dimensão do que iria acontecer. Claro, não pensamos na pandemia, mas acredito que você tinha um modelo de negócios, um desejo de *influencer*, vamos chamar assim. Você imaginou que fosse ter essa repercussão?

Luciana **Eu imaginei que a cor era muito importante, que era um *gap* de mercado, mas acho que juntou esse desejo das pessoas se descobrirem, um assunto novo porque a questão de biótipo, estilo, as pessoas já vinham ouvindo há bastante tempo. E a questão da pandemia foi catalisadora porque as pessoas ficaram pensando muito na energia. Quem não ficou dentro de casa pensando em ter uma flor, uma almofada, uma cor pra trazer uma energia positiva? Quem não foi olhar o armário e questionou a sua identidade? Quem não pensou na vida profissional, se estava fazendo aquilo que gostava ou não? Acredito que todos esses fatores ajudaram no crescimento do mercado. E eu acho que já acontecia isso, a coloração virou uma porta de entrada para a consultoria de imagem. O que confunde as pessoas a acharem que consultaria de imagem é coloração pessoal, que não é.** A gente não quer dizer que só o trabalho da consultoria de imagem vai trazer esse autoconhecimento. Claro que ela tem que saber a sua identidade, as linhas, as formas, as texturas, mas acho que é um assunto que tem muito a ver com o Brasil. A cor, a energia, essa expansividade e tudo o mais. É um produto que a gente tem vendido inclusive para lojas, as marcas têm se interessado, porque até hoje eu tenho prestado consultoria para as marcas e eles pensam no Brasil como país quente, que todo mundo usa cor quente. E não é bem assim. A gente fez uma pesquisa bem grande, que estamos pra lançar agora em setembro na "Conferência de cores", que iremos fazer justamente para pensar a cor além da coloração pessoal. Acho que o Brasil tem essa riqueza que não é só a cor da pele. A ideia é pensarmos como usamos a cor, como a pessoa se identifica, como se comunica, como dentro do seu *branding* ela traz isso. A cor é muito maior e no mundo de hoje a cor está como protagonista. Na arquitetura, na moda, não é só na coloração pessoal. A coloração é um pedacinho da cor que a gente pode trabalhar em um universo de uma pessoa. As marcas viram que, hoje em dia aqui no Brasil, a gente tem mais peles frias do que peles quentes, mesmo tendo as peles negras. Nem todo mundo que tem pele negra é pele quente. Temos muita pele negra fria. E percebemos que no Brasil temos mais peles frias do que quentes. Então, o pessoal do varejo precisa acordar pra isso, precisa começar a entender quem é essa mulher que consome, quem é esse homem que consome e fazer esse trabalho. O bacana é que esse movimento da coloração trouxe um questionamento do uso da cor. E eu fico muito feliz em participar desse movimento. **A consultoria de imagem não é entregar uma cartela, não é criar uma regra, mas, sim, trazer a identidade da cliente à tona.**

Márcia Por força da própria condição do país, você, pra sobreviver, é obrigado a empreender.

Luciana Para empreender, é preciso entender qual é a minha cor, como eu funciono, como vou vender o meu produto, como vou me apresentar, e não só a cor da minha pele mas como eu me comunico numa reunião, pra vender o meu produto, pra eu alinhar. A cor é um elemento muito importante. Eu acho que é um repensar a cor mundial que estamos vivendo por conta de todos esses acontecimentos e que eu entrei nessa onda. Acho que o mercado cresceu, e é bacana isso. Hoje os produtos são vendidos em Portugal, montamos uma distribuidora para as cartelas de cor, nós importamos todos os produtos com a Fashion School, e eu formo as consultoras no que diz respeito às cores. Eu me sinto muito honrada de exportar os produtos para a Europa e é muito bacana a gente fazer isso. E eu acredito que foi essa diversidade de produtos e o grande sucesso não foi só criar a ideia do treinamento, mas os apoios de produtos. Tem que ter o tecido compatível, o cabelo pra saber a cor da pele, saber a cor da maquiagem, a cor dos acessórios. A confecção de produtos, de treinamentos e esse pensamento de trazer essa atualização é que fez o negócio crescer tanto. E ter a sorte de estarmos em um momento em que no mundo a cor está em alta. Eu acho que isso vai continuar, Márcia. Quando as pessoas vinham comprar uma roupa e queriam comprar uma peça de tricô, primeiro a gente pensava na peça, no modelo, tecido, na composição, a cor que tivesse eu iria escolher por último. Agora acredito que a cor veio trazer esse protagonismo da cor no estilo na nossa vida.

Márcia Você tem um *studio*, tem um curso, está disseminando o seu conhecimento pelo mundo, mas e se você fosse uma consultora jovem hoje, é possível pensar em ser consultora? Você foi advogada e depois virou consultora, eu já vi veterinária virar consultora, mas essa consultora jovem nem vai passar por uma transição de carreira. Eu entrevistei médica que virou consultora, psiquiatra, veterinária, que virou consultora. Enfim, muitas áreas. Hoje a pessoa pode ser consultora. Temos cursos e cursos. Uns que duram um final de semana, e a pessoa sai com um pedaço de papel achando que é consultora. Outros que tem algum tipo de reconhecimento, e o certificado tem algum valor. **Eu te pergunto quem está começando agora, se uma moça chegasse e falasse que estava querendo ser consultora sem ter nenhuma carreira anterior, o que você diria para ela?** Em termos de busca de formação para ser consultora, em termos de tendência de mercado.

Luciana Eu vejo hoje que muitas meninas muito jovens, que não têm aquela paciência de esperar uma formação de faculdade, elas estão vindo fazer o curso porque elas já querem sair com essa formação. A gente teve um curso de formação presencial e tivemos duas a três meninas de 18/22 anos que vieram pra São Paulo, fizeram vários cursos e já queriam começar a trabalhar. As pessoas estão com essa rapidez. No nosso curso com 65 horas de duração, focamos o elemento cor. Mas é preciso muita dedicação na prática do olhar no momento da aplicação do teste. Além do entendimento da teoria, entender o desejo de imagem da cliente e o uso personalizado da cor, que é diferente para cada pessoa.

CLARICE DEWES @claricedewes – BRASIL

Márcia Alegria em receber Clarice Dewes, consultora, formadora, mentora e empreendedora na área de consultoria, que também vai contribuir com um artigo sobre mulheres trans no ambiente corporativo. E sem deixar de lembrar nosso amor por Brasília, a moda e a construção de imagem. Clarice, como a consultoria entrou na sua vida?

Clarice Houve transição. Eu comecei a trabalhar como consultora de imagem sem saber que existia a profissão, acho que foi a consultoria me escolheu. A minha primeira formação foi em Direito, me formei em 2007, em Brasília. Eu sempre gostei de moda e eu queria ser a Anna Wintour. Eu queria fazer editorial de moda, queria fazer produção de moda, eu amava a Vogue.

Márcia Só a Anna Wintour? Eu amei. [risos]

Clarice Só. Eu queria ser ela, era uma meta de vida. Mas alguma coisa não encaixava. Eu estava em Brasília, e naquela época a gente só falava de São Paulo, se a gente fosse falar de moda no

Brasil, ou fora do país. Então, não era muito acessível no nosso dia a dia. Aí eu fui para o Direito, estudei, advoguei. E com o tempo começaram a surgir os blogs de moda e eu comecei a escrever sobre isso na internet. Eu tinha um blog onde publicava as minhas pesquisas de referência e tudo relacionado ao mundo da moda. Eu gostava muito mais de aplicar aquilo na vida real do que em uma passarela ou em uma capa de revista, por exemplo. **Eu já sofri *bullying*, às vezes, de colegas, da família, falando que "Clarice estava com um lencinho amarrado, ela pegou uma saia e fez um vestido, pegava um blazer grande e colocava um cinto do lado de fora…".** Eu trazia aquilo para a vida real. E um belo dia um amigo meu falou: "olha Clarice, eu estou vendo aqui que você gosta de moda e que você está fazendo um blog… **Você não quer vir aqui? Eu tenho uma secretária que precisa de ajuda.".** E aí eu falei "gente que coisa incrível", e logo depois ele me fez outro convite. Pensei: calma! Uma coisa é pegar uma pessoa e ir passear no shopping com ela. Outra é eu apresentar uma palestra e um treinamento dizendo: "olha eu sou a Clarice, advogada e vou falar para vocês sobre imagem e sobre a aparência". **E aí eu fui pesquisar e comecei a procurar no Google e pensava que deveria haver um curso sobre isso, porque se ele me chamou é porque existe uma demanda e existe alguém que deve falar sobre isso. Foi quando veio para mim a consultoria de imagem. Foi a primeira vez que eu tive contato. Eu fiz um curso online em 2011, quando a gente nem tinha curso gravado, era PowerPoint. Você baixava o PDF e ia passando os slides, era assim que era o curso. O resto é história!**

<u>Márcia</u> Parece que é outra vida, não é?

<u>Clarice</u> **Totalmente outra vida. Vim para São Paulo, Campinas, especificamente com a Ana Vaz, que é uma consultora que eu amo e acho incrível, está super na ativa até hoje. Era uma semana de curso, o dia todo. E no primeiro dia de aula ela falou o que era consultoria de imagem. Sabe quando os anjinhos falam ohhhh ? E ela falou assim: "olha você vai pegar a roupa, elementos para a aparência, e vai traduzir isso para pessoa de acordo com o estilo de vida dela, como ela quer se ver, como ela se enxerga, de acordo com a essência dela". E eu pensei: gente é isso**. Poucos meses depois, eu consegui emplacar um projeto dentro de um shopping de Brasília, com a minha parceira na época e em menos de um ano eu já estava no shopping que eu achava que era uma coisa inatingível de início. Depois disso nunca mais parei. Eu dei tchau para a advocacia, para o Direito, deixei o mestrado, nem fui pegar minhas notas [risos]…

<u>Márcia</u> Empreender no Brasil é para os fortes. Mais ainda em uma profissão que não é regulamentada. E a minha pergunta para você é: esse novo desafio, a We Wear, que você abraçou em 2019, por que ele veio?

<u>Clarice</u> **Desde o início, e aí a gente está falando de uma época que não tinha rede social e nem Instagram. Eu pensava: qual é a minha base? Que faculdade que eu fiz? Eu não tinha essa faculdade na área, eu tinha um curso de formação que era um curso rápido que eu fiquei sete dias estudando, saí com uma apostila debaixo do braço e pensei "eu preciso criar essa demanda".** Então, sempre foi uma preocupação. A minha primeira estratégia sempre foi ter um nome grande do meu lado, alguém que validasse. Porque uma coisa sou eu, Clarice, e outra coisa é um shopping da Rede Multiplan,

que eu acho que é a maior rede de shoppings do Brasil. Eu sempre tentei me aliar com esse tipo de proposta para exatamente ter essa credibilidade que só com o meu estudo, eu não tinha. A gente está falando de começar do zero e criar uma demanda porque as pessoas não sabiam o que era consultoria de imagem. A gente está falando de 2011, 2012, quando mal existiam redes sociais e onde hoje as pessoas criam a sua própria autoridade. Então, nas redes, a gente pode se colocar como especialista, pode escrever o que quiser, pode gravar o que quiser. E cabe à pessoa acreditar naquilo ou não. Hoje nós temos muitas autoridades que a gente não sabe a bagagem por trás, mas que se posicionam como especialistas. Acho que eu sou *old school*. E o que faz hoje falta é praticar o que a gente faz, e aí eu me coloquei nessa missão: abrir esse espaço para essas pessoas praticarem o que elas estão falando, porque hoje não se tem ou você vai sozinha. Agora, como que um ser humano consegue produzir conteúdo, atender cliente, administrar uma empresa, gerir um negócio, cuidar de casa, das finanças; é impossível. Mas, se tem uma empresa que vai te falar "olha, tem espaço para você vir trabalhar comigo, a empresa está pronta, está funcionando e tem uma gestão. Você vai vir trabalhar, vai ter sua função, ter tempo de fazer as suas coisas e ainda aprender com quem já está no mercado". Aí não tem que ser a Clarice, aí eu acho que tem que ser a empresa. Eu entendi por que eu gostaria inclusive de ter tido isso quando eu comecei.

Márcia Vocês criaram a We Wear. Como investiram numa atividade que, muitas vezes, a pessoa nem sabe exatamente o que se faz? Como é que você vê a sua trajetória profissional e a trajetória da consultoria da imagem participando desse processo de construção da identidade visual da cidade, Brasília?

Clarice Nunca tinha parado para pensar por esse ângulo. Eu nunca tinha parado para pensar, mas eu consigo ver claramente. E eu acho que isso até explica um pouco a minha vinda para São Paulo. Porque realmente a primeira coisa que eu fiz quando eu decidi ser consultora de imagem em Brasília, e isso foi quando eu apresentei o projeto para o shopping, foi vir a São Paulo porque tinha um curso aqui de *personal shopper*, de alguém que já era consultora dentro de um shopping. Foi montado um projeto dentro do shopping na época. Quando eu voltei para Brasília, eu percebi que não iria funcionar em Brasília porque é uma mentalidade totalmente diferente. Tinha muitos preconceitos ainda permeando ali a profissão. Eu sabia que eu precisava voltar um pouco para trás. Eu precisava dizer primeiro em quê, como profissional, poderia ajudar a cliente a entender o seu estilo e aí, sim, falar sobre compras e dizer o que ela deveria adquirir ou não. **Então, eu já vi que era muito diferente porque, em Brasília, a gente ainda estava numa fase de educar essas pessoas para a consultoria de imagem. Era pra gente ensinar o que é um consultor para aí, sim, poder criar essa demanda.** Essa cliente brasiliense ia muito para o terninho, para o blazer ou para uma coisa muito básica. Eu acho que a gente começou com a consultoria trazendo essa identidade, fazendo essa identidade para Brasília. E outra coisa que eu comecei a reparar também era que tudo que era de fora era mais interessante. Por exemplo, vamos contratar essa pessoa porque ela é de São Paulo. Eu não sei se Brasília tem já essa identidade. Eu não lembro qual foi o termo que você usou. Vamos usar a palavra "estilo".

Márcia Uma estética. Existe uma tradição estética.

Clarice Estética, isso! Uma tradição estética. A gente não tinha de onde beber dessa fonte. Então, tudo de fora para o brasiliense parecia ser muito interessante. E aí foi que eu pensei que "bom, se eu for para São Paulo beber de fontes, posso trazer isso para Brasília, mas com meu olhar brasiliense.

Mas o que funciona para minha cidade? Porque eu conheço a minha cidade, eu conheço Brasília e sei do que essa cliente precisa, diferente de alguém que se contrata de São Paulo".

Márcia Brasília é uma cidade para desbravadores! Mesmo que você vá beber fora, quem empreende em Brasília empreende num mercado atípico. Porque muita gente tem emprego público e tem o seu salário garantido. É diferente no Rio de Janeiro e em São Paulo. Quando resolveu empreender no mercado de Brasília, teve um plano de negócios, procurou alguém que ajudasse a formular esse plano de negócios?

Clarice **A empresa não saiu do papel enquanto não tinha um consultor financeiro, que ele está com a gente até hoje. E isso é um aprendizado que eu demorei 10/11 anos. Eu posso falar para as pessoas, é o melhor investimento que você pode fazer. Eu nem diria um plano de negócios. Se já tiver um consultor financeiro para te dizer "olha você vai cobrar x, isso vai ficar para você, isso vai cobrir seu custo, isso vai ficar para você reinvestir", não é nada complexo, mas a gente não sabe disso. Desde que a We Wear começou, eu sei que ela vai se pagar mês seguinte porque eu tenho uma noção do que eu posso tirar, do que eu não posso, do que está lá dentro, do que vai entrar, do que não vai. Então, isso mudou minha vida. Mas a Clarice lá de 2011 não tinha essa noção.**

Márcia **Ter a noção de quanto cobrar pelos serviços faz toda a diferença. E há muitas peculiaridades que separam o jeito de cobrar pelos serviços de portuguesas e brasileiras. Incluindo, também, o jeito de atender. Por exemplo, em Portugal, não se usa WhatsApp para atender as clientes. No Brasil, é uma mola propulsora do negócio. As brasileiras fazem diferenciação na cobrança para fazer um *personal shopper* numa loja de departamentos e numa marca de luxo, porque são expertises diferentes. As portuguesas acham antiético cobrar valores diferentes.** E a coloração pessoal, que virou demanda dos clientes, como você vê esse fenômeno?

Clarice Eu deixo isso muito claro que a coloração é uma ferramenta, a cor não é o final. Mas eu acho que a gente não pode entender como uma etapa crucial, e sem isso a consultoria de imagem não existe. Senão como é que a gente teria sobrevivido esse tempo todo? **Eu acho que a gente primeiro tem que dizer que a gente não entrega formato de corpo, a gente não entrega cartela, a gente não entrega classificação de tipo físico, a gente entrega adequação, bem-estar, autoestima, a pessoa se sentir bem, sentir feliz com aquilo que a pessoa está vendo no espelho. Independente de qual é o seu método, qual é o seu processo, se você conseguir entregar de forma ética, cobrando o que você acha que tem que cobrar para ser remunerada inclusive para você sobreviver. É isso que nós passamos para os nossos alunos.** As alunas vêm e perguntam: "como a gente vai viver de consultoria?". Então, o meu desafio como empresária é trazer essas pessoas para a realidade. Como empresa, o nosso desafio é dizer para essas pessoas que querem entrar no dia a dia da profissão, que elas podem estar muito bem-posicionadas na internet, que podem criar o conteúdo delas, mas que também podem atuar, que o mundo não é só Instagram e que existe uma atuação expressiva no mundo offline. **Nosso desafio é mostrar para essas pessoas que estão começando que, sim, dá para trabalhar com consultoria de imagem, sim!**

MARCIA CALDAS @mcvm60_ – BRASIL

<u>Márcia</u> Márcia Caldas, consultora pioneira no Brasil, tem muito a contar sobre sua trajetória.

<u>Caldas</u> Meu nome completo é Márcia Caldas Vellozo Machado. Sou advogada de formação e fiz a transição para a consultoria de imagem em 2010, por vocação. Há muito tempo, eu já pretendia fazer essa transição para o mundo da moda, mas aí eu descobri a imagem, descobri o estilo, e aí me pegou muito porque a minha advocacia, e eu me formei em 1984, eu me dediquei à militância em favor da mulher que era vítima de violência. E, depois, à militância pelas crianças e adolescentes vítimas de violência. Então, esses anos todos na advocacia, comecei a observar o quanto a imagem dessas mulheres vítimas e vulneráveis, o quanto aquelas crianças vítimas e vulneráveis tinham imagens muito negativas delas mesmas. **E eu não sabia como trabalhar aquilo como advogada, mas eu percebi que, se existisse alguma forma de elevar a imagem de ambas, elas entrariam em um procedimento judicial com muito mais força**. Como advogada, eu não conseguiria fazer muita coisa porque existe um limite dentro do jurídico. Comecei a pesquisar se existia algum curso, alguma coisa com relação à imagem. Aí, uma prima minha, que estava fazendo produção de moda no Instituto Marangoni (Itália), me falou de um curso. Eu entrei em contato com o Instituto Marangoni/Paris, eles me mandaram um material para entender o que era o curso. Eu li, gostei, me matriculei e fui para Paris. [risos] Sendo casada à época, há mais de 20 anos, meu marido foi um grande parceiro nesse momento, apoiou e apostou nessa minha transição e é meu grande admirador hoje, meu marido. Em 2010, eu fiz a transição e, quando eu retorno em 2011 para o Brasil, eu voltei obviamente como advogada e como consultora inserida na sociedade de Curitiba-PR, estava habituada a me ver como uma advogada que sempre transitou na área da violência contra a mulher e da criança e do adolescente. Então, pra eu me fazer entender como consultora de imagem, eu fui pra uma mentoria, eu fiz os todos os passos.

<u>Márcia</u> Você foi buscar formação.

<u>Caldas</u> Fui, fui buscar a formação. E, aí eu fiz mentoria para fazer essa transição e percebi que o conteúdo que eu tinha, que o Instituto Marangoni me deu, era muito pouco. Portanto, fui atrás de mais cursos e acabei fazendo cursos separados... em São Paulo vários, voltei para a França várias vezes para fazer cursos, fui a Londres fazer um curso sobre moda sustentável, uma coisa que era muito nova na época e para mim foi um impacto. **Eu fui buscar e fui me construindo como consultora de imagem, e esse meu mentor, ele acabou me atrelando novamente ao Direito, quando ele disse que era burrice minha — foi essa a palavra que ele usou — eu deixar para trás tantos anos de luta em relação a questões de direitos humanos e que eu poderia agregar todo esse meu conhecimento à consultoria de imagem, se eu usasse minha inteligência.**

<u>Márcia</u> Claro, seu *background*.

<u>Caldas</u> Então, foi uma das coisas que me pegou muito. Gente, então eu posso fazer essa união. A partir desse momento, eu comecei a olhar a consultoria de imagem não como algo que só trata da lapidação da imagem, mas eu comecei a perceber também que eu poderia ajudar muitas mulheres a encontrar o seu caminho através da imagem.

Márcia Tem esse veio dos Direitos Humanos e das leituras das clientes. Eu acho que o trabalho da consultoria como construção de imagem precisa passar por uma formação mais profunda. Você precisa mostrar para a sua cliente que tem uma formação e você precisa passar para ela, a partir desse *background*, alguma informação.

Caldas Isso.

Márcia Existe o *background* que a consultora vai levar para esse cliente. Daí que a formação e a informação são fatores primordiais na consultoria de imagem. Mas aí a questão é: as suas clientes têm um padrão cultural mais elevado?

Caldas Isso não é uma regra. Elas têm vários padrões. Isso que é o interessante. Então, eu acho que a informação, os livros são feitos para todas as mulheres que querem realmente se entender, compreender o mundo em que elas estão inseridas.

Márcia É uma decisão interna. Mas qual é o seu roteiro de atendimento?

Caldas Olha, a primeira coisa que eu faço, no primeiro mês de conversa, eu só converso. Eu não entro nunca direto nos módulos da consultoria de imagem. Eu converso muito sobre a pessoa, sobre o trabalho da consultoria de imagem. Esse entendimento do que ela quer da consultoria de imagem para mim é muito importante. Para que eu possa entender que tipo de técnica eu vou aplicar, se é necessário ficar, se eu vou aplicar, ou se eu vou entrar no mundo outro da consultoria de imagem, que às vezes passa pelas técnicas, mais meio que numa estrada vicinal, digamos assim. Eu sempre cito muito para elas frases de livros de psicólogos, tem um que eu cito muito que é sobre Os Analectos, do Confúcio. Tem um trecho dele, eu sempre digo um versículo que fala muito sobre a questão da imagem. **É brilhante aquela frase que ele disse, que a construção da imagem é a construção do que está dentro e do que está fora.** O entendimento do que vai acontecer em cada etapa é essencial. Não é uma coisa de você marcar um dia para fazer a medida do corpo e ela não saber o porquê você vai medir o corpo nem porque eu lido com fotografias, por exemplo.

Márcia Eu estava lá no Grupo Connecting, no WhatsApp, e o professor Eduardo Carvalho estava dizendo assim: "o que é um corpo colher? É uma colher de sopa, de chá, de sobremesa...?".

Caldas São os cânones, né? **E cada uma de nós vai entender o próprio corpo, tem uma tipologia física sua que pode não se enquadrar em nenhum dos tipos físicos que estão nos livros de consultoria de imagem. Conhecer esse corpo faz parte da jornada da imagem. O que nós vamos colocar nesse corpo e de que forma.**

Márcia Eu percebo que o seu tipo de atendimento é muito rico em informação e acaba formando a sua cliente. Aí eu te pergunto: como precificar o que não tem preço?

Caldas É no que eu penso [risos], e precifico bem, Márcia! Eu sempre aviso, eu precifico sempre que nós temos essas conversas que eu falei anteriormente nos cafés, não é... Às vezes, é no meu estúdio, eu tenho um estúdio no qual eu atendo os meus clientes. Com a pandemia, eu fugi um pouco porque eu criei um *boudoir* para atender as minhas clientes. Era um pequeno espaço onde eu recebia mulheres individualmente para uma conversa sobre elas. Eu sempre tinha chá, bolachinha amanteigada. Então, era uma conversa que fluía.

Márcia E a pergunta que eu sempre faço, no final da entrevista, para todas as consultoras de imagem: é possível viver de consultoria de imagem?

Caldas É possível, é possível. Sim, eu vivo muito bem. E o meu marido é uma pessoa bem colocada e, em princípio, eu não precisaria trabalhar. A minha sala é própria, eu comprei com o meu dinheiro. E eu posso dizer que se você fizer uma consultoria de excelência, você pode viver da consultoria. E a minha divulgação é feita boca a boca. Eu precifico bem porque todo o meu conhecimento vale, eu já digo isso logo para a minha cliente: você vai pagar o preço que eu valho [risos], e elas acham barato. E quando elas terminam, dizem: Marcia, e foi barato.

Márcia Você criou uma organização não governamental.

Caldas **Eu criei o Instituto Banco de Roupas, no qual atendemos mulheres em situação de vulnerabilidade para a violência, mulheres e mulheres trans. No banco, temos seis consultoras de imagem voluntárias que vão assistir essas mulheres, encaminhadas para o banco de roupas por organizações governamentais ou organizações não governamentais, já com o intuito de o banco dar a elas roupas dignas. O Banco de Roupas não trabalha com caridade, o banco não aceita roupas que não tenham passado por uma curadoria muito específica. Essa mulher vai sair com um armário cápsula do Banco de Roupas. É como é um banco, na verdade, é um empréstimo. Ela vai ter que devolver essa roupa seis meses depois, até porque a gente quer entender o que ela fez nessa caminhada com a roupa, se realmente ajudou, até que ponto ajudou o traço da imagem delas.**

Márcia Ela pode comprar essa roupa, se quiser e se ela puder?

Caldas Não. Quando ela retorna com essas roupas, nós vamos entrar com a questão da **circularidade.** Porque nós não vamos devolver essa roupa. Ela vai ser de alguma forma reutilizada. Para isso, nós temos uma engenheira têxtil conosco, para fazer todo o mapeamento circular da roupa que volta para o banco. Vamos dar uma destinação a essa roupa e que não causará impacto ao meio ambiente. E essa mulher, se precisar de mais roupas, leva mais uma cota do armário cápsula. O banco tem esse objetivo, porque eu percebi, quando trabalhava nessa área lá atrás da minha jornada de advogada, que, quando essa mulher em situação de vulnerabilidade era atendida na área jurídica, atendida na área psicológica, atendida na área social e, hoje em dia, está sendo atendida na área do empreendedorismo, ela não recebia nenhum atendimento na área da imagem pessoal. E para que essa mulher vá em busca de uma nova vida, e mesmo em busca de um emprego, ela precisa se tornar, ter uma imagem mais poderosa, mais coerente com essa vida que vai acontecer. O banco vem aí para isso. Nós entramos, portanto, na economia circular a partir do momento em que nós recebemos roupas de doação, e a partir do momento em que nós não descartamos, mas nós conseguimos fazer com que essa roupa tenha um ciclo.

Márcia Muito obrigada, Márcia Caldas. Que o Banco de Roupas seja um sucesso e empodere muitas, muitas mulheres.

CLAUDINA CORREIA @femeatop – *PORTUGAL*

<u>Márcia</u> Claudina Correia, antes de mais nada, apresente-se!

<u>Claudina</u> Eu sou Claudina Correia, nasci e cresci em Portugal, Lisboa. Sou filha de pais cabo-verdianos e como é que eu cheguei à consultoria de imagem? Bem, eu sempre fui uma menina, uma menina mulher vaidosa. Desde muito cedo sempre muito vaidosa! Sempre foi uma preocupação com a imagem, a forma como eu via a beleza também nas outras pessoas ou de querer que também estivessem sempre bonitas e belas. Eu dancei durante muitos anos. Dança africana, que foi uma das coisas que me enriqueceu bastante porque permitiu-me conhecer as raízes porque uma jovem que nasce e cresce em Portugal tem, apesar de crescer baseada na cultura dos pais, que nunca esteve em África até aos seus... primeira vez que eu estive já foi depois dos 20. E a dança africana trouxe esse conhecer a cultura africana do seu lado bom, do seu lado positivo, do seu lado enriquecedor. O lado que permite depois crescer como uma mulher mais completa. Isso trouxe-me bastante a dança africana. Comecei por dançar e depois de dançar, como coreógrafa, e isso levou-me a ser coreógrafa num concurso de beleza. E neste concurso de beleza estava responsável pela imagem das candidatas participantes. E aí eu começo a perceber que encontro de facto com uma coisa que eu gosto de fazer. **E aí eu percebo a questão de como é que elas veem a sua imagem, que era o concurso não para todos os países, todas as jovens de origem dos países que pertencem à comunidade da CPLP (Comunidade dos Países de Língua Portuguesa). Além de me fazer crescer, permitiu ajudá-las uma vez que eu também já tinha sentido a mesma coisa, os preconceitos, as dificuldades em vencer essas autocríticas, essas crenças e todos esses complexos que tinham para que pudessem ter uma melhor performance no palco.** E foi uma excelente experiência para mim porque não tinha experiência anterior a isso, não sabia como é que aquilo funcionava. É como se alguém que caiu assim sem paraquedas nenhum em um contexto completamente novo. Mas foi algo para qual eu saí muito bem e percebi que era ali o caminho. **Daí veio um blog, comecei a falar sobre a questão da beleza, de cuidar da beleza, de autoaceitação, a importância do se cuidar e muito direcionado sempre para as mulheres. Por isso é que a minha marca se chama fêmea. Fêmea porque em crioulo de Cabo Verde, que é a origem dos meus pais, diz-se fêmea a todos os bebés que nascem meninas. E nós dizemos: "ah, é macho ou fêmea?", "fêmea, minha filha fêmea". Sim, dizemos isso. "Estou grávida! Então, é macho ou fêmea?".** E para mim tinha que ser algo que fosse muito voltado para as mulheres, mas que tivesse uma conexão também comigo. E para mim foi fêmea que surgiu ou seria em qualquer outra língua, mas teria que ser algo relacionado com mulher isso, e foi aí que surgiu o nome de fêmea.

<u>Márcia</u> A palavra fêmea é uma forma de conectar a sua marca à África e de marcar um posicionamento de busca desse feminino, na consultoria. E você não é a primeira consultora negra que fala essa palavra *autoaceitação*. E em outros nichos como as mulheres com deficiência, consultoras de *plus size*, todas elas, acho que todos os nichos, as consultoras de mulheres de 50+, todas sem exceção falam essa palavra autoaceitação. E eu vou perguntar pra você porque essa palavra me causa sempre um ruído, porque quando eu penso em autoaceitação, que é a aceitação de mim mesmo, eu penso que está embutida uma questão de que há alguma coisa de errada comigo, por isso eu preciso me aceitar. Eu nunca vi uma mulher branca, bem-sucedida, que não fosse

pobre falar claramente em autoaceitação. A gente só vê essa palavra usada quando a gente tem ou mulheres pretas, ou pessoas com alguma necessidade especial, ou mulheres que já estão já acima dos 50 anos, principalmente aquelas que tem 70, né? Minha pergunta pra você é: a sua história com a consultoria e essa questão da aceitação, da autoaceitação, elas estão ligadas?

<u>Claudina</u> Autoaceitação está ligada a todo o trabalho de consultoria de imagem. Mas a autoaceitação também está relacionada à representatividade. É importante nós habituarmos o público branco também a ver imagens de mulheres negras e ser algo que lhes inspira também. Isso é uma questão também muito ligada à questão da moda, à mulher negra como ser vista realmente como ícone de moda, ícone de beleza, seja qual for o seu cabelo, rosto, do corpo, de olharem para ela e dizer: "ah, eu inspiro-me naquela roupa". Tenho mesmo muito esse cuidado porque para mim é muito importante que esse lugar seja visto como um lugar que é da mulher negra.

<u>Márcia</u> A representatividade… eu entendo isso que você está me dizendo de buscar imagens inspiradoras de mulheres pretas porque a representatividade é fundamental. Então, a minha pergunta seguindo aqui a nossa pauta é como você vê a diferença entre apontar os defeitos e visualizar as características?

<u>Claudina</u> Tudo bem. Ok lidar com o que é para a cliente um defeito, que ela vê o seu corpo porque já me apareceram aqui pessoas que dizem que não gostam do seu nariz, se sentem incomodadas com o seu nariz. O que é que se vai fazer com uma pessoa que se sente incomodada com o seu corpo? Não há muito por fazer. Ela tem que olhar para aquilo que ela tem de mais belo e perceber que, se ficar focada, se calhar, ou porque não gosta muito, porque nós vamos sempre encontrar alguma coisa em nós que não gostamos ou gostamos menos ou outras coisas gostamos mais, ok? Mas quando há muita ênfase num determinado assunto, dá-se a ideia de que aquilo tem maior dimensão do que realmente tem. Portanto, é essa questão que eu abordo. E é ajudar a olhar para ela de uma forma mais harmoniosa, com mais amor por ela mesma.

<u>Márcia</u> Mais generosa. Numa dessas postagens que você fala do batom, eu quero puxar um pouquinho pra maquiagem porque o rosto é a primeira coisa que a pessoa vê, né? E eu conversando com outra consultora, ela disse que ela tinha problema em usar o batom vermelho porque ela aprendeu na infância que uma mulher preta usando batom era uma mulher que poderia ser desrespeitada… sabe usando batom vermelho. **E, no Brasil, isso nos anos 60/70 existe um ditado bem machista que dizia assim: "mulher quando se pinta quer guerra". Uma desculpa pra desrespeitar uma mulher porque ela tinha se maquiado. Puro preconceito, puro machismo e outros ismos, né? Que a gente já conhece. Então, eu te pergunto: como funciona, em Portugal, o batom vermelho?**

<u>Claudina</u> Sim, o batom vermelho é a história do amor e ódio. Porque falando principalmente das mulheres negras, não é? Aquele perceber de usar o batom chamar a atenção. Batom vermelho… o vermelho é uma cor de presença. Uma cor que chama atenção. Uma cor que ocupa espaço. E, para a mulher negra, eu falo por mim, eu ainda hoje, se eu uso batom vermelho, ainda choca um bocadinho. A minha mãe diz que estou com os lábios muito vermelhos e ainda está num processo de perceber que o batom vermelho não é algo assim muito negativo. Mas ainda é algo que nos põe muito numa posição de exposição, e nós fomos ensinadas

a estar um pouco resguardadas. Não pode parecer muito porque uma mulher que aparece muito não pode ser direita. E tem esse "quê" revolucionário. A pessoa que usa sabendo que ela vai se destacar, e mesmo assim ela não tem esse receio, e ela se posiciona de uma forma revolucionária. E é dessa forma que o batom vermelho é visto para quem tem essa coragem, essa ousadia de o usar. Não de uma forma consciente.

<u>Márcia</u> Eu acho que essa questão do batom e da feminilidade é muito pungente. É muito importante na construção de imagem de uma mulher. E da mulher preta, eu acho que a questão da maquiagem é muito importante por conta da garantia hoje, de que a gente vai às grandes marcas de cosméticos e tem maquiagem pra pele escura, que é a questão da representatividade e da inclusividade. As marcas há pouco tempo descobriram que as mulheres pretas consomem e têm dinheiro pra consumir. Porque antes elas não tinham essa noção.

<u>Marcia</u> Estamos chegando ao final da nossa entrevista. Eu vou te perguntar: o domínio dos códigos garante elegância?

<u>Claudina</u> Sim, e eu ensino principalmente os códigos que têm a ver com a cliente. Ela poder acompanhar as suas características naturais. Mas é um processo de ensino e aprendizado.

MIRIAM LIMA @miriamlima.estilo – *BRASIL*

<u>Márcia</u> Nossa conversa é com Miriam Passos Lima, de Belo Horizonte/Brasil, que é do grupo que eu costumei chamar de "consultoras sêniores", aquelas experientes, que têm história para contar e algumas, como ela, têm metodologias próprias. Então, vamos começar falando do *glamour* do trabalho de consultoria de imagem.

<u>Miriam</u> Não é glamouroso, como nenhum trabalho é glamouroso. [risos]

<u>Márcia</u> Mas existe uma grande ilusão. Minha provocação é: uma profissão que não tem um lastro teórico metodológico reconhecido também carece de reconhecimento social.

<u>Miriam</u> Você falou uma coisa que é muito importante e que eu nunca vi ninguém falar assim: "carece de reconhecimento social". E é por aí!

<u>Márcia</u> Sim. Cria-se um perfil nas redes sociais, *pirilim pimpim*, é consultora. A pergunta que eu tenho para você é: o que significa, atualmente, ter formação para exercer a atividade de consultor de imagem?

<u>Miriam</u> Eu ainda acho que a consultora de imagem que tem *background* de moda está melhor. A consultoria de imagem não é ciência. Não tem nenhum embasamento científico, né? Eu uso a técnica da consultoria de imagem e nem sempre tudo o que eu aprendi.

<u>Márcia</u> Houve transição de carreira?

<u>Miriam</u> Sim, eu deixei a clínica — eu tenho hoje 59 — eu deixei a clínica psicanalítica aos 50. Eu trilhei um trabalho muito bacana, fiz parte de uma instituição psicanalítica mineira conhecida internacionalmente. Porque fazer parte de uma instituição psicanalítica para o currículo de um

psicanalista – psicanalista nem gosta de falar assim porque não é qualquer um que entra – é muito rigoroso. É uma formação de uma vida. Não é uma formação de um mês ou de um ano, é de uma vida. Inclusive, os psicanalistas dizem ser uma formação permanente. Você não pode dizer "eu sou um psicanalista" formado, por exemplo, depois de 10 anos estudando, fazendo a formação em psicanálise. Não, não existe isso. Nem depois de 30. A formação é permanente. Na verdade, eu nunca me achei uma intelectual, mas eu vivi no meio de intelectuais. A psicanálise é intelectual. Mas eu decidi aos 50 anos. Isso, depois dos milhões de anos de análise, eu falei: "vou fazer uma coisa que eu sempre amei desde criança". Eu queria marcar que eu não saí da psicanálise por insatisfação, insucesso ou fracasso. Muito pelo contrário. Eu estava vivendo na minha época mais tranquila. Aos 50 anos, eu decidi fazer aquilo que eu sempre gostei, que eu que sempre tive talento, mas que eu não reconhecia quando eu tinha meus 11/12 anos. Eu nunca me valorizei. Até porque na minha família também não era uma coisa assim valorizada.

Márcia Em Minas Gerais, no Brasil, é cultural, o cuidado de si é cultural.

Miriam Com 50 anos, eu fiz a transição e eu já ia para a consultoria de imagem porque, há nove anos, eu fiz o meu primeiro curso de consultoria de imagem. Foi até com o Eduardo (Prof. Eduardo Carvalho, pioneiro no ensino da consultoria de imagem). Na época, o que eu pensava era em conciliar. Mas no fundo eu já sabia que isso não iria funcionar porque são profissões, áreas com exigências muito distintas. Hoje, eu trabalho loucamente na consultoria de imagem. Eu trabalho três turnos para conseguir o que eu consigo. Quando eu cheguei à consultoria de imagem, eu já tinha muita informação porque eu estudo moda desde a adolescência. Eu lia, eu pesquisava, eu lia artigo de grandes jornalistas. Então, eu cheguei à consultoria de imagem com um olhar muito diferente. Quando eu fui fazer aqueles cursos de consultoria de imagem que são vários, eu fiz vários cursos, incluindo os sobre cor.

Márcia Eu entendo que você tem um *background*. E esse *background* você levou para a consultoria. Você não faz psicanálise na consultoria, mas existe um *background* de conhecimento de personalidade, de conhecimento de manifestação de emoção, de impacto emocional que algumas coisas têm em uma pessoa etc. É uma gama de conhecimento que você levou para a consultoria.

Miriam E, sobretudo, entender que imagem é algo muito complexo. A forma como a pessoa se vê não é simples. Eu falo do tal do "além" da técnica, que eu assumo como uma marca do meu trabalho. As pessoas entendem de técnica, mas elas não entendem o que é uma imagem, o que é a vida dessa cliente quando ela diz não gostar da própria imagem, que é a coisa mais comum que existe é uma mulher não gostar da sua imagem. Eu acho a coisa mais difícil que tem é o profissional se conectar. Eu uso uma palavra do senso comum "se conectar" com o cliente porque você só se conecta na vulnerabilidade, na dor. Então, se a consultora não conhece minimamente as dores ou não conhece minimamente como lidar com essas dores, não vai funcionar. E eu falo disso no método.

Márcia Porque, claro, nesse um ano de pesquisa, eu vi *n* pessoas montando *n* cursos. E aí você vai olhar, os cursos estão mais ou menos na mesma vertente que a aplicação das técnicas que estão mais em voga, a coloração pessoal, a técnica de formato de rosto, formato de corpo. Eu estou dando essa nomenclatura, mas cada uma cria um nome diferente para a sua técnica. Vamos falar sobre o seu método interno, é assim que você chama, não é? Um método interno.

<u>Miriam</u> Interno Estilo.

<u>Márcia</u> Como é que ele funciona?

<u>Miriam</u> Vamos lá. O curso é para consultora de imagem. Eu dou ferramentas para o consultor conseguir contornar a dor da cliente. Incluir essa dor no pacote, o que é maravilhoso. Incluir é o seguinte conectar, escutar. O método interno é um método da escuta. E eu estou falando de uma escuta que não é o ouvir. Eu trago ferramentas, discuto *cases*, eu discuto situações de fracasso que eu falo com as minhas alunas. Eu pego os casos, ora meus, ora das minhas alunas que me permitiram relatar sem contar o nome delas e, evidentemente, nem dos clientes, mas a gente discute um ponto para entender várias questões. Inclusive, da relação da consultoria com a cliente, porque esse é um ponto nodal do meu método. Se a gente não trabalha a relação consultora/clientes, ela não vai conseguir chegar ao resultado. Ela vai ficar apenas replicando técnicas e regrinhas. O meu curso é um curso que vai nessa direção para ajudar a consultora a julgar menos. O julgamento existe, mas que ele seja o mínimo possível. Porque, quando a gente não escuta, a gente julga. Escuta é a chave de tudo.

<u>Márcia</u> Quanto tempo leva um atendimento?

<u>Miriam</u> Leva uma média de cinco horas, e aí o processo é mais caro. Lógico, o processo não é para todo mundo. É para quem realmente está querendo um resultado autêntico. Há casos de clientes que são atendidas durante seis meses, semanalmente, e o resultado é maravilhoso. Eu abro o jogo. A cliente é informada sobre todo o processo e, se ela prefere um atendimento diferente, eu indico um outro consultor de imagem que trabalha com uma forma mais tradicional. Eu digo nas minhas redes sociais: gente, não tem consultoria melhor nem pior. A minha não é melhor do que a sua que trabalha só com técnica. Mas os resultados são diferentes.

<u>Márcia</u> Quais são os seus desafios para o futuro?

<u>Miriam</u> Na pandemia, eu tive os desafios que todas as pessoas de modo geral tiveram, não é? Ficar em casa e ter que rever a forma de trabalhar. Para mim, em termos teóricos e práticos, foi até um bom encontro no sentido de que eu validei aquilo que eu já falava. O mundo está indo para esse lado da quebra de padrões. Então, eu falo tanto de se conhecer justamente porque, quando você se conhece, você tem muito mais capacidade de lidar com o diverso, com o diferente. Há essa necessidade de falar, de entender o cliente e da consultora se entender. O método que eu criei, além de dar uma condição da consultora entender mais a cliente, traz questionamentos profundos para a consultora. Ela sai de lá modificada também. A gente vive em um mundo que, por mais que a gente já tenha andado, é preconceituoso. É muito preconceituoso. Eu acho que é preciso lançar luz sobre essas questões. Para mim, a pandemia só veio validar o caminho que eu já estava seguindo.

<u>Márcia</u> E quanto a perspectiva de futuro, de trabalho na consultoria?

<u>Miriam</u> Eu me vejo fazendo a mesmíssima coisa. **A consultoria de imagem tem muita mulher como cliente, muito mais do que homem. As mulheres têm muitas dores com a aparência, com a imagem e estão sendo mais cobradas ainda nesses tempos. As mulheres são cada vez mais cobradas. Daí, você imagina o impacto disso.**

E eu não quero ser uma consultora de imagem que vai reforçar esses padrões. Eu acho que o meu método ajuda a trazer pensamento crítico, reflexivo, criatividade, para repensar. O meu curso não é sobre técnica, mas ele pode dar ideias para trabalhar técnicas de formas diferentes. A gente não tem que ficar preso a nada.

Márcia E dá para viver de consultoria? Eu faço essa pergunta para todas.

Miriam Eu vivo da consultoria porque, quando eu comecei, já tive clientes que vieram de antes, mulheres psicanalistas, mulheres médicas. Eu trabalhava em um centro médico onde a minha sala era localizada. Eu trabalhei em dois hospitais gerais, eu era pró-labore, trabalhava com as equipes. Eu vivo, vivo das minhas clientes, vivo de mentorias, que também não é fácil, e vivo dos cursos que eu dou. Então, eu já tenho o meu horizonte.

FE FUSCALDO @fefuscaldo – BRASIL

Márcia Oi, Fernanda Fuscaldo, eu fiquei mais ou menos seis meses *stalkeando* perfis nas redes sociais, tanto no Brasil quanto em Portugal, e achei você! E eu quero começar perguntando: houve transição profissional?

Fe Sim, eu sou engenheira civil, trabalhava no mercado financeiro, num banco de investimentos e tinha uma carreira bem-sucedida. Até que a minha filha mais velha nasceu com uma questão de saúde, e eu decidi não voltar. Nessa época, eu não conhecia consultoria de imagem, mas eu sempre gostei de moda, sempre gostei de me vestir bem, eu já usava muitas cores e tinha um apelido que eu era "moça colorida do escritório". Eu pedi demissão e olhava aquele armário, só tinha roupa de executiva. E aí eu comecei a pesquisar, voltei a ler sobre moda, sempre li blogs, revistas e livros sobre o assunto, mas como *hobby*. Então, nessa época, eu voltei a pesquisar sobre o universo da moda e descobri um curso de consultoria de imagem online! E aí eu comecei a entender o mercado, que, no Brasil, era muito incipiente. Fiz os cursos mais conhecidos e comecei a de fato trabalhar com isso, mas pensando sempre em trabalhar online. Isso foi em 2013. **Só depois é que surgiu a escola, onde já formamos 110 alunos. É a Nova Consultoria de Imagem e Estilo por Fe Fuscaldo ®, em Niterói-RJ, que tem um reconhecimento do MEC como a única capacitação profissional na área de consultoria de imagem.**

Márcia Explica pra mim como acontece isso? É que na minha pesquisa, eu vi várias "únicas".

Fe Então, vamos lá! Primeiro, a consultoria de imagem é uma profissão livre. A gente não tem nenhum terceiro grau de consultoria de imagem, nem no Brasil e nem em Portugal. Eu tenho alunas fora também, eu tenho algumas alunas brasileiras radicadas fora do país e é isso. A história é comum. A pessoa vem de uma profissão e, em algum momento, opta em fazer a transição profissional. E até por isso dentro da minha escola a gente tem aula com uma especialista em transição de carreira. Uma psicóloga *head hunter*, especialista em transição de carreira, pra ajudar a fazer esse planejamento. **Voltando à pergunta, primeira coisa é isso: a consultoria de imagem é uma profissão livre. A gente não tem um órgão regulador. E eu vou falar uma coisa aqui que vai soar polêmica, mas é a realidade. Nenhuma associação**

de classe, federação tem papel legal dentro da profissão. Eu sempre fiz questão de me manter à parte de associações e federações porque eu entendo que é uma profissão livre. Eu preciso olhar pra fora pra construir uma base de conhecimento e de inovação, porque, se eu ficar só olhando pro que já existe, eu não consigo. Mas, continuando, depois de fazer vários cursos e começar a atender, eu imediatamente senti um desconforto de atender baseada no que eu aprendi nos cursos tradicionais porque eu não conseguia gerar na minha cliente a mesma transformação que eu tinha feito no meu vestir. Eu tinha mudado a minha relação com o consumo, eu tinha mudado a minha relação com o corpo, eu tinha mudado a minha relação com o vestir, com pensar ou vestir, e eu não conseguia fazer isso com as minhas clientes. As clientes ficavam dependentes de mim. Elas ficavam mandando foto. Cada vez que iam no shopping. Posso comprar isso? Posso comprar aquilo? E aí eu comecei a entender que faltava ali uma peça anterior à consultoria, o autoconhecimento. Fui me aprofundar em desenvolvimento pessoal, fiz uma série de cursos em desenvolvimento pessoal. PNL, *coaching*, psicologia positiva. Eu sou a pessoa muito mais de estudar diretamente da fonte do que de fazer curso. Acelerando a história, desses estudos, eu criei um método de atendimento que chama **Mulheres Bem-vestidas por Fe Fuscaldo®**. E não tem nada de montar *looks*. As alunas vão pensar nos atributos de personalidade, os traços únicos. Como é que a cliente se vê daqui a cinco anos? Como é o seu estilo de vida? Imagem pessoal é sobre ter intenção naquela escolha, é uma linguagem, é uma linguagem visual. Por isso que a minha frase de bordão é: "tudo pode e tudo depende". Nesse método, também eu tinha como objetivo atender online. Nessa época, tinha pouquíssimas consultoras no Instagram, e recebíamos pedidos de mulheres de vários lugares: "Fernanda você vem me atender em Brasília? Você vem me atender não sei onde?". A minha consultoria é uma condução. Eu conduzo e a cliente faz. Quem faz é a cliente. E nessa condução, ela acaba aprendendo a escolher. A partir do método, além dos atendimentos online, vieram os cursos online. Em 2015, eu lancei o primeiro curso online do Brasil de estilo pra público final, pra mulheres reais. A gente tinha cursos online de formação profissional, Dani Padilha e Moda, mas nenhum pra público final. E a única pessoa que também fazia algum trabalho de atendimento online era uma mulher na Austrália. E aí foi assim que surgiu o Mulheres Bem-vestidas por Fe Fuscaldo ®, com foco em ensinar a minha cliente a fazer suas escolhas em relação ao vestir.

<u>Márcia</u> A pandemia catalisou os atendimentos online.

<u>Fe</u> Pra mim, não. O online pra mim já era mais relevante no faturamento do meu negócio do que o presencial, desde 2017. Tem método pra fazer armário online, tem método pra montar *look*. Senti que tinha demanda para formação profissional. A primeira turma da escola veio em junho de 2020, sob a chancela da FBR — Faculdade de Brasília, com a proposta de certificar o curso de formação profissional. É um curso de capacitação profissional em consultoria de imagem. Toda a certificação do MEC precisa ser vinculada a uma faculdade ou universidade. Nenhuma empresa pode diretamente no MEC certificar o curso. Não é necessário ter curso superior para se matricular.

<u>Márcia</u> Se você for ao Instagram, vai ver que tem uma outra instituição falando que aprovou, em 2022, o primeiro curso reconhecido pelo MEC.

<u>Fe</u> A nossa chancela é de março 2021.

Márcia Eu acho que esse é um assunto que é — como você mesma disse — bastante polêmico. E eu acho que as pessoas de fato precisam procurar uma boa formação.

Com certificado ou sem certificado válido pelo MEC, se a pessoa não tiver formação, ela não será uma boa profissional.

Fe Primeiro, é escolher muito bem a capacitação, e o que eu sempre falo é que a melhor formação profissional pra quem quer ingressar no mercado é o método com o qual você se identifica. Porque você não vai conseguir aplicar o que você não acredita. Você precisa escolher primeiro um método. E não é um passo a passo porque cada cliente é único. **Ser consultora é diferente de trabalhar com consultoria. A consultoria de imagem é um negócio, precisa de gestão qualificada também.**

ANA RENDALL TOMAZ @anarendalltomaz – PORTUGAL

Márcia Bom dia, Ana Rendall. Ana Reeeeeendall que deve ter uma origem anglicana?

Ana Sim. É britânico e vem do meu lado africano. É uma grande volta até chegar a mim.

A minha mãe é angolana, o meu pai é português, e o Rendall... bom, vem da filha do cônsul da Inglaterra, em Cabo Verde. O meu avô era cabo-verdiano, aliás, eu adquiri a nacionalidade cabo-verdiana recentemente para ficar com dupla por questão de orgulho e me sentir realizada nas várias frentes por questão de ser mestiça. **Nunca vou poder escolher um lado, não é branca, não é preta, pois tem outros 1000 motivos para ser sempre um meio termo. Não sou alta, não sou baixa, não sou magra, não sou gorda, não sou loira, não sou morena. Por isso que eu nem gosto muito de trabalhar com nicho porque nem eu própria me encaixo em um.** A consultoria de imagem surge na minha vida de uma forma até intuitiva. Eu sempre desenhei roupa e depois mandava fazer para a minha mãe, para as amigas da minha mãe desde muito nova mesmo, 12/13 anos, eu já vestia minha mãe e as amigas para eventos. É uma coisa muito intuitiva, a comunicação é a minha base. Por isso eu formei em jornalismo, trabalhei como jornalista durante alguns anos. Eu me cansei e decidi, antes dos 30, mudar de carreira e perseguir aquilo que seria só uma paixão. Os meus pais me apoiaram no início e me ofereceram um curso de consultoria de imagem. E foi assim, isso tem uns sete anos. **Sempre me interessei pela indústria da moda enquanto a expressão do momento em que vivemos. Cheguei a escrever uma outra coisa sobre o tema, algumas publicações, mas sentia que o meu conhecimento enquanto consultora de imagem precisava ser sistematizado. E então eu fui procurar a escola que me pareceu mais atrativa no programa e na duração, que foi a Creativa Academy, onde eu cheguei a trabalhar depois de acabar o curso. Ainda não havia muitas consultoras de referência, na altura foi a melhor opção. Mas os cursos não mudaram muito a forma intuitiva como eu leio a pessoa.**

Márcia Você não definiu o público para atender, mas deve ter definido um plano de negócios. Você pensou em um plano de negócios? Você pensou em metas a atingir? Como aconteceu isso?

Ana Eu acho que eu vou desiludir porque... [risos] O final do meu curso de consultoria de imagem coincidiu como uma das fases mais difíceis da minha vida. Quando eu terminei o curso, eu estava em luto e, a partir daí, eu posso dizer que terminei o curso em fevereiro e eu estive de fevereiro a agosto, todos os meses morria alguém importante para mim.

Márcia Ui, nossa...

Ana A última coisa que eu queria pensar era roupa, consultoria de imagem, clientes, negócios, porque todos nós temos momentos em que queremos nos esconder debaixo dos lençóis. Portanto, o final do meu curso coincidiu com essa fase muito ruim. E, então, o que aconteceu foi que a vida me levou a isso: "deixa a vida me levar vida leva eu".

Márcia Zeca Pagodinho [risos] fazendo história em Portugal.

Ana Foi assim, na verdade. As pessoas souberam que eu tinha terminado o curso de consultoria de imagem e que estava em transformação e mudança de carreira e começaram a solicitar os meus serviços e começaram a pedir uma página do Facebook. Então, as coisas foram acontecendo, e eu fui sendo levada pela consultoria de imagem. Mas a verdade é que eu não tinha plano de negócio algum. Isso veio mais tarde, quando eu comecei a perceber o que precisava para fazer disto um sustento.

Márcia Muito divertido, mas é preciso monetizar. De qualquer forma, alguém faz esse plano pra você.

Ana Exatamente.

Márcia Uma das dificuldades das consultoras é exatamente construir um plano de negócios. Mas quando você precisa viver do seu trabalho, é preciso definir. Daí, eu te pergunto se esse plano de negócios foi definido ao longo do seu processo de assumir a consultoria como uma atividade profissional, o seu ganha pão.

Ana Quando estávamos em março de 2020, eu pensei "meu Deus, isto está a ser o meu ano". Porque eu estava em alta. Mas aí veio a pandemia, e eu só fazia consultoria de imagem. A incerteza fez com que todas as minhas avenças, tais como marcas para fazer catálogo, parcerias com lojas, clientes, tudo o que possa imaginar, aquela consultoria de imagem coorporativa que eu fazia, algumas empresas grandes, perdi tudo. E os meus clientes, obviamente isso não é um bem de primeira necessidade, também acabaram por desaparecer. Eu fiquei sem nada. Fiquei apenas com as rubricas que eu faço, eu escrevo também. E fiquei sem nada. Marcia, foi ficar sem chão. **Ok, afinal, esse ano de 2020, que ia ser incrível, tudo desapareceu. Entretanto, as coisas começaram a caminhar, e eu voltei a trabalhar. Os serviços online eu já tinha, não tinha muita saída porque as pessoas iam também preferir o presencial. Fiz alguns shoppings online, consultorias, atendimentos normais, mas online não. Acabei por estar a investir mais em informações que davam online do que propriamente em atendimentos um a um.** Em termos de pandemia, o que eu notei é que, assim que começamos a desconfinar, as pessoas estavam sedentas, mas ainda tinham medo. Eu sinto que estou a recomeçar agora e dizer que, em dezembro, eu tinha tomado a decisão de abandonar a consultoria de imagem de vez.

Márcia Dezembro? Esse dezembro agora que passou (2021)?

Ana: Sim. [risos]

Eu estava muito cansada. A pandemia trouxe isso, a presença online reforçadíssima, e eu comecei a sentir muito desconforto com essa pressão. Eu nunca vou ser o gênero de pessoa que vai se sentir confortável a fazer TikToks, eu nunca vou ser essa pessoa. Eu senti essa pressão externamente para conseguir manter um negócio e começou a me magoar. E eu decidi abandonar até que surgiu o convite da Dress for Success Lisboa, para eu ir coordenar as boutiques, voluntárias e continuar a fazer a comunicação que eu estava a fazer.

Márcia No primeiro momento, é uma empatia que acontece porque a pessoa que escolhe uma consultora, ela vai por alguma característica que essa consultora apresenta que fala a ela. É claro que vai ter aquela cliente que vai atrás da pessoa que está ali apontando frases, no TikTok.

Ana Há espaço para todos. Nessa fase, eu já estou a fazer o presencial normal desde o inverno passado. Talvez eu tenha uma sorte de ter construído uma cartela de clientes devido ao boca a boca e de ser reconhecida sem ter 10 mil seguidores no Instagram. E tenho sorte de ter existido e ter trabalhado antes dessa febre. Nesse momento, eu estou mais focada em trabalhar. Se eu perco tempo para trabalhar em redes sociais, eu não tenho tempo para atender mulheres, que é o que eu mais faço neste momento. Eu comecei como consultora de imagem, a trabalhar muito mais homens do que mulheres, e nesse momento as coisas inverteram completamente. **Eu conto com uma equipe multidisciplinar de terapeutas, nutricionistas, não é só o cabeleireiro e maquiador. O meu processo é holístico. Eu quero trabalhar o ser humano inteiro, quero que a pessoa se melhore toda e que a sua qualidade de vida aumente exponencialmente, e não só através do meu trabalho como através do interior também. Eu acabo por deixar um pouco à parte essa questão toda porque, pra mim, nesse momento, o importante é trabalhar. Eu estou a recuperar, estou a voltar.** Mais pra frente, sei que vou ter que quebrar esse conceito e estou disposta a isso.

Márcia O diálogo Brasil/Portugal é muito interessante porque, em Portugal, por exemplo, vocês não usam o WhatsApp para fechar negócios de consultoria. Foi uma coisa que me chocou quando eu estava num webinar da AICI - Chapter Portugal, que era uma conversa entre consultoras brasileiras e portuguesas.

Ana Eu já fiz isso durante o confinamento.

Márcia Mas aqui não faz parte. No Brasil, isso é o negócio! Há pessoas que só trabalham a partir do WhatsApp, tem rede de clientes no WhatsApp. Não é uma rede social, mas acabou virando.

Ana Mas eu acho que sim, que as redes sociais são uma forma de trabalho. Hoje em dia, mais do que nunca. A maior parte das minhas colegas consultoras de imagem faz *look* do dia, faz *reels*, muda de roupa, faz tudo isso. **Mas eu não tenho um nicho. Esta é uma marca instintiva. O fato de ser a única *Fashion Therapist* já diz bastante daquilo que é o meu objetivo enquanto consultora de imagem. Eu acendo a identidade delas para que da personalidade venha a autoestima.** Porque, quando nosso exterior está de acordo com aquilo que nós somos, normalmente nos sentimos mais confortáveis e, como nos sentimos mais confortáveis, nosso desempenho é melhor em todas as áreas. **Usar a moda de forma terapêutica serve para quem está disposto a autoconhecer-se em verdade**

por um caminho sem volta, que eu costumo dizer que dá muito trabalho e estou a aconselhar as pessoas: "não se metam nisso do autoconhecimento porque nunca mais acaba!". Essa seria a minha missão e o meu propósito, eu resumiria com o acender da identidade. Não só através da cartela de cores, do tipo de corpo, até do extrato social, porque eu tenho parcerias na Avenida da Liberdade (em Lisboa, avenida onde estão as principais marcas de luxo), mas também tenho clientes que não querem ser recebidas com champanhe e lojas fechadas exclusivamente para elas, tem gente que vai começar a trabalhar e precisa de ajuda.

<u>Márcia</u> A minha pergunta para finalizar é: como lidar com essa questão que é cultural, histórica e econômica, a precificação e a aceitação do serviço da consultoria?

<u>Ana</u> Portugal e Brasil são mesmo diferentes. Basta ver a diferença entre os dois carnavais. O carnaval do Brasil é uma celebração altamente marcante, e o corpo é uma coisa normal de se expor. E o carnaval em Portugal tem máscaras, mas ninguém mostra mais nada porque está frio. Só agora que começaram a imitar os carnavais do Brasil. E nós temos uma cultura tão bonita e vamos imitar a dos outros, é falso. Há essa diferença, distinção, claro que sim. Há essa questão de trabalhar com uma coisa que não é de primeira necessidade, dificulta. Contudo, eu tento fazer... os meus preços são muito baratos tendo em vista a profissional que eu sou, eu sei disso. Mas eu gosto da ideia de que, ainda que seja um luxo para ela, tendo em conta o seu extrato social e a sua carteira, que ela consiga fazer. Porque tem a ver com a autoestima, tem a ver com o sentir-se bem, e às vezes basta uma consulta e a pessoa muda completamente em relação a si e à sua vida. **Eu, com os preços, acho que sou simpática. No que diz respeito à questão da futilidade, eu acho que finalmente as mentalidades estão a mudar. As pessoas percebem que é uma diferença na forma até como somos recebidos e lidos pelos outros, estar e de viver em sociedade. Eu acredito que as coisas já estão a melhorar nesse sentido. Acho que as pessoas já percebem a utilidade do serviço para além da questão superficial de só posso usar essa cor ou só posso usar aquele corte. Deixou de ser uma coisa de dondocas para acabar por se democratizar, como aconteceu com o luxo há uns tempos. Acho que está melhor.**

MARIA PAULA MALUF @mariapaulamaluf – *BRASIL*

<u>Márcia</u> Maria Paula Maluf é consultora de imagem brasileira e está no grupo que eu chamei de "novatas". Por que consultoria de imagem?

<u>MMaluf</u> Consultoria de imagem é um trabalho no qual eu vejo muito propósito. Eu falo que cada cliente é um projeto pessoal porque ninguém é igual a ninguém, nenhuma mulher, que é o meu público de trabalho, é igual a nenhuma mulher. E quando ela chega até mim e fala que tem determinado problema, eu tenho uma enorme satisfação de desenhar essa solução. E um trabalho com propósito é o ensinar e ver a pessoa seguindo por conta, ela sabendo fazer por conta. Essa realização nesse grau na minha profissão primeira como publicitária eu não tive. O projeto pessoal tem começo, meio e fim. Você vê o resultado rápido, e isso me traz uma enorme satisfação. E quando elas entendem a importância da boa imagem, da autoimagem, aí pronto!

Eu considero a consultoria de imagem muito importante e acho que é uma profissão não somente do presente, como também do futuro, que tem muito a crescer.

Márcia Qual formação que você buscou?

MMaluf Primeiramente, eu não sabia que existia a profissão da consultora de imagem. E eu sempre amei moda. Então, eu comecei a pesquisar o que eu poderia fazer, na moda, que não tivesse a ver diretamente com alguém que tivesse feito faculdade de moda, mas que me trouxesse esse conhecimento. E nessa pesquisa, eu descobri, em 2011, o curso de formação em consultoria de imagem estilo e pessoal, pelo Senac (Serviço Nacional da Indústria), aqui de São Paulo. Era um curso que durava três meses, duas vezes por semana, era bem extenso, com uma profissional já renomada no mercado. E eu comecei a pesquisar, vi o currículo dela, ela atendia exclusivamente o segmento de luxo. Mas eu falei: "bom, talvez nem seja esse o meu segmento". Desde a aula 1, eu fiquei em êxtase. E eu trabalhava pensando no curso. Eu vi naquilo ali uma profissão, algo que até o momento eu falava que era o plano B e levava como tal. E foi o primeiro curso que eu fiz no Senac, em 2011. Terminei essa formação, fiz um curso em coloração pessoal, porque nesse módulo do Senac havia passado pela metodologia das Quatro Estações, e eu achei interessantíssimo e fui fazer o método expandido das 12, no ano seguinte. Em 2017, final de 2016, eu engravidei do meu filho e falei: "bom, vou mudar a minha rotina, não quero mais atuar como publicitária, e vou investir nesse meu lado B e vou transformar ele em lado A". E continuei estudando. Em 2017, fui fazer um curso na "Oficina de Estilo", que já não existe mais e era um curso superintensivo que passava por toda metodologia. Elas traziam muita experiência de mercado, de mulheres do Brasil inteiro que já atuavam ou não. **E fui estudando, comprando livros, assistindo palestras e continuei engajada na consultoria mais na janela ainda, como eu gosto de brincar. Aí, foi 17, 18, 19 atendendo, testando o meu modelo de negócio, vendo o que funcionava e o que não funcionava. E 2020, a pandemia. Em 2021, foi o ano que eu voltei com tudo e senti uma necessidade de voltar a estudar. Porque, entre 2017 e 2021, novamente o mercado é muito dinâmico. E eu precisava conhecer e entender o que estava acontecendo e o que tinha mudado. Então eu fiz Cool Hunting, com a Silvia Scigliano, fiz "Armário cápsula", tudo em 2021, com a Karen Moraes; fiz "Oficina de Tecidos", com a Ana Laura Scalea. Ainda passei por uma mentoria com a Silvia Scigliano e a Márcia Crivorot. O ano de 2021 foi de grande investimento na consultoria de imagem para que eu voltasse a me sentir extremamente bem-preparada na pós-pandemia, porque muita coisa tinha mudado. Eu continuei atuando e fui adaptando os meus serviços para o momento atual.**

Márcia Você não deve ter feito essa conta, mas o seu investimento é alto...

MMaluf É alto. Eu não tenho como te falar o valor exato, mas eu te digo em uma proporção em reais que eu já investi meio carro popular em preparação.

Márcia Em quanto tempo você acha que você recupera todo esse investimento?

MMaluf Quando eu fiz a Oficina do Estilo, em 2017, elas disseram que levaram cinco anos naquela época para de fato se pagarem. Ou seja, quitar tudo aquilo que elas investiram e começarem de fato a faturar. Eu adoraria dizer que, daqui a dois anos, meu plano de negócio é recuperar todo esse valor. Gostaria que fosse um trabalho a me manter 100%. Isso, infelizmente, ainda não acontece. Tem mês que não tem, tem mês que tem um servicinho e tem mês que tem uma consultoria completa.

Márcia: Qual é o seu projeto de trabalho? Qual seu nicho?

MMaluf Eu gosto de trabalhar e divulgo o meu trabalho para mulheres maduras. Então, são mulheres que já estão no mercado profissional há um tempo, que já estão em uma faixa etária que elas estão começando a ser promovidas, ou que estão começando a ser mães. São mulheres 30+, e a média que me procura é isso de 34 pra cima e até 70 anos. Meu público é entre 30 até 70. São mulheres que têm suas questões de aparência, seja porque, por exemplo, essa mulher na faixa dos 30/40 foi mãe, então ela já não se identifica mais com aquelas roupas que ela tem, o corpo dela mudou, ela já não está mais tão à vontade de se vestir de uma forma tão menina como antes da maternidade. Ou essa mulher que tem lá seus 60 e poucos anos quer aprender a usar cor, porque ela não sabia que isso era possível. Outra pergunta que você me fez foi o modelo de negócio. Eu aprendi, em 2011, que você só vendia a consultoria de imagem fechada. O cliente comprava o processo de consultoria de imagem porque a coisa tinha que ter começo, meio e fim. E se ela não passasse pelo processo completo, você não estaria sendo honesta com ela. Veja, de 2011 até aqui, onde estamos em 2022, muita coisa mudou. Da pandemia pra cá, ficou muito claro pra mim que, sim, é possível cortar e oferecer serviços que façam sentido, que tenham esse começo, meio e fim. E que resolvam pequenos problemas dessa cliente que vai comprando serviços, serviços e mais serviços e que, quando você vai ver, ela já comprou a consultoria inteira e completa. Você vai agregando os serviços. Eu estou achando muito prazeroso. No começo, eu fiquei bem receosa com serviços avulsos, mas atualmente eu estou achando prazeroso pegar e fazer esses atendimentos por serviço, porque você resolve de forma rápida, pontual, aquele problema e fideliza a cliente para o próximo movimento. Eu adaptei todos os meus serviços para atendimentos online e, por incrível que pareça, eu acabei atuando mais no mundo real, presencial, do que no online. Mascarada, toda protegida, mas atendendo a cliente assim. Acho que ainda é um serviço muito íntimo, muito pessoal e que ainda sinto que no presencial você consegue agregar mais do que o virtual.

Márcia Agora, vem a pergunta de 1 milhão de dólares: qual é o seu principal desafio no futuro? Qual é o seu principal desafio no futuro não muito distante?

MMaluf **O principal desafio é a divulgação**. Porque cada vez mais a consultoria torna-se conhecida, tem cursos de todos os portes, categorias e tem profissionais saindo com excelente embasamento e com embasamento não tão bom assim. É conseguir ser reconhecida dentro daquilo que eu faço, com notoriedade. É todo esse trabalho que eu acredito que seja o maior desafio de posicionamento mesmo, de imagem e profissional. **É uma construção. É achar e conquistar o meu lugar ao sol na consultoria de imagem.**

VELHAS E INFLUENCIADORAS: A VELHICE CONTEMPORÂNEA NOS PERFIS @BADDIEWINKLE E @ICONACCIDENTAL DO INSTAGRAM

Vanessa Santos de Freitas[3] e Fabíola Calazans[4]

---

[3] Mestre em Comunicação e bacharel em Comunicação Social pela Universidade de Brasília.
[4] Mestre e doutora em Comunicação Social. Professora e pesquisadora do Programa de Pós-graduação da Universidade de Brasília.

INTRODUÇÃO

O envelhecimento populacional é um fenômeno mundial. Estima-se que, até 2050, a população idosa chegará a 2 bilhões de pessoas, correspondendo a um quinto da população mundial (ONUBR, 2018). Atualmente, a população idosa é considerada um emergente nicho consumidor e, no Brasil, esse segmento representa 20% do consumo geral (GINAK, 2018). Esses números sobre o envelhecimento populacional contribuem para a velhice ser pauta em diversos produtos culturais, alterando uma espiral do silêncio e da invisibilidade sobre a velhice, outrora denunciada por Beauvoir (1970).

É na produção de sentido da velhice e acerca da problematização contemporânea do que é ser velha[5] hoje que este artigo se situa. O objetivo é investigar quais são os discursos propagados sobre as mulheres velhas na rede social Instagram, especificamente nos perfis @iconaccidental e @baddiewinkle, criados por duas mulheres velhas e influenciadoras digitais, que se tornaram mundialmente conhecidas, cada uma com 3,5 milhões de seguidores e 754 mil, respectivamente.[6] Acredita-se que os sentidos aqui produzidos sobre as mulheres velhas sugerem e propõem noções específicas sobre a velhice no mundo contemporâneo.

Recorre-se à análise do discurso proposta por Michel Foucault (2006), que considera o discurso como uma série de acontecimentos, por meio da qual o poder é vinculado e orientado e, por conseguinte, permeado pelo desejo. O autor propõe uma análise do discurso não estruturalista, na qual vai descrever e estabelecer as relações dessas séries de acontecimentos discursivos com outros do campo político, econômico, tecnológico e das instituições (FOUCAULT, 2006). Tendo em vista esses pressupostos metodológicos, é possível observar a produção de sentidos disposta nos perfis @baddiewinkle e @iconaccidental e algumas cristalizações de sentido sobre a velhice contemporânea.

Para compreender as transformações simbólicas do envelhecimento, é preciso considerar o contexto contemporâneo. No ímpeto pela visibilidade do eu, a subjetividade passa a ser mais visível e epidérmica voltada para o exterior (SIBILIA, 2016). Nesse sentido, a aparência exerce um papel fundamental, pois é por ela que somos observados e visíveis. Diante dessa lógica de importância da aparência, a juventude emerge como uma etapa valorizada na contemporaneidade. Segundo Debert (1999), a juventude passou por um processo de ressignificação em que se torna um valor, algo capaz de ser conquistado e almejado em qualquer idade. E, notadamente, a velhice é vista como um período menos valorizado do que a juventude, recaindo para um processo de invisibilidade, algo mais potente para as mulheres velhas. Conforme cita Sibilia (2011, p. 89): "Não é fácil ser velho no mundo contemporâneo, ser velha, então, pior ainda!".

A velhice está cercada de sentidos negativos, como algo que deve ser escondido, mascarado, camuflado a qualquer custo (CASTRO, 2016), os quais passam pelas denominações "velho" e "velha", frequentemente consideradas uma espécie de ofensa, um insulto (SIBILIA, 2011). Outros termos são apresentados como uma "saída" para os sentidos negativos atrelados à velhice, como "melhor idade", "terceira idade", "idosos" e "maturidade". Tais palavras propõem atenuar o fato de a velhice ainda ser relacionada à feiura, decadência, falta de lucidez e dependência.

---

[5] No presente trabalho, será utilizado o termo "velha" ou "velho" para se referir ao indivíduo que se encontra na etapa da vida correspondente à velhice. O termo é utilizado sem estar relacionado aos sentidos negativos que o cercam, assim como Goldenberg (2013) utiliza o termo "coroa" em suas pesquisas como uma forma de resistência política, buscando combater os sentidos negativos que cercam essas denominações.

[6] Dados referentes ao mês de julho de 2021.

Em contraponto a essas visões negativas a respeito da velhice, há um movimento de sentidos que sugere novos significados a essa etapa da vida. As mulheres velhas têm sido protagonistas de séries como *Grace and Frankie*, de filmes como *Do jeito que elas querem*, de capa de revistas como ocorreu na *Allure* e nas redes sociais. Nessas produções de sentido, surge o sentido acerca de uma velhice com mulheres ativas, independentes, livres, libertas sexualmente e saudáveis. Essas características corroboram um modelo de velhice apresentado por Castro (2016, p. 86), uma vez que "prevalece, de um modo geral, o ideário do envelhecer associado ao manter-se ativo, bem-disposto e jovem." Há, pois, outros sentidos sobre a velhice em disputa. É importante observar a relação do simbólico e do consumo material sobre a velhice, de modo a compreender quais são os significados que cercam os bens utilizados por mulheres velhas na sociedade contemporânea. Conforme Douglas e Isherwood (2004, p. 121), "todos os bens são portadores de significado, mas nenhum o é por si mesmo." No contexto discutido aqui, essa afirmação demonstra que cada ato e bem de consumo constroem uma rede de significados dentro do contexto social em que estão inseridos. Além de carregar significados, os bens de consumo são comunicadores de categorias culturais e valores sociais, capazes de classificar eventos associando julgamentos antigos ou os transformando (DOUGLAS; ISHERWOOD, 2004). Assim, o consumo de bens pode reforçar ou alterar valores de categorias culturais como a velhice.

Com base na análise das imagens e dos textos presentes nos perfis @baddiewinkle e @iconaccidental, busca-se compreender os modelos de velhice feminina agenciados pelas influenciadoras digitais. Ainda que a intenção desta pesquisa não seja realizar uma análise comparativa entre os dois perfis, é relevante pontuar o que pode haver de frequências e ausências entre esses modos de envelhecimento propagados.

@BADDIEWINKLE E A VELHICE "DESCOLADA"

O primeiro perfil analisado é o @baddiewinkle, de Helen Van Winkle, apontado pela revista Forbes como um dos 30 perfis mais influentes da rede social (MARIE CLAIRE, 2018). O perfil começou quando a neta de Winkle postou em seu Twitter uma foto da avó usando roupas da sua bisneta: uma camiseta colorida "tie-dye", uma meia com folhas de maconha e um gesto que representa "paz e amor". Em pouco tempo, a foto se espalhou pelas redes, tornando-se viral. Após esse evento, o perfil começou a ser seguido por celebridades como Rihanna e Miley Cyrus e se tornou cada vez mais popular. O perfil funciona como uma espécie de vitrine de sua vida, na qual os seguidores consomem seu estilo de vida e o conteúdo propagado. As fotos do perfil exibem o estilo de se vestir de Winkle composto por roupas coloridas que, muitas vezes, exibem seu corpo, acessórios exuberantes, maquiagens marcantes que a fazem ser caracterizada como "moderninha" (MARIE CLAIRE, 2018) e "descolada" (PEREIRA, 2017).

De acordo com a visão de que os bens de consumo, sendo eles materiais ou simbólicos, são comunicadores de categorias culturais e valores sociais (DOUGLAS; ISHERWOOD, 2004), analisamos as categorias e os valores contextualizados na cultura contemporânea que a @baddiewinkle produz em seu discurso composto por fragmentos imagéticos e textuais. A velhice agenciada por Helen Van Winkle utiliza-se de diversos significados ligados à juventude. Ela se apropria da noção da juventude como um valor, que ultrapassa as fronteiras da idade (DEBERT, 1999).

O perfil se ancora na moda jovem, na medida em que é considerado um ícone *fashion* pelo público mais novo. Sobre essa questão, Winkle exibe uma liberdade em relação ao seu estilo e afirma: "Eu gosto de roupas coloridas. Eu visto o que quiser. Sou meu próprio ícone *fashion*. Eu coloco e, se estiver bom, eu uso." (GLAMOUR, 2018). As roupas exultam jovialidade com modelos de *cropped*, roupas justas, blusas com decotes, tênis, *bodies*, *chokers*, tudo com muita cor e brilho. Ao se apropriar de bens característicos de consumidores jovens, Winkle os ressignifica ao utilizar em sua velhice, tornando seu estilo marcante, o que chama a atenção dos seguidores.

Além do estilo, @baddiewinkle se apropria de outros elementos que remetem à juventude. Segundo Hall (2016, p. 43), fazer parte de uma cultura é partilhar e pertencer a um "[...] mesmo universo conceitual e linguístico, saber como conceitos e ideias se traduzem em diferentes linguagens e como a linguagem pode ser interpretada para se referir ao mundo ou para servir de referência a ele". Sendo assim, é relevante ressaltar que Winkle compartilha do universo linguístico do público jovem, fazendo parte dessa cultura. A dona do perfil se intitula de *badass*, por isso o nome *baddie*. Em suas postagens é presente a utilização de gírias características da juventude norte-americana como *twisted, bitch, ya*, dentre outras. A sexualidade também é algo presente nas postagens do perfil com fotos de Winkle com roupas sensuais em sua cama; em outra postagem ela aparece rodeada por homens de sunga em uma praia.

A utilização desses bens e os significados presentes em suas postagens fazem-na popular junto ao público jovem. Os comentários das postagens estão repletos desse público tecendo elogios à Winkle, incentivando que ela poste sempre mais. Essa legitimação do outro é algo relevante na contemporaneidade, pois é sob o olhar da alteridade que somos julgados e legitimados (SIBILIA, 2016). Uma categoria de comentários é marcante nas postagens do perfil: os que consistem em frases como "eu quando for mais velha" e "quero ser igual a você quando ficar velha". Esses comentários demonstram que há um caráter aspiracional no modelo de velhice propagado, sendo objeto de desejo desses indivíduos que almejam ter uma velhice semelhante à de Winkle.

A propagação do estilo de vida de uma influenciadora digital, não raro, objetiva a divulgação de produtos. Com um perfil altamente monetizado, nota-se que Winkle possui forte presença de marcas nas imagens postadas. O segmento das empresas que a utilizam como influenciadora é geralmente de moda, cujas marcas como Fashion Nova e Skechers pagam para Winkle usar suas peças nos seus looks. Além do segmento de moda, há empresas como Hotel.com, que patrocinou uma viagem com diversos destinos para realizar a lista de "últimos desejos" dela. O serviço de *streaming* Netflix aparece diversas vezes em seu perfil, no qual ela divulga e recomenda séries e filmes recém-lançados. Curioso notar que o público-alvo das empresas divulgadas no perfil de Winkle não são as mulheres velhas, mas, sim, as jovens. Utiliza-se como modelo uma mulher velha que possui "espírito" e estilo de vida jovem para divulgar diversos produtos, os quais não foram criados para atender à sua faixa etária. Segundo Sarlo (2004, p. 31), "o universo do consumo reúne dois mitos: beleza e juventude." Winkle acaba inserindo a velhice nesses dois âmbitos.

Embora se utilize de diversos elementos e significados que remetem à juventude, Helen Van Winkle não esconde a sua idade em seu perfil. Em seu *feed*, estão presentes fotos dos seus últimos aniversários em que posa ao lado de bolos que exibem sua idade nas velas. Quando completou 90 anos, Winkle convidou seus seguidores para um evento em uma boate em Nova Iorque. Outro elemento relacionado à velhice que aparece em suas postagens é uma bengala.

Contudo, a bengala utilizada por Winkle ganha status de acessório *fashion* ao ser personalizada com brilhos e cores vibrantes.

Uma característica do perfil é romper com padrões preestabelecidos sobre as noções a respeito da mulher velha. O estilo de vida da influenciadora denota a existência de um discurso sobre uma velhice transgressora, no sentido de romper com alguns tabus da velhice, dando lugar a uma velhice divertida, *fashion*, colorida, autoconfiante, com gírias e palavrões.

@ICONACCIDENTAL E A VELHICE "SOFISTICADA"

O segundo perfil a ser analisado é o @iconaccidental de Lyn Slater, uma professora universitária que começou a fazer cursos relacionados à moda durante a sua carreira. Ela conta, em uma entrevista à Cosmopolitan (TORGERSON, 2017), que o nome do seu Instagram surgiu quando estava com uma amiga em um lugar próximo ao Fashion Week de Nova Iorque, e alguns fotógrafos pediram para tirar foto do *look* dela, acontecimento que atraiu turistas e outras pessoas que acharam que ela era uma pessoa influente no mercado de moda. Diante da situação, a amiga dela citou que ela tinha se tornado um "ícone acidental".

Desde então, Slater alimenta seu blog de mesmo nome, em que fala sobre moda, estética e estilo de vida. Dentre as motivações de Lyn Slater para o surgimento do blog, está a falta de conteúdos de mulheres que vivem "vidas interessantes, mas comuns", que não são famosas, mas que são "inteligentes, criativas, fashionistas, fit, atenciosas, engajadas, pertencentes e, o mais importante, claras e confortáveis com quem são" (ACCIDENTALICON, 2018, tradução nossa).[7] Nessa fala, Slater enfatiza a importância de se sentir confortável com o que é, algo direcionado não somente às mulheres velhas, mas às de todas as idades. O perfil no Instagram mostra-se como uma outra plataforma de Slater divulgar seu conteúdo, de forma mais imagética do que no blog.

O *feed* do Instagram de Lyn Slater é uma espécie de galeria dos looks da criadora. As fotos, geralmente, a expõem sozinha em paisagens urbanas e com uma estética similar a ensaios fotográficos de moda. Como é comum nas influenciadoras desse nicho, Slater também divulga as marcas como Raychustudios e Uniqlo em seu perfil. Ela se mostra uma mulher velha requintada, elegante, confiante em seu modo de se expressar. As roupas têm cores sóbrias e estilo clássico, com a adição de acessórios extravagantes, tais como grandes brincos e colares coloridos.

Um hábito predominante nas fotos de Slater é a utilização de óculos escuros, um acessório que constitui o estilo da influenciadora, mas que pode ser utilizado como uma forma de atenuar a aparência de suas rugas, algo que ocorre frequentemente no universo midiático ao apresentar a velhice. As rugas são consideradas um sinal de "lassitude moral" na contemporaneidade (DEBERT, 1999). Além disso, representam "uma afronta à tirania da pele lisa" (SIBILIA, 2011, p. 83-108), por isso, não raro são tão mascaradas, escondidas e preenchidas.

Algo prevalente no perfil de Lyn Slater é a utilização de *hashtags* em suas publicações. Esse é um recurso de marcação que possui relação com o processo classificatório dos bens. Segundo

---

[7] Texto original em inglês: "*I started accidental icon because I was having trouble finding a fashion blog or magazine that offered an urban, modern, intellectual aesthetic but also spoke to women who live what I call "interesting but ordinary lives" in cities. Women (like me) who are not famous or celebrities but are smart, creative, fashion forward, fit, thoughtful, engaged, related and most importantly clear and comfortable with who they are.*"

Douglas e Isherwood (2004, p. 123), considerar os bens como marcadores sociais é somente "[...] a ponta visível do iceberg que é o processo social como um todo. Os bens são usados para marcar, no sentido de categorias de classificação." As *hashtags* seriam, assim, formas de evidenciar marcações simbólicas, uma vez que são utilizadas para conferir visibilidade em meio à plataforma, como uma forma de "impulsionar" o seu conteúdo, ampliando a sua visibilidade para novos seguidores. A @iconaccidental as utiliza descrevendo parte de suas peças de roupa, como #boots, #jacket, e como parte de um movimento, como #slowfashion, #healthylifestyle, #power e #woman.

Uma das *hashtags* que Slater ajudou a popularizar e está presente em muitos dos seus posts é a #ageisnotavariable (#idadenaoéumavariável, tradução nossa). Essa *hashtag* se disseminou e, em dezembro de 2018, havia mais de 7 mil publicações.

Podemos observar que a idade não é algo definidor na forma de expressão de Lyn Slater, sendo algo que deveria ser desconsiderado na hora de se vestir e de se expressar. Essa categoria de que a idade não é uma variável assemelha-se a de pessoas "*ageless*" ou "sem idade", que transcendem a sua idade.

Lyn Slater propõe uma abordagem alternativa em seu perfil, fugindo dos rótulos da sua idade, bem como acerca do que lhe é prescrito socialmente como sendo adequado vestir. Bourdieu (2002) apresenta a moda como uma luta por um capital simbólico, por meio do qual algumas polaridades são demarcadas, tais como a tradição e a modernidade. Slater se apodera da moda como capital simbólico para tentar fugir de polaridades, como velhice e juventude. Dessa forma, Lyn Slater utiliza os bens da moda como meio para a autoexpressão, um ambiente em que ela pode experimentar diferentes formas de ser e estar no mundo.

O perfil @iconaccidental é voltado para o nicho de moda, principalmente, o de luxo, cujos sentidos apresentam uma velhice urbana, requintada, *fashion*, com tons mais sóbrios, e que defende a moda como uma das formas de romper as barreiras da idade, bem como uma forma de expressão do seu ser. Essa noção de velhice também é considerada aspiracional para alguns seguidores.

CONSIDERAÇÕES FINAIS

Conforme as análises realizadas, é possível compreender algumas frequências e ausências de sentidos nos agenciamentos da velhice. Embora a intenção não seja traçar uma comparação entre os perfis, algumas observações se destacaram nas análises. Cada influenciadora possui uma forma diferente de produzir a sua velhice, e essas formas se contrastam quando observadas mutuamente. O perfil de @baddiewinkle é o mais popular, principalmente entre o público mais jovem, no qual é exibido o discurso de uma velhice bem-humorada, debochada, colorida e jovem, ao explorar a sexualidade, o consumo de drogas e a utilização de gírias. Enquanto o perfil de @iconaccidental propaga uma velhice atrelada ao discurso de romper as "barreiras" da idade, com uma estética mais conceitual permeada por cores sóbrias, uma linguagem formal voltada para o público que possui afinidade com moda. Essas noções contrastantes da velhice feminina podem ser observadas em outros meios, como na série *Grace and Frankie*[8], na qual Grace corresponde ao modo de velhice mais sóbrio e *fashion*, enquanto Frankie demonstra uma velhice semelhante à de Winkle, que reforça os discursos ancorados na jovialidade, na sexualidade e no bom humor.

Na contemporaneidade, observamos o processo de ressignificação da velhice e da propagação de sentidos de um envelhecimento enaltecedor de mulheres ativas, autônomas e saudáveis, conforme sintetizado por Castro (2016, p. 86) como "o ideário do envelhecer associado ao manter-se ativo, bem-disposto e jovem". Na análise dos dois perfis, é possível observar a propagação desses discursos, em uma tentativa de desassociar os sentidos negativos vinculados a essa etapa da vida. Esses novos sentidos produzidos sobre a velhice feminina estão em disputa por diversas pessoas, sejam elas celebridades, influenciadoras e pessoas comuns. Assim, é importante dar continuidade a uma investigação sobre as produções de sentidos a respeito dos modos de vida de pessoas velhas, coadunada a uma observação relativa às relações de consumo de bens materiais e imateriais, a qual certamente contribuirá para uma análise mais complexa sobre a produção discursiva da velhice no mundo contemporâneo.

---

[8] Série produzida pelo serviço de *streaming* Netflix, lançada em 2015, que atualmente possui cinco temporadas disponíveis.

REFERÊNCIAS

ACCIDENTALICON. About Lyn. [*S. l.*] Disponível em: https://www.accidentalicon.com/about-lyn/. Acesso em: 15 ago. 2022.

BEAUVOIR, Simone de. **A velhice:** a realidade incômoda. Rio de Janeiro: Difusora Europeia do Livro, 1970.

BOURDIEU, Pierre; DELSAUT, Yvette. O costureiro e a sua grife: contribuição para uma teoria da magia. *In:* BOURDIER, Pierre. **A produção da crença:** contribuição para uma economia dos bens simbólicos. [*S. l.*]: Zouk, 2002. p. 113-190.

CASTRO, Gisela Granjeiro da Silva. O idadismo como viés cultural: refletindo sobre a produção de sentidos para a velhice em nossos dias. **Galáxia,** São Paulo, n. 31, 2016, p. 79-91

CASTRO, Gisela G. S. Precisamos discutir o idadismo na comunicação. **Comunicação & Educação**, São Paulo, v. 20, n. 2, 2015, p. 101

DEBERT, Guita Grin. **A reinvenção da velhice:** socialização e processos de reprivatização do envelhecimento. São Paulo: Editora USP, 1999.

DOUGLAS, Mary; ISHERWOOD, Baron. **O mundo dos bens:** para uma antropologia do consumo. [*S. l.*]: UFRJ, 2004.

FOUCAULT, Michel. **A ordem do discurso:** aula inaugural no Collège de France, pronunciada em 2 de dezembro de 1970. São Paulo: Loyola, 2014.

FOUCAULT, Michel. **Ditos e escritos IV:** Estratégia, poder-saber. Rio De Janeiro: Forense Universitária, 2006.

GINAK, Letícia. Longevidade traz inovação a serviços. **O Estado de S. Paulo**, [*S.l.*], 30 maio 218. Disponível em: http://bit.ly/2Y1RJ1g. Acesso em: 7 ago. 2022.

GLAMOUR. Baddie Winkle, 89, visita o Rio e realiza lista de desejos antes de morrer. **Revista Glamour**. Disponível em: https://revistaglamour.globo.com/Lifestyle/Must-Share/noticia/2017/10/baddie-winkle-89-visita-o-rio-e-realiza-lista-de-desejos-antes-de-morrer.html. Acesso em: 21 ago. 2022.

GOLDENBERG, Mirian. **A bela velhice.** Rio de Janeiro: Editora Record, 2013.

HALL, Stuart. **Cultura e representação.** Rio de Janeiro: PUC Rio, 2016.

MARIE CLAIRE. Baddie Winkle: vovó de 89 anos quebra estereótipos e conquista mais de 3 milhões de seguidores. [*S. l.*], . Disponível em: https://revistamarieclaire.globo.com/Mulheres-do-Mundo/noticia/2017/08/baddie-winkle-vovo-de-89-anos-quebra-esteriotipos-e-conquista-mais-de-3-milhoes--de-seguidores.html. Acesso em: 16 ago. 2022.

NAÇÕES UNIDAS NO BRASIL. Dia internacional das pessoas idosas lembra 70 anos da Declaração Universal dos Direitos Humanos. [*S. l.*], Disponível em: http://bit.ly/2KqYs1L. Acesso em: 21 ago. 2022.

PEREIRA, Tuka. Aos 89, Glam Ma, a bisa mais descolada do Instagram, foi "paquerar" no Rio de Janeiro. **Hypeness**, [*S. l.*], 25 out. 2017. Disponível em: https://www.hypeness.com.br/2017/10/aos-89-glam--ma-a-bisa-mais-descolada-do-instagram-veio-paquerar-no-rio-de-janeiro/. Acesso em: 8 ago. 2022.

SARLO, Beatriz. **Cenas da vida pós-moderna:** intelectuais, arte e videocultura na Argentina. [*S. l.*]: UFRJ, 2004.

SIBILIA, Paula. A moral da pele lisa e a censura midiática da velhice: o corpo velho como uma imagem com falhas. *In:* GOLDENBERG, Miriam. **Corpo, envelhecimento e felicidade.** Rio de Janeiro: Civilização Brasileira, 2011, p. 83-108.

SIBILIA, Paula. **O show do eu:** a intimidade como espetáculo. Rio de Janeiro: Contraponto, 2016.

TORGERSON, Rachel. This 64-year-old professor has more Instagram followers than most millennials. **Cosmopolitan**, [*S. l.*], 11 Dec. 2017. Disponível em: https://www.cosmopolitan.com/style-beauty/a13801247/lyn-slater-fashion-blogger-instagram-model/. Acesso em: 8 ago. 2022.

MULHERES 50+

ANDREA FRÁGUAS @andrea.fraguas – BRASIL

<u>Márcia</u> Quero começar essa entrevista agradecendo e perguntando como a consultoria aconteceu na sua vida? Houve uma transição profissional? Eu queria começar por aí.

<u>Andrea</u> Eu vou falar a nível Brasil, porque é aqui que eu estou, apesar de ter tido a minha formação nos EUA, no Fashion Institute of Technology – FIT. **A gente vê como a consultoria de imagem é considerada como algo que realmente vai mudar a sua vida, que vai transformar a sua vida em algum ponto, seja pessoal ou não. E como nos EUA, ela é bem prática. Eu tenho o objetivo X, a consultora vai me ajudar naquilo. E ao mesmo tempo em relação à cultura, eu vejo que tanto a americana como a brasileira têm uma questão da imagem de querer se mostrar, de ter esse aspecto da questão da beleza feminina.** Então, eu estou falando da questão da vaidade, da aparência feminina, eu acho que são bem fortes nesses dois países que eu tenho conhecimento e tive a oportunidade de ter vivido lá, e sou brasileira. Na Europa, eu tenho conhecimento por ter convivido com alguns europeus, e então a gente vê que tem aí uma pegada diferente. Agora, eu vou falar um pouco da minha transição. Eu sou graduada em Odontologia. Trabalhei um bom período. Mas eu não pulei de dentista para consultora de imagem. Teve um intervalo, mas sempre ligada à moda, sempre ligada a essa questão de moda, de gostar de acessórios. E então eu tive um comércio antes em acessórios de moda feminina. Eu vendia só acessórios mesmo, não vendia sapatos, vendia carteiras, acessórios mesmo, colares etc. E o que acontecia quando as pessoas iam à minha loja para comprar um acessório para ir a um evento? E elas traziam a roupa, o sapato e queriam a minha opinião sobre aquele *look*, se estava bacana para aquele evento, enfim. E aí pintou aquela coisa de fazer um curso de consultoria de imagem. Eu acredito realmente que consultoria de imagem não é aquela coisa assim "ah, tenho bom gosto, pronto e acabou". O meu primeiro curso foi no Senac/BH (Serviço Nacional de Aprendizagem Comercial). Após esse período do Senac, passou, mais ou menos, um ano, e eu falei que iria mergulhar no mundo da consultoria.

<u>Márcia</u> Quando foi?

<u>Andrea</u> 2008. O primeiro curso. E aí eu mergulhei e assim estava em uma fase de mudança na vida. Então mergulhei nesse estudo de consultoria de imagem e fiz a minha formação no FIT. Realmente formação, uma certificação. Morei três anos em NY, fiz essa certificação, voltei para o Brasil com o intuito de compartilhar com outras consultoras e com o público. Eu comecei a atender lá nos EUA entre amigos, fazendo algum estágio também, e quando eu voltei para cá, eu tinha uma ideia de compartilhar o que eu tinha aprendido lá. O olhar estava fechado, e eu vim com esse intuito de compartilhar o máximo de conhecimento. **Depois eu convidei professoras americanas para virem ao Brasil, a Carol Davidson, que foi uma das minhas professoras na FIT. E por três anos consecutivos, trouxe Carla Mathis ao Brasil.**

E eu estou dizendo presencialmente, porque continuamos fazendo esse trabalho online. Carol Davidson é considerada uma das melhores estrategistas de consultoria de imagem, imagem pessoal porque, nos EUA, você tem ou *personal stylist* ou *image consultant*. E Carol Davidson escreveu, escreve ainda para o *Wall Street Journal*. É uma pessoa muito gabaritada, ela foi uma das minhas professoras no FIT porque a formação lá é parecida assim com faculdade. E eu a trouxe, e nós tivemos aulas muito boas com um grupo de consultoras que eu falo que era incrível, superlegal, que eu consegui reunir consultoras de um gabarito que acho que não tem problema de falar os nomes delas porque eu não tenho esse problema. Luciana Ulrich, Raquel Jordan, Claudia Piantini, Cris Alves e várias outras. Carla Mathis é pioneira da consultoria de imagem. Ela, com a Alyce Parsons, outra grande consultora que eu realmente reverencio e faço questão de falar isso. Porque se não fossem elas, provavelmente não estaríamos aqui hoje, nem conversando sobre o tema. Muito provavelmente. Porque elas foram as cofundadoras da AICI. E o livro da Carla é considerado a Bíblia da consultoria de imagem. Não fui eu que coloquei esse título, mas é verdade. Ela é uma das 20 e poucas CIM, que é a máster em consultoria de imagem pela AICI. O livro da Carla Mathis foi um dos livros básicos do curso de formação do FIT. Ela "linka" arte com a cliente e ela tem todo respeito pelo lado do subjetivo, da personalidade.

<u>Márcia</u> No Brasil, você buscou o primeiro curso?

<u>Andrea</u> Busquei. No Senac, em BH.

<u>Márcia</u> Tenho verificado uma certa falta de orientação, de foco na formação. A pessoa faz um curso, acha que já consultora. Às vezes, o curso é muito curto, ou o foco é consultoria empresarial ou é só em marketing pessoal. Ainda, às vezes, o foco, que é uma *trendy* agora que está no Brasil, é só em coloração pessoal.

<u>Andrea</u> Na verdade, a pessoa passa a ser um analista de cor. A consultoria de imagem tem como objetivo entender aquele ser que está ali, aquele cliente que se apresenta pra eu entender os objetivos, os desejos de imagem. E consultoria de imagem não é moda. **O consultor de imagem tem que entender o cliente que está na frente dele. Eu falo que consultoria de imagem é muito mais sobre pessoas do que moda. A moda é uma ferramenta para aquela se comunicar no mundo, então é extremamente individual.** Eu tenho que atender à essência do cliente, aquilo que realmente ele vai levar ao mundo, e não ficar tão preocupada com essas mudanças o tempo todo. **Agora, se ela tem conhecimento real das técnicas de consultoria de imagem e consegue entender o cliente dela, aí ela consegue acompanhar as mudanças. E trazer a imagem que essa cliente precisa. A pessoa faz um curso rápido e acha que já é consultora de imagem. Tanto é que as associações pedem, no mínimo, 40 horas de formação, e é aí que eu acho que a gente tem que levar a coisa mais a sério. E vou ser sincera com você: acho que 40 horas não formam um consultor de imagem. Eu, além de consultora de imagem, sou especialista em cores pelo Fashion Institute of Technology - FIT. Fazer análise de coloração pessoal não é um curso de dois ou três dias, você sabe.** Você tem que aprimorar realmente, mas você tem que ter aquele curso básico que te traga o que é consultoria de imagem na verdade.

Márcia Você teve uma cadeira de desenvolvimento do seu plano de negócios, no FIT? Os americanos são empreendedores. Eles não montam curso para você receber o conteúdo e sair com esse conteúdo em um livrinho e acabou.

Andrea **Eu tive um plano de negócios mesmo. *Business Plan*, com um professor que eu não sabia se ele era contador ou o que ele era. E tive um de marketing, com a Dominique Isbecque, que também é uma fera aí na consultoria de imagem. O meu primeiro curso no Senac foi com o professor Eduardo Carvalho, que é uma pessoa que eu respeito profundamente. Foram de três meses. A gente tinha aula, eu era da turma da tarde de segunda a sexta, das 13 às 17 horas. O que eu acho é que está existindo um comércio muito grande de cursos, e aí você já não sabe mais...**

Márcia A pandemia exacerbou isso.

Andrea Exatamente.

Márcia Eu quis investigar como pesquisadora que sou eu. Pensei: "existe um movimento muito forte que a pandemia catalisou". Mas, ao mesmo tempo, quando eu ia olhar os cursos, eu via que eram muito diferentes as cargas horárias. Se procurasse o conteúdo, o conteúdo era dúbio, eram tópicos que não definiam exatamente o conteúdo e, mais ainda, o que me chamou a atenção, não havia um encadeamento dos conteúdos ou não havia uma preocupação em fornecer uma bibliografia especializada, ou nem sempre o professor tinha aderência para dar aquele conteúdo. Então, tudo ficou muito difuso na pandemia.

Andrea Dependendo do conteúdo, ele pode ser dado com uma carga horária menor. O processo é diferente. Por exemplo, o meu curso de morfologia corporal são 14 horas, o de harmonização de face da geometria facial e harmonização também são 14 horas. Então veja bem, dois cursos 28 horas, e como é que uma formação completa vai ser 40?

Márcia É preciso avaliar cada oferta. Minha busca pelos cursos foi justamente para ter uma ideia do que estava sendo oferecido.

Vamos falar agora sobre transição. Você fez uma transição da transição. Você fez a transição numa fase da vida para ser consultora, buscou formação. Mas eu, como acompanho o seu trabalho nesse mundo de consultoria, que eu comecei a pesquisar há dois anos, você teve uma transição também de nicho de atendimento. Você começou a trabalhar mais especificamente com 50+.

Andrea Foi a partir do meio do ano passado, mais ou menos.

Márcia **Você fez uma transição para as mulheres de 50+. Dentro dessa transição, você percebeu que o seu aprendizado precisou de alguma adaptação?**

Andrea Na verdade – e deixa eu te explicar sobre a questão do 50+, 60+, 40+ –, eu continuo atendendo mulheres. Geralmente, elas me procuram de 25 pra cima porque, às vezes, acabou o mestrado, vai pro doutorado, sabe aquela coisa de que está precisando...

Márcia Muda o patamar da vida, e elas querem fazer essas coisas.

Andrea Exatamente. Por que eu comecei agora a conversar com as mulheres de 50+? Porque eu acho, tenho certeza de que a minha geração não tem essa coisa de eu tenho 50, 60, 70. Eu acho que a gente está tendo um presente. Eu falo que a gente é uma geração de ouro. A gente está amadurecendo com saúde, com beleza e de uma forma tranquila. Eu senti que eu poderia trazer a elas motivação, a autoestima que cuidar da própria imagem traz pra nós.

Márcia É transformação.

Andrea É transformação em vários setores. E outra coisa, a gente consegue trabalhar em parceria com outros profissionais, com nutricionista, psicólogos, dermatologistas, e são coisas que se complementam. Mas não são todas as mulheres que já conseguiram pegar isso, que já conseguiram entender que tem muita água pra correr embaixo da ponte ainda. **Uma mulher de 50/60 ainda vai viver muito tempo. Então ela tem que cuidar da imagem pessoal.** O exercício físico somado à imagem pessoal. Eu te falei que as clientes da loja me pediam palpite. E até ali eu dava palpite. Eu não tinha conhecimento de textura, de cor, e eu corri atrás de aprender porque eu acho que é a mesma coisa de quando eu trabalhava como dentista, eu fiz uma faculdade, eu fiz uma pós-graduação, uma especialização... isso é obrigação de qualquer profissional. **A mudança foi mais uma mudança de discurso no Instagram porque foi uma coisa que bateu forte em mim e que eu pensei que poderia ajudar bastantes mulheres e, além disso, eu poderia ajudar não só na questão da consultoria de imagem, mas tomando a minha experiência de vida.**

Márcia É muita vida pra deixar passar assim em brancas nuvens. A minha pergunta pra finalizar é: quais são os desafios de uma consultora que trabalha com o 50+ e tem a bagagem que você tem?

Andrea Vou ser super sincera com você. Um dos desafios é o atendimento online. Eu resisti muito aos atendimentos online. Muito! Mas é a questão da realidade. [risos] Prefiro o presencial, mas eu estou investindo em um atendimento online também.

Márcia Muitas consultoras tinham essa mesma resistência. A pandemia colocou um obstáculo no atendimento presencial, então as pessoas tiveram que se virar e criar novas formas de atender.

Andrea Sim, é essa questão que eu estou trabalhando, mais, pra ser sincera com você, porque eu posso abranger muito mais pessoas. E fazendo uma entrega real. A gente vai fazer uma entrega real. **Para finalizar, quero dizer que eu acredito muito na consultoria de imagem, no mercado, eu vivo de consultoria. Teremos um futuro próximo maravilhoso. A consultoria de imagem é importante na construção da autoestima. Trabalhar a imagem pessoal é importante para essa construção de uma saúde mental boa. Eu acho que temos muito a colaborar com o mundo, com o nosso trabalho, com seriedade, com ética, integridade.**

SILVIA SALETTI *@silviasaletti* – *BRASIL*

<u>Márcia</u> Muito obrigada, Silva Saletti. Você tinha uma outra profissão antes de ser consultora?

<u>Silvia</u> Sou consultora de imagem desde 2015, a minha história também tem uma transição profissional. Eu fui advogada durante 20 anos, mas não estava feliz, fui me desgastando. Depois de um período sabático, difícil e sem projeto, porque eu realmente não sabia para onde ir, passei por um processo de *coaching*. E no final, eu tinha três opções, e a última era a área de consultoria de imagem, que eu nem sabia o que era, não sabia que existia. Então, eu entrei no curso da Sílvia (Scigliano) perdida e, quando eu saí, eu saí consultora de imagem. Não porque eu estava 100% preparada, obviamente, mas é porque eu estava 100% apaixonada por saber que era isso que eu queria fazer na minha vida. Decidi ali e comecei a trabalhar com consultoria de imagem.

<u>Márcia</u> Você foi procurar formação. Onde você foi procurar formação?

<u>Silvia</u> Sim, na época, o que existia em São Paulo era um curso que me foi indicado pela própria *coaching*, a Oficina de Estilo, como falei e que não existe mais. E da forma que eu acredito até hoje, a consultoria tem tudo a ver com realização, com trazer alegria, ajudar pessoas, construir sonhos, está presente em momentos felizes de construção, não de correção. E eu também descobri a criatividade.

<u>Márcia</u> **Essa é uma pergunta que eu faço sempre no final. Mas acho que eu já posso fazer essa pergunta para você agora. No início, você teve suporte familiar. Sem o suporte, você viveria de consultoria única e exclusivamente?**

<u>Silvia</u> **Não. Na vida como eu vivo, eu ainda não viveria só de consultoria de imagem. Tenho tranquilidade para falar isso. Eu dou aula hoje em uma pós-graduação aqui no Brasil e eu falo isso para as minhas alunas, não é fácil ter uma constância e um equilíbrio financeiro com a consultoria.** Não teria como viver da forma que eu vivo e não é uma forma exuberante, é uma coisa tranquila, eu não sou de grandes luxos, mas, infelizmente, eu não conseguiria viver. Acho que as consultoras brasileiras trabalham com um valor muito baixo. E, de início, muitos clientes não se preocupam com a questão da qualidade, se preocupam com o preço. E eu não acho nada de errado nisso porque a gente tem que viver de acordo com o nosso bolso mesmo. Mas acho que existem alguns consultores que não têm essa noção da importância do valor do nosso trabalho e que cobram muito pouco. Alguns com a justificativa de que estão começando.

<u>Márcia</u> **Seu público é de mulheres 50+, e o Brasil tem uma característica que é diferente da característica portuguesa porque uma mulher com 50, em Portugal, não é considerada velha. Então, qual é o desafio na hora de atender essa cliente que, no Brasil, já chega com uma autoestima um pouco abalada porque ela já sabe que nesse "mercado de mulheres", nesse "mercado da sensualidade", ela já está em desvantagem por causa da idade?**

<u>Silvia</u> **Quando eu iniciei na consultoria, eu não tive esse foco de atender mulheres 50+, eu não tive. E até hoje eu atendo todas as idades. Naturalmente, talvez por conta da minha idade e de eu ter essa preocupação com essa questão do etarismo,**

eu comecei a receber mulheres 50+. Mas foi uma coisa meio que natural. Essas mulheres sabem muito bem o que querem porque estão mais maduras. E elas estão dispostas a fazer os ajustes necessários, e então a gente consegue fazer a coisa funcionar muito mais. Muitas vezes as mulheres mais novas não sabem muito o que querem, não sabem pra onde vão. Na verdade, muitas vezes, elas não tão dispostas a fazer nenhuma mudança. Quando essas mulheres 50+ vêm, elas querem de verdade passar pelo processo, aprender a reconstruir a sua imagem, porque estão mais maduras. Embora elas não saibam o caminho da reconstrução da imagem pessoal, elas estão mais seguras de si. **Daí, percebo que a mulher 50+ muitas vezes sente necessidade de rever sua imagem também por conta da menopausa e das mudanças que ocorrem no seu corpo, na composição e distribuição da gordura, algumas ganham peso, mudanças no rosto, nos cabelos que perdem textura e embranquecem... uma série de fatores físicos e fisiológicos fazem com que elas desejem enxergar sua nova beleza. Mas, sim, eu concordo com você, no Brasil, a juventude é extremamente valorizada em tudo, não só no quesito beleza.** Profissionalmente, existe preconceito pra trabalhar, pra contratar, seja porque entendem que são pessoas que estão desatualizadas, e que não servem mais para nada intelectualmente, seja porque entendem que essas pessoas têm salários mais altos porque de fato realmente têm mais experiência e acabam contratando pessoas mais jovens, não é? Mas as mulheres aqui no Brasil estão muito alertas a isso. Sabem que dizer "você nem parece que tem 50 anos" não é mais um elogio. E isso eu estou sentindo, é incrível aqui no Brasil, que a maioria das mulheres sofrem o preconceito, mas elas não estão internalizando.

Márcia Não estão levando pra casa.

Silvia Não! Então elas chegam pra consultoria e falam: "eu quero fazer, eu quero hoje que eu tenho 50, que eu já me separei do meu marido que não servia pra mim. Eu saí daquela profissão que não servia pra mim, que eu me desapeguei daqueles amigos que não tinham nada a ver comigo, hoje eu posso ser eu e vou me vestir como eu sou". O meu objetivo na consultoria é que a pessoa possa ser quem ela é, gorda, magra, negra, cabelo curto, loiro, olho azul, 50, 60, 70, 80. E por que que eu acho muito bacana trabalhar com esse mercado? Porque elas têm essa segurança pra fazer isso. Não sabem como e pedem a nossa ajuda, e é maravilhoso.

Márcia Qual é o atendimento que você dá pra essa pessoa que diz: "Oi, Silvia, eu quero uma consultoria de imagem"?

Silvia Primeira coisa que eu faço é explicar como funciona a minha consultoria, que cada uma faz de um jeito. A minha consultoria completa tem três etapas. Uma etapa é a investigação, que fazemos juntas, para que eu possa conhecê-la e para que ela desenvolva o autoconhecimento e a partir daí, criarmos juntas uma linha com relação ao seu estilo, seu próprio corpo e seu estilo de vida.

Porque a gente se veste sempre para alguma coisa. Ninguém se veste para fazer nada. Eu me visto pra dormir, pra deitar-se no sofá, pra ver Netflix, pra trabalhar, pra fazer compra, pra paquerar, sempre "para", nunca é à toa, né? Vamos investigar tudo isso pra construir uma fase teórica que é minha. A partir de tudo que investigamos juntas em busca de autoconhecimento. Vou organizar essas informações através de um diagnóstico, entre aspas, e traçar estratégias para alguns objetivos, que são os dela, não os meus. Eu não me coloco nesse processo de escolha. Processo de escolha é dela. Eu só sou um instrumento para a escolha dela. E depois tem a etapa prática, que é fazer acontecer através da revitalização de guarda-roupa, onde a cliente se reconecta com seu guarda-roupa. Depois temos a etapa de compras, se a gente identificar essa necessidade, e a última etapa é a de montagem dos looks. Construímos juntas a imagem que a cliente deseja, sendo quem ela é. Mas a cliente também pode fazer qualquer etapa separadamente, de acordo com o que ela realmente tem necessidade. **Estilo, tipo físico, tipo de rosto e coloração pessoal, se você quiser, tudo isso aqui é opcional**. Você pode, sim, ser uma mulher que tem um bumbum grande e que gosta de ter um bumbum grande, e não é problema. Ótimo, não tem que transformar ela em uma ampulheta. E só tem que dizer: olha esse tipo de corte, de cor etc. Vai chamar a atenção pro seu quadril, que bom. Eu vou falar isso pra essa mulher. Que bom que vai chamar atenção pro seu quadril, que ela sabe, vai chamar, né? Essa é uma etapa prática. A segunda é se a gente identificar uma necessidade de compras e peças, essa é a etapa de compras. Pode não ter também. A última etapa seria a etapa de montar os *looks*.

Márcia Nas minhas pesquisas nas redes sociais, vi que existe uma lacuna de *background* cultural, de entender o que é moda, o que é História, o que é imagem, inclusive para a consultora poder entender o porquê de a cliente querer mudar a imagem. Você é professora num curso de pós-graduação também. Qual é o perfil da pessoa que vai procurar hoje em dia o curso de consultoria? **Qual conselho você daria a essa nova aluna?**

Silvia O meu conselho é: tenham fundamento, pesquisem, conheçam. E construam seu *background*. Falo sempre: vocês precisam usar e conectar todos os conhecimentos que vocês já têm, trazer as conexões porque isso é importante. É uma forma de fundamentar tudo aquilo que se faz e fazer uma consultoria mais rica. E muitas vezes, os alunos dizem, mas eu não tenho um bom *background*, porque nunca leram, nunca assistiram a um bom filme, série, documentário, não frequentam museus, sempre estudaram o básico. Não se constrói cultura e *background* aqui no Brasil, Márcia. É muito triste isso.

Márcia Vou dizer pra você que não é só no Brasil. Qual é o grande desafio pro futuro próximo como consultora?

Silvia Eu acho que o nosso desafio principal é a gente conseguir entender o que a cliente precisa, se desvincular de alguns padrões. Criar conexões. O mundo está mudando muito, muito rapidamente. **A tecnologia é uma coisa que não tem como voltar atrás, mas eu não acho que a gente tem que ser refém. Eu assisti uma palestra esse final de semana sobre o metaverso e que trouxe uma reflexão superinteressante: será que nós não vamos ter que fazer consultoria pros avatares?**

PESSOAS DEFICIENTES

CAROLINA TEIXEIRA ROSA @carolinateixeirarosa, 1ª MODELO PORTUGUESA COM TRISSOMIA 21

Márcia Carolina Teixeira Rosa, você é a primeira modelo portuguesa portadora de trissomia 21. E é uma alegria entrevistar você. Sabe por quê? Porque o projeto do livro é inclusivo. E você caiu do céu porque não só é embaixadora por conta dessa questão, como está no eixo Brasil/Portugal. Você é exatamente um bom perfil pra falar no livro sobre como a moda pode ser usada como ferramenta de inclusão, como ela pode ser ferramenta para a construção de imagem, assim como a consultoria de imagem. Conta pra gente um pouco da sua história? Como você virou modelo?

Carolina [risos] eu virei modelo no Brasil. Meu pai é brasileiro. E eu vivi lá 5 anos.

Márcia Ah, ele é brasileiro. E aí você nasceu em Portugal ou nasceu no Brasil?

Carolina Eu nasci em Portugal.

Márcia E aí você virou modelo como? Eu quero saber como você se sentiu quando você teve o seu primeiro trabalho como modelo.

Carolina Eu fiquei feliz porque eu tive essa oportunidade. E eu já sou modelo desde pequena. E eu gosto de ser modelo.

Márcia Desde pequena?! Deixa eu perguntar pra sua mãe. Paula, como você descobriu esse talento dela?

Paula Na verdade, desde pequenininha, ela já manifestava a vontade de ser modelo. Ela adorava tirar fotografias, mostrar a roupa dela. No colégio, ela ia de sala em sala mostrar a roupa.

Márcia Ah, então ela já tinha a vocação.

Paula Eu acho que já. **Ela gostava de tudo o que tinha a ver com ser modelo, ou ser atriz, desde pequena e foi crescendo com esse gosto. Nós fomos percebendo que ela ia permanecendo com essa vontade, fazia outras coisas, mas sempre com uma vontade maior de desfilar. E foi ficando, ela virou uma adolescente que queria ser modelo. Aí a gente a inscreveu numa agencia de modelos, em Curitiba. A gente morou no Brasil alguns anos, apesar de ela ser portuguesa. Lá a gente conseguiu que ela fizesse um curso. Aqui em Portugal não existe isso.**

Márcia Como foi fazer esse curso, Carolina? Como você chegou lá? Com qual idade?

Carolina 17 anos.

Márcia E quantos anos você tem agora?

Carolina 21.

Márcia Poxa, você já tem então quatro anos de carreira. Quais foram os trabalhos que você mais gostou de fazer?

Carolina O que eu mais gosto é de passarela. O meu primeiro desfile foi quando eu recebi o meu diploma e me formei em modelo lá no Brasil. Em Portugal, o primeiro desfile foi o do Moms Amade, um estilista africano. Também fiz "Beleza sem preconceito". Tinha meninos e meninas com Down e nós montamos uma equipa pra nós fazermos esse desfile.

Paula Mas não é fácil, né, Márcia? Não é fácil. Acho que ela não tem muito essa noção. É bem complicado. Era o que eu estava falando com você, que, no Brasil, a Carolina conseguiu fazer um curso de modelo normal com mais não sei quantos jovens sem necessidades especiais. Em Portugal, por exemplo, não existe sequer essa hipótese. Eu acho que é por áreas. O que a gente pensa é que eles têm que ter o direito de trabalhar naquilo que eles gostam, e não no que a sociedade quer impor a eles.

Márcia Não ficar presa a um nicho, não é?

Paula Exatamente. Quando ela falou que queria ser modelo e atriz, a gente correu atrás e sempre está correndo atrás porque ela tem esse direito. E ela é uma mulher bonita e passou por uma fase mais complicada da vida dela. Quando sofreu o bullying, a autoestima dela sumiu completamente. Uma forma que a gente achou de ajudá-la foi justamente com a moda e ela ajudou a ela própria também. Ela começou a se arrumar mais, saber coisas... No desfile, acho que em todo o curso, ela começou a ganhar uma autoconfiança que não tinha. Todo mundo a incentivava e falava: "vai Carol, você consegue. Não fique com vergonha, não fique tímida. Desfila, você é uma mulher bonita". E ela começou a dar passos muito importantes para o amor-próprio dela.

Márcia Como é que surgiu a ideia de ser atriz? Você já trabalhou em algum lugar como atriz, já fez algum papel, já atuou em alguma novela, filme?

Carolina Eu fiz teatro, fiz curso, já apareci na televisão, na SIC (Sociedade Independente de Comunicação/ Portugal) e na FNAC.

Márcia Na Sic? Onde foi?

Carolina Foi na Júlia Pinheiro (apresentadora de programa de variedades na TV Portuguesa).

Paula Os cursos de teatro ela fez em Portugal, em 2018. Aí depois começamos a correr atrás de oportunidades, e aí apareceu um trabalho bacana para ela fazer na tv, uma campanha publicitária da FNAC. Então, ela fez uma campanha superbacana da inclusão e do regresso às aulas e daí vieram outros trabalhos. Ela começou a ir direto à TV falar em vários programas, em vários canais. Ela fez uma última entrevista, na TVI, já fez também fotos pra uma revista de moda, da Cristina Ferreira. Em Portugal, ela já fez trabalhos bem legais. **Só que, até hoje, pra você ter uma ideia, acho que, de todos os trabalhos que ela fez, poucos foram remunerados.**

Márcia Eu ia perguntar isso. Porque no Brasil eu entrevistei a diretora de uma ONG que faz desfiles com pessoas com trissomia, cadeirantes. É uma ONG que busca a inclusão a partir da moda. E ela estava me falando que as agências de publicidade, sempre quando precisam de alguém, recorrem a ela, mas não pagam. Ué, que trabalhador trabalha sem receber salário?

Paula É, é isso que eu acho. **As pessoas têm muito a ideia de que a pessoa com deficiência precisa de trabalhar...**

Márcia [risos] precisam trabalhar, mas não precisam receber.

Paula É como se pensassem "Se eu der essa oportunidade de fotografar, de fazer isso ou aquilo, não vai querer nada em troca porque eu estou fazendo um favor a ela ". Eu acho que é assim que eles pensam.

Márcia Eu concordo.

Paula Graças a Deus, tem aparecido gente muito boa que, às vezes, podem até não pagar com dinheiro, mas pagam com um trabalho fantástico, dão imensas coisas à Carol.

Márcia É uma permuta. O ruim é você trabalhar e... NADA.

Paula Exatamente. Houve alguns trabalhos que já foram remunerados. Agora, se ficar sempre no 'vamos fazer porque é engraçado ou porque está na moda falar de pessoas com trissomia 21', aí não, né! É importante falar, mas eles trabalham e gostam de ganhar e ter o retorno do trabalho deles também.

Márcia Porque eles geram riqueza.

Paula Com certeza. De várias maneiras até.

Márcia Mas o que é isso? Que força é essa que ela tem, que faz com que ela enfrente o *bullying*, os olhares de condescendência?

Paula Pois é, muita sapiência. Quando criamos a marca da Sweet Caroland pra ela, nos baseamos justamente em duas questões: a dela ter passado pelo bullying, e a de eu ter tido depressão, na pandemia, em 2020. Foi um período bem difícil. Aí pensamos em montar... Ela gosta de moda, eu gosto de moda, já fiz quando eu era mais jovem, trabalhava um pouco nessa área. Queríamos montar uma marca diferente, com roupas coloridas, com modelos diferentes, promovendo o amor-próprio e a inclusão. Começamos há pouco tempo. No início de 2022, abrimos a empresa, a **Sweet Caroland. A gente queria mostrar o mundo da Carol, um mundo doce, afável, carinhoso, generoso. É o jeito que a gente gostaria que o mundo olhasse para ela também. Porque existe a ideia errada de que eles têm que se adaptar à sociedade, mas a sociedade nem sempre se adapta a eles. É uma crueldade isso.**

Márcia Eu concordo com você. É interessante porque eu estava conversando com um consultor de imagem, que trabalha com mulheres trans, e uma coisa emocionante que ele falou é que principalmente elas precisam da moda pra construir uma autoimagem. É uma coragem total ir a uma passarela. Olha, eu existo e estou aqui.

Paula Claro. E ela já fez vários trabalhos. Por exemplo, onde nós moramos, eles fazem todos os anos um desfile de meninas para eleger a Miss, como tem também no Brasil, no mundo todo.

E ela foi desfilar, linda e maravilhosa, fez o desfile exatamente igual às outras meninas, participou. E eu adorei vê-la, porque ela pôs um vestido vermelho e se sentia uma princesa. Ela dizia exatamente isso, que estava se sentindo uma verdadeira princesa. Daí, deram uma coroa, uma faixa e foi muito legal. Isso não tem preço, ela resgatar a autoestima, o amor-próprio, através das roupas, do cuidado com o corpo dela. Porque muitas pessoas acham que a pessoa com trissomia 21 não tem vaidade e não é verdade.

Márcia Como qualquer outra mulher. Carol, como você se sente quando está na passarela?

Carolina Confiante, poderosa.

Márcia Carol, você pensa no futuro? Você pensa no que você quer com a sua marca? Como você pensa a sua carreira?

Carolina Quero ser empresária.

Márcia Isso é muito bom. Eu não tenho coragem de ser empresária. Sinceramente [risos], não tenho coragem nenhuma. Meu negócio é livro, mas eu acho que é uma coragem. E eu desejo sucesso.

Paula Nessa área da moda, é filha?

Carolina É porque eu tenho inspiração.

Márcia Quem desenha as roupas da Sweet Caroland?

Paula A gente compra já feita. A Carol customiza as peças de roupa.

Márcia Carol, você quer dizer mais alguma coisa? Quer contar alguma coisa que você acha importante?

Carolina Eu quero dar alegria, felicidade para o mundo.

Márcia Que assim seja!

SAMANTA BULLOCK @samantabullock – CADEIRANTE BRASILEIRA RADICADA EM LONDRES, CRIADORA DA MARCA INCLUSIVA SB SHOP

Márcia É com uma grande alegria que eu converso com Samanta Bullock, cadeirante, uma das 100 pessoas mais influentes no Reino Unido, quando o assunto é pessoas com deficiência.

Samanta Meu nome é Samanta Bullock, eu sou brasileira/britânica, gaúcha, casada com um inglês e radicada em Londres, morando há 15 anos na Inglaterra. **Eu sou a fundadora da SB Shop, uma marca de moda inclusiva, que surgiu de um sonho em prol da inclusão que é o meu trabalho, a minha missão.** Criamos a SB Shop em cima do meu *background* que era moda e esporte. Eu joguei tênis em cadeira de rodas e fui a número 1 do Brasil, ganhando medalha de prata em duplas nos Jogos Parapan-americanos, em 2007. Moda e esporte sempre andaram comigo na minha história. E como a minha missão é inclusão, vinha por meio do esporte. Mas eu entendi que a moda abrangia 100% da população e resolvi migrar de área. Basicamente é isso. **Eu hoje trabalho com moda inclusiva. A gente tem a SB, onde a gente cria peças e produtos em colaborações com marcas, mas sempre fazendo a diferença através de projetos como London Represents, Bullock Inclusion e tantas outras coisas nas quais estamos envolvidos.**

<u>Márcia</u> A SB Shop nasceu a partir da ideia de ter uma moda inclusiva?

<u>Samanta</u> A SB Shop foi uma extensão da minha vida. Eu disse: "eu quero criar isso, o que eu estou fazendo, vou monetizar o que eu já faço." A gente começou com colaborações com algumas marcas. E, nessas colaborações, a gente entende o que a marca faz, qual o trabalho, qual é a visão deles e tenta construir algo mais universal, com mais funcionalidade. **Além de criar o produto nessa imersão, a gente faz com que a marca entenda a questão da inclusão, influenciando o marketing dessas marcas e a visão deles num geral. Na questão de empregabilidade também, empregando pessoas também com deficiência, porque a partir do momento que a pessoa entende a questão da inclusão, ela vai trabalhar isso no todo**.

<u>Márcia</u> É uma construção. É uma reconstrução da imagem tendo como foco a inclusão porque as marcas existem quando você entra para ter uma colaboração, você entende o espírito, a missão daquela marca e você cria essa conexão entre a moda e essa possibilidade de inclusão em vários aspectos. Queria que você comentasse um pouquinho o evento da London Represents.

<u>Samanta</u> Uma das coisas que eu tenho que clarificar aqui é que London Represents não foi a minha empresa que criou. A London Represents é uma evolução de London Organic. London Organic era um desfile para marcas iniciantes que estão entrando no mercado. Tanto como uma marca de cosméticos. Nós criamos essa parceria, uma colaboração com eles com produtos funcionais, SB e LO. Quando eu lancei a SB Shop, já tínhamos esta parceria e, desde então e por causa disso, eu participava dos shows deles, como marca e como modelo, tendo em mente que comecei a desfilar com 8 anos de idade. Faço isso até hoje e pretendo continuar fazendo. E a gente começou a trabalhar na área da representatividade trazendo mais pessoas com deficiência através, principalmente, da minha marca e marcas parceiras. E em setembro de 2021, Saumen e a Gaia criaram o London Represents, ao qual eu me associei logo em seguida. Foi uma evolução natural da London Organic, que já existe há bastante tempo, mas antes era mais voltado para a questão da sustentabilidade e apoio a marcas emergentes, marcas que estavam surgindo no mercado. Hoje temos três áreas de atuação: marcas mais estabelecidas no mercado, marcas emergentes e para marcas inclusivas.

<u>Márcia</u> Que foi um sucesso.

<u>Samanta</u> E nós quisemos trazer todos, né? Ter essa questão de inclusão em todas as áreas. A gente tem as marcas que são inclusivas. As pessoas pensam assim: "ah, você está fazendo para pessoas com deficiência?". Não, nós estamos fazendo uma coisa inclusiva, estamos fazendo para o todo. Temos o foco na pessoa com deficiência, mas quando a gente fala de inclusão, a gente está falando de 100% da população. Os projetos sociais na SB são feitos no Bullock Inclusion. Ano passado,

nós criamos o SB Challenge, onde a gente teve mais de um milhão de impressões, embaixadores como a Luiza Brunet, Lilian Pacce, a banda Nenhum de Nós, ONGs como Maria da Penha, tanta gente envolvida. A ideia era para que as pessoas se colocassem nas capas de revistas e pedissem por mais diversidade na moda. Em fevereiro (2022), nós criamos I Represent, que significa "eu represento", no qual a gente migrou das capas de revista e fomos para a passarela. Então, todo mundo que quis estar no desfile da London Represents tinha que fazer um videozinho com um filtro específico no Instagram. Nós salvamos os vídeos das pessoas que autorizaram, gravamos isso e passamos no dia do desfile. Esse desfile ele não foi inclusivo só pela questão dos modelos que estavam ali presentes, ou marcas, mas foi inclusivo pelo fato de que todo mundo que quisesse estar ali presente poderia estar presente mesmo que fosse online.

Márcia Eu acompanhei essa parte das pessoas desfilando e queria fazer uma pergunta. Você fala de representatividade. E aí eu quero puxar um pouquinho para essa questão da construção de imagem. Eu acho muito difícil uma pessoa se sentir representada se ela não percebe que há uma preocupação em construir uma imagem positiva ou construir uma imagem mais próxima da humanização. É mostrar que nesse espaço da moda existe lugar para todos.

Samanta **É bem isso. E essa construção de imagem, ela passa nessa questão da autoestima de você se sentir bem. E você estando bem, você sai de casa, e as pessoas te veem. Uma das coisas que me frustrava muito é que, às vezes, eu chegava no lugar e não tinha uma rampa. Eu dizia assim "mas por que não tem uma rampa?". É porque não tem ninguém aqui de cadeira de rodas, era a resposta. Então, a gente não precisa ter uma rampa! E eu dizia: "tá bom, mas talvez não venha ninguém aqui cadeirante exatamente porque não tem uma rampa".**

Márcia A justificativa de que não vai ninguém é justamente a razão de as pessoas não irem.

Samanta Exato. Às vezes, essa ignorância das pessoas não fazerem uma rampa não é uma maldade, é um desconhecimento. Então, a gente tem que focar nisso. A gente tocando na questão da representatividade, a gente toca nessa questão também da autoestima, onde a pessoa sai, ela vai entender essa questão de pertencimento, ela vai se sentir melhor e, com isso, ela vai sair mais, e a mudança vai ser feita. É uma coisa gradual, principalmente na pessoa com deficiência, é um conceito mais novo. A gente tem que entender que isso é um processo. As pessoas negras, por exemplo, também não tinham direito ao voto. É uma situação que ela é histórica, e a gente está vivendo isso hoje em relação a pessoa com deficiência. Mas a gente foca na inclusão, trazendo esse aspecto junto: "olha, precisamos todos ser vistos!"

Márcia Como você vai dar continuidade ao seu projeto no futuro? As pessoas precisam ser vistas, e isso é um processo... Como é que você vai dar continuidade a esse processo?

Samanta A continuidade vai vir de uma forma natural, como tudo que é para a gente, vem de uma forma muito orgânica. É uma coisa que ninguém vai fazer sozinho. Temos um curso de moda inclusiva na Ecole Brasil e estamos abrindo caminhos com outros países. O fato de, por exemplo, você estar aqui, de estar entrevistando, de estar abrindo esse espaço no seu livro já é uma coisa histórica e maravilhosa. Porque, se a gente entender que antigamente... – eu estou na cadeira há 30 anos, em função de um acidente que eu tive com arma de fogo. Então assim, se você pensar que há 30 anos atrás ninguém falava nesse assunto e que hoje as pessoas estão e não é uma coisa que vai vir de mim ou da SB Shop, são mais pessoas e a gente criando junto, construindo essa comunidade. Aí é a continuação. São essas sementinhas. Quando a gente decidiu fazer colaborações com marcas, a gente pensou: "por que eu não poderia fazer uma marca eu mesma?". E eu disse: "não, eu quero fazer colaborações porque assim a gente vai colocando a sementinha da inclusão dentro da marca A, B, C...". E a gente ser essa transformação. A gente está sendo essa transformação. A gente, eu digo eu, você no livro. Nós! Então, eu acho que a continuidade é isso, é a gente colocar mais sementinha e fazer com que mais pessoas falem. E fazer crescer essa comunidade, crescer a ideia, e não só a ideia porque a ideia é uma coisa muito racional. E a gente cria as coisas com o coração, então, a partir do momento que você toma aquilo como sua causa, você entende que aquilo ali é o certo, você vai fazer automaticamente. E, lógico, em cima disso a gente vai ter muitos projetos. **London Represents está aí, está crescendo, a SB Shop está aí, a gente está criando mais colaborações com marcas muito legais. A gente está indo para a nossa terceira coleção de lingerie com a Brasilena.** É superconfortável, é uma coisa que, quando você veste, você não pensa: "isso aqui é uma coisa para a pessoa com deficiência". É uma coisa que você veste e você pensa: "é confortável, é bonito, é sexy e ao mesmo tempo é funcional". É aí que está a sacada dessa história. Todo mundo pode usar as nossas peças, que não são somente roupas, são desde acessórios, bolsas, produtos em geral. A gente com mais colaborações, com desfiles acontecendo, com várias outras coisas... a continuidade está aí. **E eu tenho uma equipe espetacular, tem uma comunidade, somos uma comunidade muito unida. Eu digo que as pessoas que somam com a gente são sempre especiais demais porque são pessoas que acreditam em um mundo melhor.**

ADILIA SOUSA @adiliasousa – PROJETO CROSSIAM, CONSULTORIA DE IMAGEM INCLUSIVA – PORTUGAL E MOÇAMBIQUE

<u>Márcia</u> Boa tarde, Adília. É uma alegria conversar com você, que é consultora em Portugal, mas que trabalha também em Moçambique. Diga quase tudo sobre você!

<u>Adilia</u> Meu nome é Adilia Maria Hipólito de Sousa Furtado, sou consultora há quatro anos, tenho 54 anos, sou portuguesa e vivo há muitos anos entre Portugal e África. Há 10 anos para cá é em Moçambique que eu estou. Lá e em Lisboa. Dada altura da minha vida, eu quis realmente saber mais sobre a imagem e procurei escolas em Portugal. E pronto depois de ver, foi a Blossom a escola onde eu tirei o curso, e com a Dora Dias, que eu acho que é realmente uma profissional de excelência. Eu procurava essencialmente conhecimento técnico. **Porque a parte empírica, apesar de ser consultora de imagem, eu discordo de alguns conceitos de outras consultoras, escolas, por exemplo. Não há regras, somos todos diferentes, e não há regras. O conceito de elegante para mim não é o mesmo que é para as pessoas**. Existem linhas condutoras do que é uma elegância, e por exemplo em um contexto específico. É importante conhecer as regras, e era isso que eu queria aprender. Eram as regras, os conceitos, as abrangências até onde podíamos ir. O que eu procurei, Márcia, foi conhecimento. Regras, técnicas, conceito, como aplicar, desmistificar.

Márcia Você teve uma preocupação em ter um plano de negócios, houve criação de um projeto de trabalho? Você se preocupou em fazer um plano de negócios? Saber qual era a sua meta?

Adilia Não. Não teve nada nesse sentido. Nós queríamos atuar em um mercado internacional, estávamos a desenvolver esse projeto que também incluía a formação para o governo moçambicano. E dá-se a pandemia. E nós fomos avisados na sexta-feira e voltamos no domingo para Portugal. Foi uma coisa muito rápida, e viemos todos. Eu tive a sensação, e não sei se as outras pessoas tiveram, que é de um momento para o outro, nós não somos nada. E, portanto, viemos rápido, porque a minha filha é asmática, não se sabia nada da Covid, e achávamos que em Portugal estaríamos bem mais seguros. E pronto, as coisas foram acontecendo e criamos Crossiam. A Crossiam, se dividirmos a palavra, é *cross* e *I am*. É uma marca registrada em Portugal, que quer dizer que queremos rasgar barreiras de identidade. Isso é um projeto agora, filho, bebê que resolvemos desenvolver. Nós temos a capacidade de nos adaptar ao longo do tempo e de acordo com as realidades. Foi com esse regresso a Portugal que nós quisemos mudar o nosso foco. Fazia muito sentido começar aqui para o mundo porque esse **projeto da Crossiam é um projeto educacional. Eu falo em termos do objetivo. É óbvio que os objetivos não estão todos concretizados. Isso é uma coisa que vai ao longo do tempo. Mas o nosso objetivo é que sejam programas de autoconsultoria de imagem para o mundo. Nós criamos um curso inclusivo. Mesmo diante da comunidade surda, existem especificidades diferentes, como, por exemplo, surdo profundo, o surdo que tem uma síndrome que leva uma perda visual muito acentuada e, até mesmo, uma cegueira. E isso são tudo identidades dentro de uma identidade. O que nós trabalhamos muito foi perceber como chegar a essas pessoas de forma que elas tivessem acesso, como nós, aos conteúdos. E apostamos evidentemente nos contrastes das cores dos sites e dos produtos, o tipo de letra e todas essas pequenas coisas que influenciam na aprendizagem e na capacidade. É nessa base que o nosso produto é construído. Não existe um produto para pessoas ditas sem necessidade especiais e com necessidades especiais, porque somos só um. Porque eu acho que isso que é inclusão mesmo.**

Márcia Agora eu te pergunto: por que esse público?

Adilia Há muitos anos mesmo, eu formei com 26, eu não era a mãe ainda, eu estava em Benfica (bairro de Lisboa) a apanhar um comboio. E olho para o lado e vejo um grupo bem jovem – porque, em Benfica, existe uma escola para surdos, hoje eu sei, na altura não sabia. Eu vejo um grupo de jovens, todos eles a conversarem uns com os outros, e eu estava sozinha e estava a apreciá-los. Aquilo ficou comigo desde essa altura até agora. E, quando surgiu a ideia de fazer esses produtos, com informações 100% online, eu disse que queria fazer isso para pessoas surdas. É daquelas coisas que não têm resposta, não tenho amigos surdos, não tenho familiares surdos, não tenho nada, é uma coisa que eu não sei explicar. Aquilo simplesmente me sensibilizou. E conseguimos, na minha opinião, reunir dos melhores profissionais para estarem conosco com essa parceria e trabalhamos todos.

Márcia Então, você trabalha na África. E a primeira coisa que vem na cabeça das pessoas é uma população de pretos. (Eu sei que há uma enorme população branca, mas vamos lidar com o estereótipo, para efeito de pergunta.) Como lidar com um olhar tão diferente daquele em que você está inserida, como lidar com essas diferenças? Nós estamos falando de diversidade e de inclusão. Como você lida com a diferença?

Adilia Eu lido com a diferença sem lidar com a diferença. Pra mim, eu ajusto o nude à cor da pele da pessoa e, a partir daí, eu foco no tipo físico, no estilo, e trato de igual forma. Porque tem, na coloração pessoal, as peles reais e de mesma forma sendo branca ou preta, vermelha. A reação para outras cores é igual. Então, não há absolutamente diferença nenhuma. **O que é importante na coloração pessoal é perceber se a sua pele é fria ou quente. E se fica bem com prata ou com ouro. E se ficas bem com branco ou *off white*. Isso para mim é o fio condutor, é o básico. A partir daí, a tua liberdade é total.**

Márcia Vou entrar em outro tema que tem a ver com esse. Historicamente, o homem branco sempre ditou as regras com base no racismo. A roupa africana, exótica porque ela não é a roupa básica do homem branco europeu. Aí você chega na África e vê aquela explosão de cores. Eu estava vendo que agora, no Brasil, está rolando o São Paulo Fashion Week, e tinha como mote as roupas africanas, roupas coloridas. A grife é do João Pimenta. Eram todos modelos negros, todas as roupas muito coloridas. Aí eu te pergunto: você percebe alguma coisa de racismo da pessoa que está sendo atendida?

Adilia Eu percebo mais ou menos aquilo que tu estás querendo dizer. Mas, assim, eu vou te contar da minha experiência. A minha experiência em Moçambique sempre foi muito ligada a desfiles de moda e às jovens. Eu em Moçambique, as minhas amizades são jovens da idade da minha filha. Tem duas questões, elas estão felizes, são seguras, elas são empreendedoras. As mulheres moçambicanas são assim. Só que elas também são muito abertas ao conhecimento que vem do Exterior, especialmente em termos profissionais. Talvez sintam que realmente o país também não lhes oferece muita diversidade nesse campo da confecção. É tudo confecção mais por medida. As peças que vêm de fora são muito caras. Isso é, são muito receptivos às ideias que vêm de fora e procuram-nos para que nós aconselhemos no que devem fazer. Eu, por exemplo, fiz um *workshop* no evento também de jovens, que estão sempre ligados à moda, porque elas têm muitos sonhos em ser modelos, onde eu desmistifiquei o guarda-roupa.

Márcia Você não entra em choque com a cultura.

Adilia Nada, absolutamente nada.

Márcia É isso. Você não entra em choque com a cultura. E aí eu queria isso... eu até pedi para o consultor que trabalhava com o público trans para descrever para mim um atendimento com uma pessoa trans. E agora eu quero que você descreva o atendimento com uma pessoa surda.

Adilia O atendimento para uma pessoa surda vai ser exatamente o mesmo para uma pessoa ouvinte. São conteúdos online 100%. Eles são 100% autônomos.

Márcia Isso eu entendi, mas como qualquer pessoa surda, não surda, com limitações, sem limitações vai haver algum momento de dúvida, vai haver algum momento de questionamento, vai haver algum momento de insegurança. Como é que isso se resolve?

Adilia Isso se resolve, penso eu, que com alguma facilidade. Nesse momento, está tudo em construção, conteúdos acabados, a serem traduzidos que estão no ar, sem estar. E, portanto, ainda não me deparei efetivamente com essas questões práticas, mas que já foram pensadas. Existem duas formas de ultrapassar. A pessoa surda, muitas vezes, tem alguém, pai ou mãe ou irmão que não é surdo, pode ser uma hipótese. Outra hipótese é essa pessoa surda ter um intérprete. Que também acontece, tem pessoas que vivem com elas, digamos. E há uma terceira hipótese, uma linha que está sempre disponível a fazer essa ligação com um ouvinte surdo. Portanto, vai haver sempre uma forma.

Márcia E aí a pessoa que, por exemplo, adolescente que vai contratar o seu serviço, ela tem um baile para ir e ela vai contratar. Está cheia de dúvidas com o que vai usar e como toda adolescente carente de atenção, vai exigir um atendimento mais intimista. E aí, vocês são capazes de oferecer isso dentro dessas especificidades e podem realizar todos esses atendimentos. Nossa, muito legal.

E eu vou perguntar uma coisa que eu pergunto para todas. Dá para viver de consultoria de imagem?

Adilia Como consultora tradicional, com certeza que dará. Eu não sei porque eu não tenho essa realidade, eu nunca vivi de consultoria de imagem. Porque sempre estive a tentar a desenvolver esses projetos diferentes.

A CULTURA QUE USAMOS

Adriana Miotto, ex-Chefe do Depto de
Criação da HStern

Através do tempo e das diversas culturas, percebemos que as joias têm o poder de transformar as pessoas que as usam. Elas interagem com o corpo humano, têm funções muito além da estética e do embelezamento. Conferem qualidades ao usuário, qualidades amorosas, mágicas, de realeza ou transcendentais. Uma aliança no dedo sinaliza que a pessoa é casada ou noiva, dependendo do dedo. Um pendente em forma de olho transforma-se em um poderoso amuleto e confere proteção em relação aos maus olhados a quem o usa. No Egito Antigo, ninguém era enterrado sem uma joia em forma de escaravelho, pois ela garantia o renascimento.

As joias são símbolos, uma forma de linguagem criada pelos humanos. Pensando bem objetivamente, elas são só adornos; somos nós que definimos seu significado. Aí esses adornos se transformam em joias.

AS PENAS, O CALOR E OS VELUDOS

Façamos um exercício de imaginação. Aceitemos que, quando os portugueses chegaram à costa brasileira, em 1500, eles encontraram tribos indígenas adornadas com penas coloridas de pássaros, madeiras, fibras, sementes e ossos de presas; e nenhuma roupa. Agora, imaginemos o impacto desse avistamento:

OS PORTUGUESES

O que pensaram ao ver um povo que vivia nu, num lugar de calor escaldante e águas abundantes, flora e fauna exuberantes e selvagens, só coberto com alguns poucos adereços feitos de fibras, penas e sementes corpos limpos, sem pelos no corpo, sem barbas, todos com cabelos lisos, olhos escuros e a pele naturalmente queimada da vida ao ar livre?

OS ÍNDIOS TUPIS

O que pensaram ao ver um povo vestido com muitos materiais diferentes simultaneamente, naquele calor, barbados, há, pelo menos, três meses sem tomar banho, alguns com vestimentas metálicas, material desconhecido deles, com feições, cor de pele, cabelo e alturas variadas, chegando em grandes barcos de madeira, vindos não se sabe de onde, pelo oceano?

O que acontece quando encontramos alguém?

Nós *lemos* essa pessoa visualmente e percebemos coisas, certas ou não, geralmente com base em nossas próprias crenças, cultura e tradição, indo da aparência física aos objetos que ela usa. A joia comunica muito sobre nós. E para podermos nos comunicar, precisamos saber usar os elementos dessa linguagem, desse sistema de símbolos convencionais falados ou escritos, por meio dos quais nós, humanos, como membros de um grupo social e cultural, nos expressamos. São símbolos gráficos e sonoros, códigos criados por nós. E, para entendermos a importância atribuída a esses elementos, temos que saber o que esses símbolos significam dentro de cada cultura.

VOLTEMOS AO NOSSO AVISTAMENTO

OS PORTUGUESES

Na cultura ocidental, as joias, principalmente num primeiro momento, são puramente símbolos de status social. Depois, podemos descobrir camadas de significados. Um exemplo são imagens de Vasco da Gama, navegador, que usa colares de elos de ouro com pendentes em forma de cruz. O que podemos saber sobre ele com base somente nesses exemplos de joias? Qual a simbologia da joia dessa imagem construída em nossos livros de História?

1. Por ser um colar feito em ouro, essa pessoa deve ter um alto status social e financeiro.

2. A cruz usada à época era a Cruz da Ordem de Cristo de Portugal, ou somente conhecida como a Cruz de Portugal. Usada desde as Cruzadas, simbolizava a divulgação do cristianismo.

3. Esse símbolo que ele pendurava no pescoço tornou-se intrínseco a Portugal. Foi usado desde as caravelas dos descobrimentos até hoje na Marinha e Força Aérea Portuguesa.

Conclusão:

Deduzimos, mesmo somente com a descrição da imagem, que esse homem era católico, um português de alto status social, talvez um navegador ou comandante da marinha ou militar, pois eles também difundiam o cristianismo.

OS ÍNDIOS TUPIS

Para os povos indígenas, cada elemento de sua cultura possui, além do significado puramente estético, significados míticos. Nada é por acaso, não é só porque acho uma peça bonita, seja ela joia, roupa ou objetos em geral, que poderei usá-la. Tudo tem um significado, um uso específico que pode ser determinado pelo gênero, pela idade, pela posição social na tribo ou como elemento ritualístico. *Cada uso é definido conforme a função.*

Existe muito mais em cada objeto indígena do que nossos olhos podem ver. Mas por que o ser humano começou a atribuir significado às coisas? Segundo Sigmund Freud, psicanalista, no seu texto "Totem e Tabu", os povos indígenas, na tentativa de explicar o mundo ao seu redor, as mudanças da natureza, o transcorrer do dia e da noite e, especialmente, a morte, acreditavam que tudo na natureza tinha uma alma. E que era possível a essas almas se moverem de um corpo a outro. Esse pensamento define o **Animismo**. Por isso, eles acreditavam que, usando a pele de jaguar, todas as características desse animal, tais como força e habilidade na caça, seriam transferidas a quem a usasse. Que usando um cocar com as penas dos abutres, o portador teria também as mesmas habilidades da ave de rapina.

O NOVO É REALMENTE NOVO?

Vivemos numa era sem estilo. Diferentemente dos séculos e das décadas anteriores, não conseguimos determinar quais as características de estilo de nossa época. Exemplo: quem não usou roupas com ombreiras em 1980? Hoje nos apropriamos de tudo que já foi criado anteriormente e/ou usamos um mix de vários estilos ao mesmo tempo, ou fazemos o que muitos chamam de releitura, variações do que já foi feito.

NOVAS MODAS, VELHOS USOS: O QUE ERA ANCESTRAL VIROU POP!

Nos dias de hoje, as joias, especialmente, perderam seu significado original, o qual muitas pessoas desconhecem, e são usadas pelo apelo estético somente ou por um novo significado, diferente do original, adquirido através do tempo. Como exemplo, temos as joias étnicas tradicionais, que tinham um uso muito específico, e atualmente são usadas no dia a dia.

É a cultura renovando o significado das coisas. Quem usa uma joia em forma de cruz católica hoje não é necessariamente católico. Esse símbolo atualmente tem até mais um significado ligado ao rock & roll, ao gótico ou ao punk, do que somente ao religioso.

Na China Imperial, o Dragão era um símbolo exclusivo do Imperador. Somente ele poderia usá-lo em joias ou vestimentas. Se outra pessoa o usasse, poderia ser condenada à morte. Atualmente, joias com símbolos de dragão também têm apelo rock & roll ou místico. Qualquer um usa, e ninguém mais sofre qualquer sansão por isso.

FINAL

Talvez o estilo de nossa época seja mesmo este: sem estilo. O que também é um estilo, no qual cada pessoa confere seu significado pessoal a cada peça, independentemente de seu significado histórico, original. Tudo virou pop, popular! O lado bom é a liberdade de escolha. O lado ruim é a perda, o esquecimento da História, da função original de cada joia. Tudo fica perdido no tempo. Será mesmo?

REFERÊNCIAS

FREUD, Sigmund. **Totem e tabu**: alguns pontos de concordância entre a vida mental dos selvagens e dos neuróticos. Alemanha: Editora Beacon Press, 1913.

ENTIDADES, ESCOLAS & PROFISSIONALIZAÇÃO

RAQUEL GUIMARÃES @fashionschool_portugal – FASHION SCHOOL/PORTUGAL

Márcia Boa tarde, Raquel Guimarães. É um prazer estar com você, que vai nos ajudar a entender como é que um consultor de imagem pode ser formado em Portugal, de acordo com as normas governamentais, já que você é a responsável pela Fashion School, única escola portuguesa reconhecida pelo governo e que pode oferecer um certificado de consultoria de imagem.

Raquel Sim, é verdade. Essa pesquisa que você está fazendo, esses estudos são muito importantes para reforçar que a imagem da consultoria precisa mesmo de um norte e precisa de formação certificada e com bases sólidas, que permita perceber como ser, como fazer e como no fundo saber ser. Esses três componentes são muito importantes no profissional.

Márcia Então, Raquel, como foi a transição profissional. Por que construção de imagem? Como é que você chegou até aqui.

Raquel Minha formação de base é Geografia. Eu sou, desde 2002, professora de Geografia. Em 2010, há uns 12 anos, eu consegui perceber que, dentro da carreira docente, eu não ia ter a evolução profissional que eu gostava. Na altura, eu já tinha feito uma pós-graduação em Supervisão Pedagógica. Eu sempre tive um fascínio por beleza, estética e muito carinho também em ajudar as outras mulheres a construírem uma imagem que resgatasse a autoestima. Na altura, soube que uma amiga minha estava fazendo um curso de consultoria de imagem e produção de moda, portanto era dois em um. E no final de semana seguinte, já estava a fazer essa formação. Fiz a formação, na altura, fui convidada pra ser formadora na escola onde dei formação. Mas, mais uma vez, comecei a perceber que as minhas bases não eram tão boas porque a aprendizagem ao longo da vida faz muito parte do meu ADN/DNA. Na altura, eu comecei a perceber que faltavam muitas bases, cada vez que eu começava a crer e comparar a minha própria formação. Surgiam muitas questões, e cada vez que eu pesquisava começava a perceber que nem eu tinha minhas bases para atuar e nem a formação que dava. E eu pensava: se eu venho do Ministério da Educação, se venho do curso certificado, se venho de tudo aquilo que é reconhecido pelo Ministério da Educação, como é que eu vou dar algo que não tem reconhecimento nenhum? Comecei logo a tratar de um processo de candidatura à certificação.

Márcia Eu gostaria que você me explicasse mais essa história. Como é que funciona aqui? Porque no Brasil a gente tem as faculdades, faculdades integradas, centros universitários e universidades. Existe uma gradação nisso.

Raquel Sim.

Márcia Pra você conseguir um certificado do MEC, Ministério da Educação, você tem que estar atrelado a uma universidade ou criar uma faculdade exatamente para determinada atividade. O que tenho visto são cursos livres ou pós-graduações, ligadas a instituições de ensino superior.

Raquel Nós aqui, em Portugal, temos centros de formação. Portanto, todas essas entidades que a Márcia me falou são conectadas ao Ministério de Educação. Os centros de formação são conectados adiante, que é Direção Geral das Relações do Emprego e do Trabalho. Essa entidade estatal que vai avaliar a empresa. Há muitos pré-requisitos que uma empresa tem que ter para ser certificada.

Márcia Eu preciso entender exatamente o seu percurso de certificação.

Raquel Nós estamos sediados no Porto, pontualmente, trocamos por Lisboa e alugamos algum espaço para darmos formação, quando necessário. Nesse processo, nós especificamos quais eram as áreas que queríamos ver certificadas, porque nós temos direito a três áreas. Nós nos certificamos em desenvolvimento pessoal, saúde, beleza e marketing. São as três grandes áreas em que pedimos certificação. E para cada uma das áreas, mostramos quais eram os cursos que queríamos desenvolver, quais os formadores que tínhamos para cada uma das áreas, qual o percurso profissional e acadêmico de cada um dos professores e enviamos todos os materiais dos cursos, os manuais, os PPT's, tudo para ser aprovado. Desde a ficha de inscrição do aluno, o contrato, como é a avaliação do formador pro formando, portanto, todas as fichas de reunião entre o coordenador pedagógico e o gestor pedagógico, todos os nossos papéis, digamos assim.

Márcia Todos os processos da escola estavam lá?

Raquel Todos. Tudo foi para a avaliação. Em meio ano, nós preparamos todo esse material para submeter, e depois essa entidade teve meio ano para avaliar e emitir um parecer, que foi positivo.

Márcia Quer dizer que leva um ano esse processo?

Raquel Sim.

Márcia E nesse um ano a escola não funciona ou ela funciona sem certificação?

Raquel Ela pode funcionar, mas sem emitir certificado.

Márcia Mas é um processo bastante trabalhoso e exige muito. Por que se submeter a ele?

Raquel Meu objetivo também era — e consegui concretizá-lo — abrir uma associação portuguesa de consultor de imagem e *personal shoppers*, que nasceu em 2017, da qual eu sou presidente. Eu não consigo conceber a ideia de lutar pelos direitos de uma profissão quando essa profissão nem sequer é reconhecida pelo Estado. Ou seja, a associação tem como objetivo principal engrandecer, enaltecer e lutar pelos direitos dos consultores de imagem e dos *personal shoppers*. Ora, uma das nossas batalhas vai ser nesse momento. Por exemplo, em termos fiscais, não existe um código por consultor de imagem quando pra um professor existe um código. Para nós não existe. Nós estamos em uma categoria que se chama "outros". Um consultor de imagem para passar um recibo tem uma categoria que é "outros". Portanto, para nós dignificarmos a nossa profissão, nós temos que começar por algum lugar.

Se todos estivermos no mercado sem este comprovativo, quem é que vai dar essa formação? Alguém que não tem essa comprovação atestada. Isso me fazia muita confusão, e eu, como venho dessa parte acadêmica, pensei: "não, os meus formandos têm que passar por processo e no final, se quiserem dar formação no Estado ou no Instituto Politécnico, terão o certificado". Eu posso me candidatar como professor, professor assistente numa cadeira, numa universidade daqui. E os nossos formandos estão nesse momento a dar formação em faculdades, universidades, institutos nessa área. Por quê? Porque têm um certificado. E no Instituto do Emprego e Formação Profissional-IEFP, eu acho isso importantíssimo.

Márcia Ser certificado é um diferencial de mercado também para essa pessoa que sai de uma escola formada. É claro que tem outras histórias e tem outras modalidades de formação, mas o que eu entendo da Fashion School é que ela trabalha nessa sintonia.

Qual é o perfil dessas pessoas que vão procurar uma escola como a Fashion School?

Raquel É um perfil muito eclético. Temos uma certa dificuldade em traçar. Em termos de gênero, claramente e esmagadoramente, mulheres. Atrevo a dizer que as mulheres são muito mais propensas a fazer formação. Talvez porque, em Portugal, os homens têm propostas de trabalho mais fixos, melhores propostas de trabalho, mais bem remunerado, e isso faz com que as mulheres façam formação ao longo da vida porque precisam ficar redesenhando e se reinventando para fugirem do desemprego ao longo da vida. O desemprego aos 20, desemprego 30, aos 40 que, às vezes, é muito comum nas mulheres e depois muito mais difícil que os homens em reintegrarem no mercado de trabalho. Penso eu que esse pode ser um dos fatores explicativos. **Mas o nosso perfil de mulher vai desde os 25 anos aos 45 anos. E não há aqui uma profissão que possa dizer que é aquela que também caracteriza. Nós temos desde enfermeiras, psicólogas, economistas, nutricionistas. Portanto, de tudo há aqui em termos de profissão.**

Márcia Então, como é que a Fashion School trabalha essa questão da empregabilidade depois que forma o aluno?

Raquel Quando o curso não era online, a Fashion School tinha a possibilidade dos nossos formandos fazerem um estágio de 40 a 80 ou 120 horas. Ficava a cargo do formando escolher esse número de horas em um dos maiores armazéns de retalho no Porto ou em Lisboa, em que lhes era dada a oportunidade de atender os seus clientes e desenvolver essas competências. Alguns dos nossos formandos ficaram a trabalhar em algumas marcas, por exemplo, Max Mara, entre outras. Nós seguimos todas as consultoras formadas e temos eventos para que elas se atualizem.

Márcia Eu acho que a escola também vai abrindo um caminho para as portuguesas entenderem o trabalho do consultor e isso é valioso.

Raquel Os portugueses, apesar de darem muita importância à imagem, acham sempre que a intervenção de alguém externo é quase que passar um atestado de

incompetência. **As mulheres sentem-se muito ofendidas quando alguém sugere que precisam de uma ajuda externa para cuidarem da sua imagem. É quase uma vergonha, uma vergonha implícita. "Então, eu sou mulher e não sei vestir?" As empresas ainda são muito pouco voltadas para o investimento do orçamento para a consultoria de imagem.**

<u>Márcia</u> E o retorno financeiro, viver de consultoria depois de investir em formação?

<u>Raquel</u> Temos a questão financeira, que pesa muito aqui e depois tem a questão psicológica que é até quando é que as nossas formandas conseguem aguentar psicologicamente estarem um ano a fazerem investimento no site, nas redes sociais sem ter retorno. Porque, durante um ano e meio, eu não tive praticamente retorno nenhum. **É preciso ter um emocional muito forte para persistir e muitas delas desistem no final de três, quatro, cinco meses. E dizem: "Raquel, eu já tentei de tudo e nada aconteceu na minha vida!". Seria impossível que, em três, quatro meses tenha tentado tudo, se eu, em 10 anos, não consegui contatar as empresas todas.**

<u>Márcia</u> [risos] É uma ansiedade também por conta da crise de empregabilidade. Tem desemprego aí no mundo.

<u>Raquel</u> E as nossas formandas acham que, em três meses, que os clientes vão começar a surgir. Elas vão ter um trabalho imenso. Depois... redes sociais: muita dificuldade em comunicar, muita dificuldade em escrever, dificuldade em fazer *live*, dificuldade no vocabulário técnico... então, todo aquele entusiasmo começa a cair ao longo dos meses. No sexto mês, começa um desânimo, e é como se fosse um funil. As nossas formandas começam a desistir. Não estou a culpar ninguém, é o mercado, é todo um mecanismo que leva... são vários fatores.

<u>Márcia</u> O Instagram é glamouroso. O dia a dia da consultoria não tem *glamour*!

<u>Raquel</u> Nãaaaao. É sapatinho raso, roupas às costas, transporta para aqui, transporta pra lá. É, não é nada glamoroso. Nada, nada, nada.

<u>Márcia</u> E o futuro? Os desafios, as novas plataformas?

<u>Raquel</u> É obvio que nós temos que nos preparar e preparar uma formação bem mais lúdica do que propriamente aquela formação mais parada. Ainda que nós tenhamos muitos vídeos na nossa formação, mostrar o punho, atrás, a frente. As nossas formandas vão precisar estar muito mais estimuladas. Nós estamos, inclusive, pensando que tudo que é mais teórico deverá passar para gravado e tudo aquilo que é em tempo real ter uma parte muito lúdica. Vestir, despir, ter uma imagem, mas isso vai requerer, como é óbvio, muito mais recursos, muito mais investimento, parte gráfica, *designers*. E as empresas têm que estar preparadas pra isso, pra esse investimento do futuro. Nós estamos sediados no Porto, pontualmente, trocamos por Lisboa e alugamos algum espaço para dar formação, quando é necessário.

ORGANIZADO POR MÁRCIA COELHO FLAUSINO

VANDRESSA PRETTO @*vandressa_pretto* – *ÉCOLE BRAZIL*

<u>Márcia</u> É um prazer entrevistar a Vandressa Pretto, que pertence ao nicho das escolas de consultoria de imagem, presentes no Brasil, em Portugal e em outros mercados.

<u>Vandressa</u> Obrigada pela oportunidade e pelo convite. **Aqui no Brasil, somos a École Brazil. Mas a origem e a sede da escola ficam em Paris.**

<u>Márcia</u> **Como e quando a École chegou ao Brasil?**

<u>Vandressa</u> **Vamos fazer 10 anos de Brasil, em fevereiro de 2023. A escola nasceu em Paris, em 2010. Tinha pouco tempo de mercado em Paris e a gente já teve essa expansão para o Brasil. Somos a primeira unidade fora de Paris. Nós atuamos em várias cidades do Brasil, mas nossa formação principal é em São Paulo. A cada dois meses, temos uma formação presencial em São Paulo, mas atendemos também em Curitiba, Rio de Janeiro, Brasília, Belo Horizonte, Santa Catarina, enfim várias formações presenciais ao longo do ano e online. Atuamos no Brasil todo. Eu resido em Porto Alegre, então a gente acaba tendo uma sede aqui também.**

<u>Márcia</u> **Você sabe quantas pessoas já formaram?**

<u>Vandressa</u> **Em torno de 1000 alunas por ano, só aqui no Brasil, fora nas outras unidades**. Há 10 anos atrás, quando a gente começou, nós fomos uma das primeiras escolas aqui no Brasil. Não existia uma formação completa de consultoria de imagem com o viés que a gente trabalha hoje. E lá atrás, há 10 anos, as pessoas não sabiam o que era consultoria de imagem. É de fato uma profissão recente. Há 10 anos, no Brasil, nós fomos uma das primeiras, fomos pioneiras como escola completa da consultoria de imagem e já nascemos falando de uma consultoria de imagem mais personalizada, voltada para o autoconhecimento. A Sophie, minha sócia e a fundadora da escola, entendeu que tinha muitas coisas na consultoria de imagem que desconectavam da essência, do autoconhecimento, do que a pessoa gostava. Essa etapa de cartela de cores reflete isso. A cartela de cores é uma leitura basicamente técnica do que reproduz, o que repete a nossa beleza natural. Tem seu valor, mas deixa de levar em consideração, muitas vezes, o nosso gosto pessoal, a nossa essência, os nossos objetivos de imagem, nossa história de vida. E considerar esses aspectos, para além da cartela, esse realmente é o viés da École, por exemplo. Tanto é que o nosso *slogan*, o nosso manifesto, todo ele fala sobre isso. Tem trechos do nosso manifesto que fala que não é a roupa, é a pessoa. E o nosso slogan é "ser para vestir". **Toda a nossa metodologia, todo o viés, a base do nosso estudo, ela perpassa o autoconhecimento como uma base para a gente externar, para a gente se vestir de acordo com aquilo que a gente precisa. A gente também fala de harmonia de essência. Como é que chegamos à harmonia de essência? Como é que o indivíduo identifica aquilo que ele gosta, a personalidade dele? Os valores que são importantes para ele? Para que esse indivíduo possa escolher: eu quero harmonia estética; não, eu quero harmonia de essência**. Por exemplo, na minha cartela, não tem preto. E eu uso preto, a maior parte do meu guarda-roupa é preta. E pela minha cartela, eu não poderia usar o batom vermelho. É a minha marca registrada, ninguém me reconhece se eu não estiver com o meu batom vermelho. E ele já faz parte da minha imagem desde antes de eu saber da minha cartela,

desde antes de eu trabalhar com consultoria. Ele já é uma construção, ele faz parte da minha construção de identidade. Eu tenho várias tonalidades de batom vermelho. Eu olho a minha caixa de maquiagem, eu não tenho batom de outras cores. A nossa consultoria de imagem, ela passa muito por isso. A gente tem, por exemplo, uma formação que é de psicologia da autoimagem, que é uma psicóloga que é a nossa professora e que traz esses conceitos de construção de identidade, de autoestima.

Márcia Como é que a École traduz essa filosofia na grade curricular que ela propõe? Como é que isso se traduz em um programa?

Vandressa Por que alguém escolheria a nossa escola? Essas profissionais que estão procurando se qualificar ou entrar, ou até mesmo fazer uma transição de carreira e entram no nosso site, na nossa grade, nos nossos cursos, vão ter muito sobre esse viés de trazer o autoconhecimento, de trazer ferramentas e metodologias para oferecer para a consultora esse *plus* na entrega do seu atendimento com a cliente final. **Como nós temos isso? Na nossa formação de consultoria e *coaching de imagem*, a gente traz muito técnicas de *coaching*. A metodologia, as técnicas unificam de maneira muito assertiva o vestir com autoconhecimento. Nós não formamos o *coaching* para a pessoa trabalhar com *coaching* de vida e *coaching* de negócios, mas olhamos dentro das técnicas de *coaching*, muitas delas que são úteis no processo de consultoria de imagem.** Então, tem técnicas de *coaching*, tem ferramentas para o desenvolvimento e para o mapeamento de autoconhecimento da cliente. Nós temos muitos Canvas hoje, que oferecemos para a aluna. São ferramentas de *design* para ela usar para fazer o seu processo de desenvolvimento. Isso tudo, claro, é pautado por muito conhecimento teórico e entendimento teórico, entendimento o porquê e o como se aplicam essas ferramentas. São em formas de perguntas, em formas de ferramentas de *design thinking*. Utilizamos vários Canvas, em forma de exercícios reflexivos, de micro exercícios para a cliente final. E aí nós temos toda essa construção que costura todos esses conceitos: ação + direção. Nunca passando nenhum conteúdo que seja invasivo. Nós falamos de uma prática e escuta ativa, sem julgamentos. Mas tudo isso é treinado com exercícios. E destacamos que não há cartelas de cor prontas. A cliente sai com uma cartela personalizada.

Márcia Quanto tempo ela leva para ser formada como consultora?

Vandressa Isso vai depender, porque nós optamos por criar os cursos com duração de acordo com as necessidades de cada país. Por exemplo, em Paris, as formações são mais longas, têm dois anos e meio. No Brasil, um modelo que talvez Paris e outras unidades vão adotar porque o funcionamento deu muito certo, nós temos no total quase 500 horas de formações e especializações, divididas em minicursos, em módulos. Temos as nossas trilhas de conhecimento. Por exemplo, temos para varejo, *personal branding*, temos todas as outras grades de curso, e a pessoa vai fazendo o percurso que ela quer.

Márcia Você segue essas alunas? Imagine, mil pessoas por ano é muita gente. Algumas pessoas vão fazer para atuar, outras vão fazer por curiosidade e querem aplicar o conhecimento de si mesmas, outras vão trabalhar um tempo e vão desistir. Até porque não é um trabalho fácil. Até você conseguir uma clientela, não é assim do dia para noite. Vocês seguem essa aluna que começou essa formação para ver até onde ela está indo? Essas alunas voltam? Como fica a relação da escola com os egressos?

<u>Vandressa</u> A gente tem muita preocupação, um contato muito próximo com as nossas alunas. Nós temos um programa chamado "Eu sou École". Esse é um programa de acompanhamento para toda aluna que se forma em qualquer uma das nossas formações. O funcionamento desse programa hoje, ele tem grupos separados por regiões do Brasil no WhatsApp e agora estamos migrando para o Telegram, onde não há a separação por região. E esses grupos, eles têm vantagens e benefícios. Elas podem colocar dúvidas, *cases* de atendimento, às vezes, colocam fotos da cliente com a autorização da cliente, foto da morfologia e tiram dúvidas. Ajudamos a construir propostas para varejo. E ainda temos as nossas alunas mais experientes e as nossas embaixadoras que são alunas que, monitoram, dando aquele suporte como as nossas professoras. É um grupo que, em primeiro lugar, tira dúvidas, está sempre à disposição para ajudar as alunas em qualquer necessidade. É um grupo que tem entrega de conteúdo gratuito de maneira seguida. Damos aulas gratuitas, fazemos uma vez por mês aulões de dúvidas online. Eu mesma faço, sou uma das professoras. **Existe na gente um propósito que é de tornar cada vez mais as mulheres independentes financeiramente e que elas consigam se sustentar como consultoras de imagem. Fazemos toda a nossa parte para que isso aconteça.** Tem *quiz* também que a gente disponibiliza, e-book... Semana passada foi um e-book de tendências de comportamento do consumidor super atualizado para essas consultoras que estão nesses grupos. Então assim, todas as nossas consultoras conseguem participar desses grupos e elas têm todo esse acompanhamento.

CRIS DORINI www.linkedin.com/in/crisdorini – *PRESIDENTE DA FIPI – BRASIL (FEDERAÇÃO INTERNACIONAL DE PROFISSIONAIS DA IMAGEM)*

<u>Márcia</u> Eu vou te dar as boas-vindas. E começo perguntando o seu nome completo, o seu tempo de consultoria, como foi a transição profissional, quais foram os principais desafios, quais foram os ganhos, o que sentiu falta no começo, como começou na consultoria corporativa. Só isso!

<u>Cris</u> Sei. [risos] Meu nome completo é Cristiane Allocca Dorini. Mas eu uso Cris Dorini porque eu acho que usei muito o meu nome Allocca no mundo corporativo por mais de 27 anos, em tecnologia. Eu trabalhei na IBM por 27 anos. Esse é o meu nome completo. Tenho 51 anos e trabalho desde os meus 16 anos de idade. Antes da IBM, eu trabalhei de jovem aprendiz porque eu precisava ajudar a minha família e fui trabalhar no Banco Itaú, na parte de atendimento e relacionamento. **Acredite, eu era uma pessoa muito tímida, morria de vergonha de falar com as pessoas...**

<u>Márcia</u> A gente sobrevive a isso [risos].

<u>Cris</u> E aí, me disseram: "você vai ter que falar com os clientes". Aí, comecei a me relacionar. Acredito sempre que a base de tudo na vida é o relacionamento. Trabalhei mais de 18 anos na área comercial, com diversos tipos de clientes. Isso me deu uma boa bagagem tanto na área de

comercial, que foram 18 anos, como com produto. Além de produto, trabalhei com marketing por quatro anos. Tanto para seguradoras como para indústria de finanças. Aprendi muito, ganhei prêmios, foi uma experiência incrível em 27 anos. De tudo eu tento tirar o máximo proveito. Eu aprendi muito porque eu conheci como funcionava realmente uma empresa, o *back office*. Quando você está em vendas, você está lá para fechar as suas metas. **Toda essa bagagem, eu aplico na minha empresa, na minha escola, e todo o meu negócio.** E, nesses 27 anos, mais de cinco eu trabalhei com culturas diferentes, países da América Latina. E no Brasil, a gente já tem culturas diferentes. Essa é a minha trajetória. Falando um pouco da formação, destaco a bagagem da IBM. Sou formada em Administração de Empresas, entrei na IBM praticamente ao mesmo tempo em que entrei na faculdade, aos 17 anos. Após esses quatro anos, pensei em descansar, mas o meu descanso não durou nem quatro meses. Fiz uma pós em marketing na faculdade FAAP (Fundação Armando Álvares Penteado/São Paulo-SP). Estudei Administração de Empesas e fui fazer um MBA em gestão de negócios, na Fundação Dom Cabral, em Belo Horizonte. Foi muito legal em termos de lideranças, de gestão, aprendi muito. Foram dois anos de MBA. Anos depois, eu estava cansada, exausta. Daí pensei que seria o momento certo para redirecionar a minha carreira e empreender. E agora? **Na transição, me perguntaram: o que você pensou? O que estava fazendo em paralelo? Que paralelo?! [risos] Eu não estava nem conseguindo cuidar da minha casa. E pensei: "gente, e agora?". Então, esse momento da transição pra mim foi assim toda essa paz de olhar pra dentro, busquei ajuda, fui até pra uma terapia porque eu falei: "o que eu vou fazer agora? Comecei a fazer cursos, pesquisar no mercado o que tinha e o que eu gostaria.** Fiquei encantada quando eu comecei a ler e a pesquisar sobre consultoria de imagem. Falei: "puxa acho que isso realmente tem a ver comigo, eu vou poder ajudar e agregar valor na vida das pessoas". Isso faz cinco anos. Parece que foi há uma vida. [risos] Mas não, foi em março de 2016.

Márcia Como é que você selecionou os cursos que iria fazer? Qual era o seu foco? Porque é claro que você tem um *background* de trabalho corporativo. Preferia entrar nessa seara também, consultoria de imagem corporativa.

Cris Basicamente, conversei com algumas pessoas que já estavam há mais tempo no mercado, comecei a pesquisar. Fui informada sobre outros cursos, cursos na Faap, na Panamericana (SP). Óbvio que procurei primeiro em São Paulo. Já tinha viajado tanto... mas eu tinha pressa. Em 2016, fiz o primeiro curso de consultoria de imagem pessoal e corporativa, na Panamericana. Participei de um Congresso para consultores de imagem realizado pela Associação Internacional dos Consultores de Imagem do Brasil - AICI, conheci diversos consultores e, em seguida, **fui fazer um curso da Silvia Scigliano, lá com a Márcia, em Nova York**. Conhecendo melhor o mercado, percebi as pessoas muito focadas no lado pessoal. Aí já falei: "opa, tem um nicho aí!". Que é esse mercado corporativo, e eu posso agregar porque eu tenho experiência prática. Mais do que teoria, eu aprendi na prática, nesse mundo corporativo. E, infelizmente, as escolas acabam dando só 10, 15%, no máximo, 20%, quando falam da consultoria de imagem no mundo corporativo.

Márcia É uma pincelada.

Cris É uma pincelada e é, no fim, o último módulo. **E eu tinha muitas dúvidas! O que precisa para empreender? Ninguém te dá um papelzinho com uma lista: olhar um contador, você tem que ver se vai abrir MEI (Microempreendedor Individual) ou se vai abrir uma microempresa. O que é melhor? Ninguém queria falar de valor. Quanto eu cobro? Quanto seria uma consultoria? Quanto é a hora? E pra quem está começando? Ah não, isso é com o tempo…** Tudo muito vago. Modelo de contrato... enfim, "você como negócio". Então, várias dúvidas, que eu fui suprir nos cursos e mentorias. Decidi focar no corporativo! Eu atendo, sim. Mas eu atendo à imagem profissional e marca pessoal e eu trabalho muito com a consultoria completa. Fora isso, tem o nicho das mentorias. **O meu foco mesmo é *business*, com LinkedIn também, produção de conteúdo, posicionamento, planejamento, plano estratégico, dou ferramentas com iniciativas para essa pessoa começar a deslanchar. Agora, estou com outro nicho. Quando você começa a se posicionar, criar autoridade, reputação, principalmente no LinkedIn.** Eu trabalho com muitas empresas, faço palestras, conhecendo várias pessoas. Hoje, muitas mulheres em transição de carreira acabam me procurando, fazendo mentoria. Também dou mentoria colaborativa, como voluntária, em dois programas. Uma delas é o IVG (Instituto Vasselo Gondoni – Programa Nós por Elas), que tem o Bradesco por trás, também que é mentoria colaborativa, são 500 mentores e 500 mentoradas. São dois pilares de voluntariado e mais um que eu acredito muito que começou só comigo e hoje faz parte da minha escola – TRIO INTELIGÊNCIA EM IMAGEM, junto com as minhas sócias. A ONG fica no Capão Redondo, região super humilde, que é a Casa José Coltro. Eu atuo lá com palestras para jovens e adultos. É um trabalho voluntário também, que eu me dedico nesse sentido.

Márcia O que você acha que seria necessário, hoje em dia, como presidente da FIPI– Federação Internacional de Profissionais da Imagem –, para a profissão ganhar credibilidade? Como conseguir credibilidade profissional sendo consultor de imagem?

Cris **Em primeiro lugar, é preciso entender que a consultoria de imagem é um negócio. É essencial buscar novas escolas e cursos que são referências no mercado. Entender o nicho que irá trabalhar, aprimorar e focar. Eu vejo que primeiro as pessoas até falam que vão desistir da consultoria de imagem porque está acontecendo uma banalização. O ideal, no melhor dos mundos, era a gente ter uma regulamentação. Era a consultoria de imagem ser uma profissão, ser reconhecida pelo MEC.** Quando acontecer isso também, eu acredito que muitas pessoas vão perder aquela fonte de renda. Porque não tem aquela qualidade, aquela seriedade, aquela experiência adequada.

E eu pergunto: como que a gente poderia resolver? **Na minha visão, primeiro aumentar a carga horária de 40 horas nos cursos, acho muito baixa. A pessoa de repente faz um intensivo e acha que está pronta para atuar.** Tem que brigar pra conseguir uma regulamentação, sim, um reconhecimento porque isso faz toda a diferença.

Márcia É só dar uma olhada no Instagram para ver como estão as outras consultoras. Eu fiquei o ano passado (2021) só garimpando no Instagram, vendo perfis, mais no Instagram porque virou uma febre na pandemia. Nos dois últimos anos explodiu essa história de consultoria. Parece que consultoria de imagem é só coloração pessoal. Todo mundo é especialista.

Cris Look do dia e coloração pessoal.

Márcia **Você, Cris, dirigente de entidade profissional, como lida com uma jovem que pergunta: "aonde eu vou pra procurar formação?" E como você lida, por outro lado, com essa profusão de possibilidades?**

Cris Quando chega pra mim, a pessoa já fez algum curso e ela quer me encontrar porque ela já sabe o meu posicionamento. O meu nicho é corporativo e ela quer trabalhar nesse nicho. Então, eu já olho se já teve alguma experiência no corporativo, vou falar como é o mercado corporativo, até mesmo para ela entender. Às vezes, a pessoa fantasia. E hoje eu vejo que quem está indo pra esse mercado corporativo são pessoas que realmente já trabalharam nesse nicho, passaram por uma transição e quiseram se aprimorar, fazendo alguns cursos, querem atuar em termos de prospecção. O que vende no mercado corporativo, quanto cobrar, é o "você como negócio", que eu falo. **O que acontece na FIPI? Elas pesquisam e querem se associar à FIPI. O benefício de ser associada é o *network*, conhecer as habilidades de cada um, conhecer o mercado, a base de tudo. Os negócios que eu fecho são devido ao *network*, principalmente pelo LinkedIn. Primeiro é o *network*, segundo é uma profissão muito solitária. E foi uma das coisas que eu mais senti, Márcia.** E ainda, quando a pessoa chega à FIPI, já chega com algum curso feito. Tem o básico do básico da consultoria de imagem.

A FIPI é nova aqui no Brasil e estamos passando por um processo de reestruturação e regulamentação, com a previsão da criação de um estatuto. Criamos um site, uma identidade visual e estratégias para termos uma associação consolidada.

Além disso, dentro do programa da FIPI que está iniciando agora, criamos o **Clube do Livro**. A cada dois, três meses, lemos um livro e depois discutimos a respeito por duas horas. Acho que isso é muito saudável. As pessoas precisam ler mais, estudar mais.

Outra iniciativa é o "FIPI Conecta", onde são atendidas pessoas em situação de vulnerabilidade. É aberto ao público, para associados e não associados, através de *lives*, palestras. E o outro, que é importantíssimo, criado para as associadas, é o **"FIPI Start"**. São temas que elas trouxeram que são o *start* na profissão, é dar a mão. **Falei que teria que ter uma aula do básico do básico. Tem pessoas que não sabem nem abrir a conta do Instagram, o que é o LinkedIn, ou seja, o conteúdo para as associadas tem uma agenda desses temas. Vai ter um dia com um contador, um dia com um advogado para falar sobre contratos. Você quer ser levada a sério no mercado, você tem que ser séria e tem que se profissionalizar nisso. O que eu acredito é isso, em como eu posso ajudar essas associadas que estão, muitas vezes, sem chão, fizeram o curso e não sabem como começar. Ensinando, essa é a resposta.** A consultoria de imagem cresce em números e possibilidades e com isso novas questões em torno de nossas práticas e metodologias vêm à tona. É uma era de quebra de padrões, metaverso, inteligência artificial e transparência.

Não há um manual de instruções. A capacitação técnica é essencial, mas sem a escuta, elas serão apenas regras jogadas ao acaso, não trazem satisfação ou ajudam os nossos clientes.

SILVIA SCIGLIANO @silviascigliano – EX-PRESIDENTE DA AICI BRASIL (ASSOCIAÇÃO INTERNACIONAL DE CONSULTORES DE IMAGEM – CAPÍTULO BRASIL)

Márcia Silvia Scigliano, sua entrevista era um *must have* neste livro. Ex-presidente da AICI Brasil (Associação Internacional de Consultores de Imagem – Capítulo Brasil), docente, autora e palestrante, mentora e empreendedora, eu vou pedir que você fale da sua trajetória na consultoria.

Silvia Eu me formei em Administração de Empresas pela Fundação Álvares Penteado – FAAP em 1999. Sempre gostei de moda, desde pequena. Mas, na época, a moda não era muito profissionalizada, no Brasil. Então, minha escolha foi a Administração. Conheci meu marido na época em que eu já trabalhava em banco, onde comecei como estagiária. Ele me deu muito apoio para seguir essa carreira, minha grande paixão. Comecei a fazer vários cursos de extensão e, em um desses cursos, eu conheci a Ilana Berenholc, uma precursora da consultoria de imagem no Brasil. E foi onde eu conheci também a AICI. Isso foi em 2000 e pouco. Para mim, a principal função da AICI, desde aquela época até hoje, é trazer esse profissionalismo, essa seriedade para a profissão que ainda não é regulamentada.

Tive a oportunidade de abrir uma confecção com uma colega, que funcionou por três, quatro anos, até que meu marido foi transferido para Nova Iorque a trabalho. Lá eu consegui me aprofundar nos estudos de consultoria de imagem, trabalhar com atacado, varejo e pesquisa de tendência. O Fashion Institute of Technology – FIT tinha uma escola excelente, um custo-benefício ótimo. É uma escola muito reconhecida, uma das melhores faculdades de moda do mundo, está entre as cinco. Lá eu conheci a Dominique Isbecque, com quem trabalhei, ela é uma especialista em cores. Terminei o curso e consegui tirar certificação Internacional, que é o CIC. Na época, a denominação era outra. E já me tornei membro da AICI, em 2008. Eu me formei lá e passei a atuar na consultoria de imagem e na pesquisa de tendências, em paralelo com o que eu fazia, que era trabalhar no atacado e no varejo lá, em lojas. Ia levando essas três atividades.

Márcia Toda a sua formação aconteceu fora do Brasil, mas nem todos têm essa oportunidade. Com a visão na direção da AICI, o que você diz a uma jovem que está querendo ser consultora? Onde ela vai buscar essa formação, que é extremamente necessária?

Silvia Consultoria de imagem é mais sobre pessoas do que sobre moda em si. **Então, precisa de uma experiência de vida. Por isso, as consultoras normalmente fazem uma transição, por isso elas entram no mercado já com certa experiência de vida. Um uma pessoa muito jovem ou inexperiente, com 20 e poucos anos, é muito difícil que ela entenda o outro e compreenda certas coisas importantes da consultoria de imagem.** Não é impossível, mas eu tenho visto cada vez pessoas mais jovens chegando, o que eu acho legal. Acho interessante essa jovialidade, um novo olhar sobre a profissão, uma nova maneira de atuar, mas a experiência de vida é importante. **Não existe "o" curso. Existem algumas brechas que alguns cursos têm achado para dar uma certificação, mas questiono um pouco isso. Eu não acho que isso seja a coisa mais importante do mundo, ter um certificado, ser regulamentado. Lógico que isso iria ajudar muito. Porém, você também fica muito presa a regulamentação do governo, do MEC (Ministério da Educação)**. Eu cheguei a ver com algumas colegas como flexibilizar, como certificar a profissão. Este será o futuro, isso vai acontecer mais dia menos dia, como ocorreu com a profissão de cabeleireiro, maquiador, jornalista, personal trainer; todas as profissões novas que surgem.

Continuando a minha história, eu fui galgando, tinha o meu trabalho nessa marca brasileira no atacado e varejo, fazia feiras. Aprendi muito sobre essa área, treinei muito o meu inglês. Em paralelo, eu criei a minha empresa com a Márcia, que eu conheci através da Ilana, e a gente começou a atender. Estava em NY, com todo aquele tráfego, muitas pessoas, muitas lojas, novos negócios, novos *business* vão testar lá. Isso é muito bacana. Tem muita inovação desde sempre, desde aquela época já existiam as *startups*, muita coisa assim na área da moda. Em 2000, com a Márcia, criei essa empresa que opera até hoje, nós escrevemos um blog com dicas para brasileiros sobre pesquisa de tendências. Em 2011, voltei ao Brasil, devido a uma oportunidade de trabalho na marca para a qual eu já trabalhava lá e estava abrindo um negócio novo aqui, a Victor Hugo. Quando a gente estuda tendências, fica com as antenas ligadas. É o que eu faço hoje. Aí eu voltei, meu filho era pequeno e falei: Márcia (minha sócia e parceira na época), as pessoas me pedem demais um curso em NY, em português. Um curso curto que elas possam ir uma semana ou duas e voltar. Mais tarde surgiu o NY Fashion Tour, minha entrada na carreira acadêmica, em 2015. E nunca foi a minha intenção ser professora, dar curso.

<u>Márcia</u> Com a sua visão como dirigente de entidade de classe, como você vê o mercado brasileiro, que tem uma cultura que abraça melhor a consultoria de imagem com mais carinho do que exatamente um país europeu, como Portugal. Como você vê esses mercados e como você vê o mercado brasileiro?

<u>**Silvia**</u> **A consultoria de imagem viralizou. É uma coisa interessante porque muita consultora de imagem e a consultoria de imagem em si pegou carona nesse movimento das blogueiras, das influenciadoras. São profissões diferentes, pra mim é muito claro quem é o cliente em cada situação e quem é o fornecedor em cada situação. Quando eu estou trabalhando pra uma loja e pra uma marca, quem me paga é a marca. Quando eu trabalho com uma cliente final, eu trabalho para a cliente final, e inclusive a AICI já se posicionou muito no passado contra a questão de comissionamento de marcas. Eu não estou dizendo que eu sou totalmente contra, mas é uma linha muito tênue. E só com experiência de vida você consegue fazer essa distinção.** A viralização da atividade tem um lado bom, que é a profissão ficar mais conhecida. Nós lutamos durante anos e anos para divulgar a profissão. Tem o lado bom e o lado não tão bom. A rede social é boa para um curso, para grandes quantidades. Por exemplo, eu tenho hoje o The Trend Club, que é um produto lançado na pandemia, onde qualquer pessoa, consultora ou não, pode se informar sobre tendências da semana de moda, tendências de varejo, tendências do mercado. É um produto online, as aulas ficam gravadas e é um produto

escalonado. Agora, o cliente final do principal produto da consultoria de imagem não pode ser escalonado porque é um a um. É um atendimento um a um. Então, para que você quer ter 200 mil seguidores, se você não consegue atender mais do que 10 pessoas por mês com uma consultoria completa? As pessoas ficam muito nesse *glamour* de ter seguidores, de ser blogueiro, mas até que ponto isso paga as suas contas?

Márcia Uma das perguntas que eu faço para as consultoras no final é: você consegue viver de consultoria?

Silvia Minha resposta vai ser longa. Em qualquer profissão, qualquer negócio que você vai empreender, você precisa de um investimento. E na moda, por exemplo, você quer ter uma loja, é aluguel, funcionário, contador, luz, água... a consultoria, não. Você tem um computador, celular, faz um curso e já pode começar a atender. Tem uma barreira de entrada baixa. Por isso também essa viralização. E a sorte da consultoria de imagem é que ela pegou carona na onda do consumo consciente (vamos ter menos peças e melhores), que é um problema hoje de muitas mulheres, ter muita roupa e não saber vestir, não estar feliz. Porque o mercado sempre fica bombardeando que tem que ter isso e aquilo. Um dos desafios da consultoria de imagem é você nunca saber se você vai ter clientes e dinheiro para pagar as suas contas naquele mês ou não. E quando você cria produtos recorrentes, você consegue ter uma renda mensal. Você consegue saber o que vai acontecer nos próximos seis meses. E foi um aprendizado meu, porque muita gente sai da consultoria de imagem e fica esperando o cliente cair no colo. É preciso entender o espírito do tempo para viver de consultoria. Muitas mentoradas que acabaram de fazer o curso dizem: "ah, mas...". É preciso tempo, trabalho, atuação, pra entender qual é a seu perfil profissional.

Márcia Pra finalizar, você tem uma estimativa de quantos consultores de imagem existem no Brasil?

Silvia Essa pergunta é bem difícil porque na AICI, a gente fez uma grande pesquisa agora e o resultado sairá em breve. A pesquisa é mais ou menos feita nesse sentido de produtos, preço cobrado, mas a quantidade é um número complicado. Nós entramos em contato com várias universidades, faculdades, pessoas que formam pessoas para trazer esses números. É um trabalho de formiguinha que a Fernanda Lucas está fazendo e a gente deve ter os resultados em breve. O que eu posso te dizer hoje é que a AICI quebrou o recorde de gestão, estamos com quase 200 membros. Hoje, se eu tenho um cliente na Índia, no Japão, na China, se eu estou indo para Portugal visitar, eu conheço pessoas lá por causa da AICI. Tem esse lado do *networking* que, para mim, é o grande trunfo.

Eu quero finalizar dizendo que a profissão de consultoria de imagem já era considerada uma profissão do futuro e, cada vez mais, acredito nisso. É uma profissão que vale a pena, e acho que as pessoas têm que ter paciência e foco no que faz brilhar os olhos. A gente tem que tentar encontrar isso o tempo todo. E um dos legados da minha gestão na AICI foi o Comitê da Diversidade. Nossa profissão é diversa, todo mundo tem que ter acesso a ela. Lidar com diversidade não é fácil, é muito sensível. A gente tem que ter muito cuidado e nós temos feito uma série de palestras e cursos. O Comitê da Diversidade está nos preparando como instituição. Isso me emociona muito, mexe muito comigo. É um legado institucional imprescindível.

BRUNA KOPP https://www.linkedin.com/in/bruna-kopp-39755b161 – *ESPECIALISTA EM FASHION LAW – BRASIL E PORTUGAL*

<u>Márcia</u> A Dra. Bruna Kopp é especialista em *Fashion Law*, ou seja, direito da moda, que atua nessa área no Brasil e em Portugal. Ela vai se apresentar e depois vai esclarecer algumas questões sobre legislação, contratos de prestação de serviços, além das similaridades e diferenças de atuação legal no Brasil e em Portugal.

<u>Bruna</u> **Meu nome é Bruna Kopp, sou advogada especialista em direito da moda, especialista em direito empresarial e especialista em direito e processo civil. Eu sou formada em Propriedade Industrial e Intelectual pelo Inpi – Instituto Nacional de Propriedade Industrial do Brasil e trabalho no escritório internacional Bayma Advocacia, sou diretora da área do *Fashion Law*. Nosso escritório tem atuação internacional com sede também em Lisboa, Portugal.**

<u>Márcia</u> **Em relação à atividade do consultor de imagem, qual é o impacto em ser uma atividade e não uma profissão regulamentada? Existe alguma legislação que dê um apoio, um suporte para esse consultor?**

<u>Bruna</u> **Infelizmente, hoje, tanto no Brasil quanto em Portugal, a gente ainda não tem uma regulamentação dessa profissão, consultor de imagem, estabelecida realmente como um ofício, como uma profissão propriamente dita. Porém, há a ideia de que evolua para isso porque é algo que vem crescendo bastante e vem tendo um impacto muito grande no mercado da moda e no mercado de prestação de serviço, contribuindo para a geração de emprego e para o crescimento econômico. O que a gente tem hoje no Brasil sobre legislação, e a gente poderia até dizer assim para resguardar, é a Lei de Direitos Autorais — Lei 9.610 — e a gente tem também a LPI — Lei de Propriedade Industrial — Lei 9.279. Estas são as legislações hoje que tratam de propriedades intelectuais que vão trazer o cunho de proteção. Aí, a gente consegue fazer com base, fundamento nessas legislações aliadas às outras legislações vigentes do país e de cunho civil, fazer um resguardo para que esse profissional, mesmo carecendo de uma regulamentação de profissão, consiga atuar de forma segura. Tem uma insegurança jurídica muito grande, então a gente consegue fazer um contrato com a fundamentação no Código de Processo Civil, no Código Civil, na LDA, que é dos Direitos Autorais, na LPI – Lei de Propriedade Industrial. Com essas legislações, conseguimos formular um contrato onde dá pra fazer uma proteção maior para a atuação do profissional.** O que a gente indica geralmente é que o consultor seja, pelo menos, um microempreendedor individual (MEI/ Brasil), para que ele tenha uma segurança maior, porque como ele é um profissional que geralmente atua de forma autônoma. Assim, ele recolhe todos os seus impostos em dia e tem uma garantia de previdência social. Querendo ou não, a gente consegue fazer contrato com o consumidor e com as empresas, em relação à prestação de serviço, à proteção dessa propriedade intelectual do consultor de imagem, também da própria marca dele como propriedade industrial baseada na LPI, e fazendo essa proteção em termos contratuais. No Brasil, o Projeto de Lei n.º 5.521, de

2016, está um pouco antigo até, mas ele não foi para frente ainda, mas existe uma regulamentação, uma previsão de tentar fazer a regulamentação de profissão.

Márcia São profissões não tradicionais. Claro que precisa de legislação, de um contrato, e é claro que precisa de segurança jurídica para atuar. Em Portugal, também não é uma profissão regulamentada. Existe um desejo de regulamentação, mas não aconteceu.

Bruna Complementando, a gente tem também o INPI — Instituto Nacional da Propriedade Industrial —, onde se protegem os desenhos industriais de marca e, tanto no Brasil como em Portugal, consegue-se proteger do Brasil as criações em Portugal, nos Estados Unidos e em outros países através do Protocolo de Madri, que foi assinado pelo Brasil recentemente, em 2019. Fazemos essas proteções de uma forma mais tangível a obter um certificado, um número de profissão, e isso também ajuda a fazer ali um resguardo da marca. **Até o Instagram, mesmo hoje, muitos profissionais, consultores de imagem divulgam o seu trabalho na plataforma. E o Instagram vira vitrine de portfólio do trabalho dele. A gente consegue fazer uma proteção do Instagram como marca pessoal e aí esse perfil não pode ser alvo de cópia e de outras questões de apropriações indevidas, que aí levariam a uma ação judicial para requerer os danos materiais e morais. Fazemos esse tipo de proteção também nos dois países. Nós temos legislações em ambos os países. Em Portugal, há um Código do Direito do Autor, do Direito Conexo, que traz precificações em relação a direitos autorais, e a gente tem toda essa proteção em relação ao INPI. E, de novo, fazemos toda essa proteção por meio de contratos utilizando as leis civis inerentes e aplicadas em ambos os países**. A ideia é que, para atuar como consultor de imagem de uma forma mais segura, seria por meio da formalização de um contrato de parceria comercial, tanto com as empresas como com outras pessoas jurídicas. E o contrato de prestação de serviço em relação ao consumidor, porque existem casos que, às vezes, o próprio consumidor copia o trabalho e passa para outro consultor fazer o trabalho que você apresentou. Tudo isso pode acontecer porque a forma mais segura seria o contrato. Mas a gente tem todas as legislações que amparam de uma forma indireta, querendo ou não.

Márcia E a Internet, o Instagram?

Bruna Uma coisa que acontece bastante é a cópia de dentro mesmo do próprio Instagram. Por exemplo, os consultores indo ao Instagram da consultora e aí eles tiram fotos dos *looks*, das peças, das ideias e postam nos deles como se fossem deles. Aí pegam aquela imagem de forma indevida e postam. Isso também é vedado pela lei. Você pode trazer um tipo de problema em relação ao uso indevido da imagem e você usar o material que não é seu como se fosse. Isso também pode incumbir um crime de concorrência desleal, às vezes, por você estar enganando o consumidor. Isso entra no Código de Defesa do Consumidor/Brasil. E pode ter uma ligação direta até porque o Código de Direito do Consumidor é uma lei de ordem pública, então ele é aplicado independentemente de você pedir para afastar ou não. Se a relação for consumerítica, então, às vezes, você pode estar enganando o consumidor. Ele achando que está comprando um produto seu e aquele look, aquela foto nem é sua, não foi nem você que criou e o contrato não tem o serviço esperado. Então, são vários problemas, e às vezes o consultor de imagem que vai fazer um trabalho não recebe. Tem que ter um contrato, né! Porque no contrato já vem tudo especificado, a gente coloca as cláusulas necessárias para a execução desse contrato. Caso não venha a ser pago, você tem como ir à justiça executar e obrigar que a pessoa cumpra aquela obrigação. Mesmo que tenha a parte verbal, você tem que ainda entrar na justiça para caracterizar aquele contrato, e acaba demorando mais. Se você já tem ali um contrato específico, você o executa. É ação de conhecimento para ver se era um contrato, você já tem um contrato pronto, você já executa. Se não há contrato, você tem que entrar com uma ação de procedimento comum para ir ver se teve mesmo, como foi a relação, juntar a conversa de WhatsApp. Demora muito mais tempo. O contrato é um título líquido, certo e exigível, tendo todos os requisitos da lei. Ele é executado e o juiz já manda pagar. Não tem nem que conversar, é um título executivo, é uma coisa mais célere. E outra coisa, às vezes, a empresa contrata um consultor de imagem e não fez contrato, de acordo com o tipo de serviço que pediu, a demanda acaba configurando uma relação trabalhista, no Brasil.

Márcia E em Portugal, como é que você comprova?

Bruna O certo mesmo é você comprovar que teve essa relação, o certo mesmo é você ter um contrato, porque, com um contrato de prestação de serviço, você vai, tanto em Portugal como no Brasil, comprovar que teve realmente ali uma prestação de serviço. Mas como eu posso fazer se não tiver uma conversa no WhatsApp? Aí a gente tem que procurar outros meios de prova que você tem para provar que prestou esse serviço. Um depósito de um valor em conta, foi paga uma parcela, só ficou faltando outra, ou foi, às vezes, na própria loja que tem alguma testemunha, ou pode chamar a pessoa mesmo para depor na justiça. E aí você consegue configurar aquela relação, você consegue mostrar que estava aquele dia lá com ela em tal shopping, em tal loja, montando aquele *look*. Existem outras formas de comprovar. Aqui no Brasil, é muito comum fazer essas negociações pelo WhatsApp. **Alguma prova você vai ter de que fez essa prestação de serviço, e aí você consegue mostrar que realmente não houve um pagamento. Em relação ao consultor de imagem e seus clientes, o que a gente vai querer ao máximo proteger ali é o direito do consumidor e as relações civis.** E aí, como uma prestadora de serviços, a gente tenta colocar as coisas mais pertinentes para garantir os pagamentos e tudo e evitar vínculos, que não são inerentes à natureza, mesmo do contrato, porque a natureza é para ter um contrato civil, não contrato trabalhista. O consultor de imagem é mesmo profissional, mesmo sem a regulamentação da profissão, autônomo. Então, a gente não sabe como vai vir a regulamentação, se eles vão mandar CLT (Consolidação das Leis do Trabalho/Brasil) ou alguma coisa desse tipo. Eu creio que não, eu creio em continuar mesmo o contrato como um prestador tomador de serviço.

Márcia Mas do lado do consumidor, a pessoa pagou tudo, fez tudo direitinho, mas não recebeu o serviço. Também precisa de uma proteção. E aí já é direito do consumidor?

Bruna Sim. Mas o que acontece mais é o uso indevido da imagem, porque, às vezes, o consultor de imagem quer divulgar aquele trabalho que ele fez, porque é o portfólio dele para atrair mais clientes e, às vezes, o consultor de imagem não sabe, não tem o conhecimento de que ele precisa de uma autorização expressa da pessoa, do cliente para ele divulgar aquela imagem, tanto na rede social quanto no seu próprio portfólio. Às vezes, ele fala de boca mesmo com a pessoa. Então, a recomendação é que todos os consultores de imagem coloquem uma cláusula de cessão de direito de imagem no contrato e enviem um termo de autorização do uso da imagem. Lembrando que tem que especificar por quanto tempo ele vai poder usar essa imagem, se é de forma gratuita ou de forma onerosa, inclui vídeos ou se inclui suas fotos, que não pode ter alteração etc., e se tiver alguma alteração tem que ser expressamente autorizada. Então, isso é fundamental: o termo de uso de imagem.

Márcia E o plágio?

Bruna Nessa área de consultoria de imagem, até mesmo o plágio é um pouco mais delicado. Porque a tendência é que profissão vá evoluindo e que vá criando novas técnicas. Então assim você teve a técnica de coloração pessoal, a pessoa criou isso, e aí depois apareceu uma nova técnica, um modelo de atendimento, um conjunto de serviços, uma técnica diferente que é utilizada. Por exemplo, só eu utilizo essa técnica, eu inventei uma nova técnica para o meu planejamento de consultoria de imagem e aí a gente pode pegar esse projeto que vai ser uma coisa diferenciada que não existe, e a gente fazer uma proteção.... **Meu conselho é: não poste antes de fazer uma proteção. Você pode pegar aquele seu método, imprimi-lo e aí você pode enviar para si mesma. E aí aquela data você consegue comprovar que foi você que emitiu e fez aquele primeiro trabalho. Você pode pegar e registrar no cartório também como título. Daí, você leva e faz o registro os direitos autorais. A gente faz muito isso, por exemplo, direitos autorais musicais a gente faz no cartório, a gente consegue fazer lá também.** É claro com todos os órgãos competentes, mas também é uma forma de você fazer uma proteção com a data mostrando que foi lavrado aquele dia, que a gente consegue também ter uma proteção para mostrar que foi você que criou, que é a autora mesmo desse método de forma digital. A gente consegue através de assinaturas digitais e documentos fechados, mostrando que dia foi criado e fechado aquele arquivo. O sistema de computadores pode ser utilizado para isso também. Eu falo assim dessa parte de técnica que é uma coisa mais intangível até que é tangível se você colocar em um papel. Mas que não seria um desenho que a gente conseguiria proteger por meio do INPI, que é uma coisa mais de forma autoral. Porque o que que acontece, até trazendo uma informação extra, o direito autoral, ele em regra não necessariamente exige registro para que você tenha direito sobre o seu direito autoral. O direito autoral já é protegido. Você criou, você já tem aquela proteção. O importante é você provar que foi você que criou, que aquilo ali é de sua autoria.

Márcia Tanto em Portugal como no Brasil?

Bruna No Brasil é assim a legislação, a gente tem essa diferenciação de a gente conseguir ter o direito autoral já conferido porque a parte moral aqui no Brasil e em Portugal também, essa parte moral são direitos mais protegidos em relação a criação. Eu posso me inspirar naquele *look*, naquela produção, naquela profissional, naquele Instagram daquela pessoa, naquele método que ela utiliza. E é com base nisso, criar uma coisa nova para mim, e isso é legal, isso eu posso, isso é certo. O que eu não posso fazer é fazer uma cópia direta porque aí é uma cópia de forma literal. E isso acaba trazendo algum tipo de aplicação realmente porque vai violar o direito moral do autor e o direito patrimonial do autor. **Para fechar, o que a gente pode levar de conhecimento é que eu não posso copiar o direito de alguém, eu não posso copiar literalmente, eu posso me inspirar.** Para finalizar, eu queria dizer que fica de lição em relação à consultoria de imagem que a gente, infelizmente, ainda não tem uma regulamentação da profissão, e as legislações que a gente tem, tanto no Brasil quanto em Portugal, não são legislações que falam exatamente sobre consultor de imagens, criação de métodos e tudo "de forma direta". A gente tem legislações de propriedades intelectual e de cunho civil que vai usar para fundamentar e proteger, tanto no Brasil quanto em Portugal, o direito moral e patrimonial do autor, do criador, que é o que a gente tem na previsão dos dois países. **Os dois países têm a proteção do moral e do patrimonial. Para que você seja um consultor de imagem com uma boa segurança jurídica na sua prestação de serviço e desenvolvimento da profissão, até que haja uma regulamentação, faça contratos.**

MARIA TERESA DURÃO @dressforsuccesslisboa – PRESIDENTE DA DRESS FOR SUCCESS LISBOA, PORTUGAL

Márcia Maria Teresa Durão é Presidente da Dress for Success Lisboa, entidade que eu admiro muito e que tem feito um trabalho realmente muito importante no acolhimento de mulheres em situações de vulnerabilidade, em Lisboa. Na Dress, a consultoria de imagem é uma ferramenta de empoderamento dessas mulheres. Maria Teresa, o que você pode dizer sobre a história da entidade, como ela nasceu, seus objetivos?

Maria Teresa Tenho muito gosto em participar e falar um pouco sobre essa causa que já tem 10 anos e que de fato traz um retorno pessoal extraordinário, para todas as pessoas que passam por aqui. A Dress nasce nos EUA, há 25 anos, pela mão de uma jovem que, na finalização do seu curso de Direito, foi trabalhar no escritório do pai, que também era advogado, e percebeu muito rapidamente que muitas das mulheres que estavam a aguardar para serem chamadas para a entrevista não estavam devidamente e adequadamente vestidas por ser um ambiente mais formal, um ambiente da área legal. Elas não estavam devidamente apresentáveis e, muitas das vezes, não eram sequer chamadas por causa disso. E isso era um fator exclusão. Ela decidiu começar a desenvolver campanhas nas empresas e, com a ajuda de uma congregação religiosa, montou a primeira boutique da Dress for Success nos Estados Unidos, em Nova York. Rapidamente teve sucesso, e, em efeito escala começaram a abrir várias Filiadas Dress, nas várias comunidades dos EUA. O que aconteceu é que se começou a perceber que este era um fator muito importante para as mulheres que estão em situação mais vulnerável e que precisam integrar no mercado de trabalho, para ganhar a sua autonomia financeira e dar melhor qualidade de vida as suas famílias

Márcia E isso tem 25 anos? Quando a Dress chegou a Portugal?

Maria Teresa O projeto funciona como um franchising, em nível internacional. Primeiro existe um processo de candidatura que cumpre muitos requisitos e vai à apreciação da Dress Worldwide. Há uma candidatura. E foi feita essa candidatura em 2010, demorou dois anos para ser avaliada e, ao fim de dois anos, fomos convidadas a pertencer à Dress Worldwide e implementar a primeira boutique da Dress em Lisboa.

Márcia: A Dress já vem com esse conceito de possibilitar a mulheres em situações de vulnerabilidade entrarem no mercado de trabalho. Como é que a consultoria de imagem entra nesse projeto?

Maria Teresa O conceito é *women to women*, de "mulheres para mulheres". A consultoria de imagem aparece aqui porque o projeto da Dress não tem como objetivo doar a roupa. Eu doo a roupa, sim, mas é um espaço muito maior. É definitivamente um *closet* onde a mulher entra e se sente acolhida, se sente tratada com respeito, com dignidade e é acompanhada por uma consultora de imagem que vai lhe dar dicas e vai ajudá-la a trabalhar a sua imagem de forma confiante, vai ensiná-la a ter um guarda-roupa devidamente estruturado. Ou seja, não se trata de andar na moda, e sim de sabermos nos vestir e conseguirmos conciliar as peças umas com as outras. Quando o projeto chegou a Portugal, há 10 anos, a consultoria de imagem era muito pouco falada. Nós recorremos a uma escola e fomos pedir aos participantes, às alunas que estavam a tirar a primeira formação de consultoria de imagem, se gostariam de colaborar conosco com esse projeto e ensinar esse conceito. Portanto, a Dress em Portugal só trabalha com a sua equipe de boutique formada por consultoras de imagem com formação específica porque aqui o conceito não é muito *styling*, tem a ver com outras áreas, com vestimenta pessoal, com perceber e escutar.

Márcia É a partir da imagem que a gente consegue lidar com a questão da autoestima, não é?

Maria Teresa Claro. **Para as mulheres que chegam à Dress, essa questão da imagem é transversal, são vários públicos, são várias mulheres. A imagem chega a um ponto de ser um fator de inclusão. A Dress trabalha com mulheres com situação de saúde mais debilitada, que também são mulheres vulneráveis, nem sempre estão trabalhando, mas já trabalharam e têm todo o direito de ter a autoestima construída, o que vai melhorar significativamente o seu estado de saúde. A autoestima é um fator muito importante.** A Dress vai desenvolver ações para explicar como é que trabalhada sua imagem, quando procuram o seu primeiro emprego. A Dress vai até as empresas para sensibilizar os próprios colaborados sobre a importância da imagem. A Dress trabalha muito com preceitos e com parcerias em Portugal.

Márcia Esse trabalho também envolve violência doméstica?

Maria Teresa A Dress trabalha com diversos contextos. Sempre é feita uma marcação prévia, e nessa marcação a coordenadora seleciona ou escolhe a consultora que irá fazer o atendimento. Conhecendo também o perfil da pessoa que marca. Há consultoras com mais sensibilidades, e outras com menos sensibilidades para atenderem certo tipo de situação. E nessa altura é atribuída uma consultora para fazer o atendimento. **A mulher entra, é feita uma pequena entrevista muito básica onde se preenche uma ficha, não tem grande informação pessoal. É muito sobre o que a pessoa gosta de vestir, quais são as suas medidas, o que já fez, quais trabalhos gostaria de ter, para a consultora poder contextualizar e perceber que tipo de roupa que vai propor àquela mulher. Depois dessa pequena abordagem, a consultora também percebe o que essa mulher precisa. Às vezes, é muito mais do que só roupa, às vezes, precisa de um acompanhamento a nível do próprio centro de carreira. Aí sinaliza para o Centro de Carreira, que é outro programa que a Dress desenvolve, no âmbito de empregabilidade.** Por sua vez, também é oferecido um *kit* de produtos de higiene e beleza à mulher, caso se justifique. Porque nem todas precisam receber um *kit*. Mas a questão da imagem é tratada com esse cuidado. O que ela gosta de vestir, com o que ela se sente bem, quais são as suas cores preferidas. E depois de ser feita essa análise, aí a consultora faz a sua análise e diz quais as cores ficam melhor de acordo com a tonalidade da cor da pele da pessoa, faz os devidos aconselhamentos e todo o estudo. Depois de fazer esse estudo, começa a propor os combinados. O grande desafio é que não existem coordenados repetidos. Caso a consultora entenda que ela precisa ir ao programa de centro de carreira, ela envia um e-mail para o responsável do centro. Esse é o circuito da mulher que entra na Dress, esses são passos do atendimento. Elas são clientes para nós, o objetivo é que tenham peças ideais, escolhidas para a entrevista de emprego. E caso consigam o emprego, poderão ir buscar mais três a quatro opções de peças para que, durante o primeiro mês, tenham opções de roupas para trocar e ir todos os dias apresentáveis. Tudo depende do contexto profissional da mulher. No futuro, ela poderá vir à Dress, caso isso se justifique, e continuará recebendo o nosso apoio.

Márcia A Dress for Success é a entidade que a Meghan Markle patrocinava. Há alguma história que você queira compartilhar?

Maria Teresa Há uma história de uma ação em uma prisão com mulheres que estão em situação final de pena e, portanto, têm que voltar à sociedade e integrar o mercado de trabalho. Percebemos que é um percurso muito difícil. Houve uma mulher em particular que me tocou. Primeiro, já da minha idade, era uma mulher de 50 anos, licenciada com doutoramento, tinha tido uma carreira na área de recursos humanos. No fim do encontro, ela pediu para falar comigo e explicou um pouco o que tinha acontecido com ela, compartilhou a sua história comigo e eu disse que podia ficar tranquila, que ela já havia pagado à sociedade a sua parte e que, quando saísse, tinha que pensar que as coisas seriam bem diferentes. Quando ela saiu, foi à Dress e foram feitos vários atendimentos.

A vida tinha ensinado a ela coisas fantásticas, ela tinha mudado completamente a maneira de ver as outras pessoas. Ela queria reiniciar a sua vida, não interessava se era na área que ela tinha estudado. O que de fato interessava era recomeçar e de forma que seus filhos voltassem a ter orgulho dela. E foi isso que aconteceu. Depois de todo esse percurso conosco, ela está trabalhando, tem a sua autonomia financeira, já comprou a sua casa, já tem o seu espaço. Até hoje ela tem contato com a gente. Nós fazemos um acompanhamento e as mulheres têm uma fidelização ao projeto. E foi uma história que, desde o começo, me tocou particularmente porque todos nós temos momentos mais fracos e temos que reconhecer e pensar que não nascemos para ser bons, nascemos para ser os melhores, nascemos para ser incríveis. E esta mulher acreditou, quando passou aqui pelo projeto, que era uma mulher incrível e já tinha ultrapassado o pior. Tudo que viria pela frente seria muito melhor, e foi isso que aconteceu.

Márcia **A Dress está recebendo mulheres da Ucrânia. Vocês vão ter um tradutor?**

Maria Teresa Sim, temos. A ideia é tê-las aqui conosco, explicar um pouco a respeito do projeto, acolhê-las de uma forma muito especial. Poderemos, obviamente, perceber que numa ou noutra situação poderemos ajudar. Vamos, principalmente, tentar passar aqui um momento especial, que elas falem um pouco do que gostariam de fazer, das suas ambições no futuro. Nós sabemos que elas querem

recomeçar, e nesse momento nós sabemos que muitas pessoas já recomeçaram em Kiev e percebemos ser esse o objetivo, voltar para a Ucrânia. Mas queremos, pelo menos, que essa passagem por aqui marque positivamente as vidas delas porque nós não sabemos se amanhã ou algum dia seremos nós.

Márcia E o futuro da Dress?

Maria Teresa A Dress do futuro pensa em conseguir programas que possam capacitar, formar e fazer crescer muito mais mulheres e meninas. Portanto, queremos ter vários, trazer vários temas, ter um espaço diferente, conseguir no futuro ter um espaço ainda mais agradável e amplo. A Dress aqui em Portugal tem uma particularidade que eu acho muito importante: a economia circular. Nós somos uma entidade que dá nova vida à roupa, nós damos um futuro a roupas que provavelmente iram para aterros. Portanto, reduzimos significativamente o impacto ambiental. **O futuro da Dress passa muito por aí. Passa por fazer programas em que consigam receber cada vez mulheres de vários contextos, passa por conseguir captar mulheres que gostariam de apoiar esse projeto e ter uma renda, o que é extremamente importante. Porque esse projeto é financeiramente autônomo dos Estados Unidos, não há apoios vindos de lá. Portanto, quanto mais mulheres gostarem de compartilhar as suas histórias, de apoiar o projeto a criar novos programas, mais o projeto irá crescer.**

A TRANSGENERIDADE NO AMBIENTE CORPORATIVO UM OLHAR SENSÍVEL DA CONSULTORIA DE IMAGEM PARA A DIVERSIDADE NAS EMPRESAS

Clarice Dewes
Consultora de Imagem

Os últimos anos foram caracterizados por grandes avanços no que se refere aos direitos de pessoas LGBTQIAP+. Em 2016, um decreto regulamentou o uso do nome social em todos os documentos oficiais (Decreto Presidencial, n.º 8.727/2016).[9] Nas últimas eleições, uma mulher trans, Erika Malunguinho, foi eleita deputada estadual em São Paulo. Em junho de 2019, o Supremo Tribunal Federal criminalizou a homofobia e a transfobia[10], e a Organização Mundial da Saúde deixou de classificar transexualidade como doença mental em 2018.

Outros avanços: as organizações têm se destacado na promoção da diversidade com práticas em inclusão e desenvolvimento de grupos, entre eles mulheres, negros, pessoas com deficiência e LGBTQIAP+. Segundo Ricardo Sales (2017), o Brasil já possui organizações atentas a esse cenário, articulando-se para que suas políticas de recrutamento e seleção incluam mecanismos atraentes para grupos historicamente excluídos, investindo em treinamentos e em uma comunicação mais plural.

Entretanto, o Brasil é o país no qual mais se mata transexuais no mundo, segundo a ONG *Transgender Europe* (TGEU)[11], em relatório divulgado em novembro de 2018. Essa população tem expectativa de vida na faixa de 35 anos, é marginalizada pelo governo (Governo do Presidente Jair Bolsonaro) que não promove políticas públicas, muito sendo realizado por iniciativas particulares, resultantes de ações pessoais.

O número de profissionais transgêneros tem crescido exponencialmente nos últimos anos, dado a ser considerado quando correlacionamos uma vantagem competitiva tanto para as organizações quanto aos profissionais, no que tange a políticas de inclusão e aceitação no ambiente de trabalho (SALES, 2017).

Núcleos de diversidade dentro de organizações têm contribuído para um olhar mais humanizado, buscando oferecer um ambiente mais acolhedor e respeitoso. A falta de identificação com o corpo biológico é uma das maiores questões do transgênero, que se submete, muitas vezes, a tratamentos hormonais e intervenções cirúrgicas para que possa viver conforme o gênero com o qual se identifica.

A consultoria de imagem visa a promover um encontro da essência do indivíduo com sua expressão corporal e seu vestuário, trazendo soluções, adequações e mudanças com a aplicação de elementos na aparência. No caso de transgeneridade, um indivíduo que não se reconheça no próprio corpo pode se utilizar de artifícios, como as roupas, que traduzam seus desejos de imagem e o aproximem de quem ele realmente é na sua essência, personalidade e identidade. Se, para o transgênero ser quem ele realmente é, configura uma questão a ser superada dentro do ambiente de trabalho, a consultoria de imagem pode ser uma estratégia eficaz para o alcance desse objetivo.

Para esta análise, foi aplicado um questionário a 10 pessoas transgêneras, vivendo uma identidade de gênero diversa daquela determinada por seu sexo biológico. As respostas vieram por formulário digital. Além disso, foi realizada entrevista semiaberta com profissional responsável por implementação de políticas de diversidade dentro de organizações brasileiras, o comunicador

---

[9] Decreto Presidencial n.º 8.727/2016, que dispõe sobre o uso do nome social e o reconhecimento da identidade de gênero de pessoas travestis e transexuais. Disponível em: http://www.planalto.gov.br/ccivil_03/_ato2015-2018/2016/decreto/d8727.htm. Acesso em: 20 ago. 2019.

[10] Processos ADO 26 e MI 477, julgados em 13 de junho de 2019, ambos do Supremo Tribunal Federal. Disponível em: https://portal.stf.jus.br/processos/detalhe.asp?incidente=4515053. Acesso em: 20 ago. 2019.

[11] A Transgender Europe (TGEU) é uma rede de diferentes organizações de pessoas transgênero, transexuais e suas varrições, e outras pessoas que pensam da mesma maneira para combater a discriminação e apoiar os direitos das pessoas trans. Foi fundada em 2005, em Viena, durante o "1º Conselho Europeu de Transgêneros", como Rede Europeia de Transgêneros, e atualmente é uma ONG registrada como Transgender Europe. Disponível em: https://tgeu.org/. Acesso em: 19 ago. 2019.

e doutorando em Comunicação na Escola de Comunicação e Artes de São Paulo, Ricardo Sales, gestor da empresa Mais Diversidade.

Defende-se a criação de processos de consultoria de imagem dentro do suporte já oferecido para a população transgênera nas empresas e voltar o olhar para um trabalho mais pontual com a aparência desses indivíduos, que configura uma questão tão importante num processo de descoberta e autoaceitação.

O CORPO, AS ROUPAS E O GÊNERO

De acordo com Moulin (2008), o corpo é o vetor fundamental de nosso ser-no-mundo. Se o ser humano existe, ele o faz por meio de um corpo, que é diferente de todo e qualquer outro existente. Essa singularidade é comprovada pela genética humana e união de células e moléculas que conferem uma combinação única (com exceção de gêmeos idênticos, que possuem o mesmo DNA, mas, ainda assim, diferem em suas digitais).

Para Foucault (2017), corpo é um campo no qual ficam inscritos os acontecimentos, articulados com a História, que ali ficará sedimentada com suas marcas. Nesse mesmo corpo, nascem os desejos, e as ideias se dissolvem, inventando, o *Eu*, para si, uma identidade própria ou uma coerência.

Manifestações comportamentais, no entanto, foram e ainda são diretamente relacionadas com a anatomia. O sistema binário de gênero, que é classificado em masculino e feminino, reforça a ideia de que o que determina o comportamento de uma pessoa é o seu corpo, e sua maneira de ser deve ser coerente e estar de acordo com disposições culturais e históricas.

Vestir-se é uma forma de expressar a identidade. Por transmitir significados, uma roupa "é o meio pelo qual uma pessoa manda uma mensagem a outra. É por meio da roupa que uma pessoa tenciona comunicar suas mensagens a outra" (BARNARD, 2003, p. 52). A forma como alguém se veste pode dar sentido a um contexto, a uma situação e às coisas nele inseridos. Como afirma Barnard (2003), as roupas são fenômenos comunicativos, que colocam o indivíduo para interagir socialmente ou fazer parte de um grupo cultural.

As vestimentas comunicam pertencimento ou relação a determinado gênero. Relacionando corpo físico, o sexo biologicamente determinado e as escolhas do vestuário, é possível entender um conceito, já culturalmente enraizado e com interpretações resultantes da realidade em que se vive. Porém, se entendermos gênero como construção social, baseando-se no raciocínio de que o gênero não é determinado (somente) pela anatomia dos corpos, mas também por uma realização cultural e identificação, as roupas podem passar por transformações também no que tange a seu sentido e à sua comunicação.

A QUESTÃO IDENTITÁRIA DO TRANSGÊNERO NO AMBIENTE CORPORATIVO

Os ambientes organizacionais no Brasil, independentemente do ramo da empresa, possuem, em sua maioria, uma característica comum: o corpo de funcionários é formado por homens brancos. O Brasil ainda está preso a um formato machista e patriarcal, além de cisgênero e heteronormativo.

Nunca se falou tanto em diversidade. Mas não se menciona a transgeneridade. E a questão que deve ser colocada é se as pessoas que trabalham em prol da diversidade realmente estão preparadas para lidar com as questões de identidade de gênero, independentemente da motivação.

A transgeneridade é comumente um fenômeno sociológico de desvio ou transgressão das normas de conduta estabelecidas pelo dispositivo binário de gênero. O que foge do feminino e do masculino é considerado "divergente", fazendo com que essas identidades sejam marginalizadas, excluídas e estigmatizadas pela sociedade. O termo "transgênero" acaba por reunir todas as identidades que, de alguma forma, descumprem, ferem e/ou afrontam essas normas estabelecidas. A transgeneridade não tem a ver com opção sexual, não deve ser considerada como doença mental e muito menos considerada um comportamento depravado. Trata-se de uma condição sociopolítica de inadequação às normas de conduta de gênero. Para Letícia Lanz (2014, p. 70), "[...] a não conformidade com a norma de gênero está na raiz do fenômeno transgênero, sendo ela — e nenhuma outra coisa — que determina a existência do fenômeno transgênero."

O fenômeno transgênero é determinado pela existência da condição de não conformidade. A pessoa transgênera vive um conflito exatamente por não se encaixar nessas normas estabelecidas. A questão nunca é da pessoa com ela mesma. Mas dela com as normas sociais de gênero, que assim foram convencionadas, e estar fora disso é incorrer em uma transgressão (LANZ, 2014). O desvio social de gênero é capaz de causar graves transtornos à saúde física e mental de quem vive esse conflito.

Normas de gênero são modelos culturais baseados no que foi sancionado ser de homem e ser de mulher, especificando atributos, papeis, condutas específicas e comportamentos desse binário. Assim, a identidade de gênero faz referência a algo interno ao indivíduo, que se identifica ou não com os modelos socioculturalmente determinados. Gênero é um dado coletivo, identidade de gênero é um dado individual de cada um enquanto se sentir homem, mulher ou transgênero (LANZ, 2014).

Muitas vezes, a identidade de gênero é congruente com o sexo genital, e, estando bem ajustada a esse rótulo, a pessoa se comporta de acordo com as normas de conduta de gênero estabelecidas pela sociedade e pela sua época. Aqueles que se sentem desconfortáveis, constrangidos ou, simplesmente, desajustados dentro da categoria de gênero imposta pelo seu corpo físico, precisam "transgredir" para expressar a real identidade de gênero

Os conceitos de identidade de gênero e orientação sexual são totalmente diferentes. Não é o órgão sexual que define o gênero, já que este é uma construção social e cultural. A orientação sexual está associada com a forma como o indivíduo expressa sua afetividade ou sua sexualidade, relacionando-se com pessoas do mesmo sexo, do sexo oposto ou com ambos os sexos. A identidade de gênero é entendida como a expressão, pelo indivíduo, de sua personalidade e suas características de acordo com o gênero com o qual se identifica, independentemente de este ser relacionado ao seu sexo biológico.

Uma das formas de expressar essa identidade de gênero é por meio da vestimenta. Por falta de adequação com o gênero biológico, transgêneros são vítimas de transfobia, violência sofrida por esse grupo devido à sua condição peculiar, o que os impede de ter uma vida social e dentro das escolhas optadas por eles próprios. Assumir-se no ambiente de trabalho ainda é tabu.

Políticas de diversidade dentro das organizações tratam desde a questão de gênero (atualmente muito focada na igualdade entre homem e mulher), passando por raça, etnia e orientação sexual. E hoje existem movimentos focados em inserir no mercado de trabalho pessoas transgênero, como é o caso do site *Transempregos*, que tem o maior banco de dados e currículos desse segmento no país.[12]

É muito importante que a transgeneridade no trabalho seja recebida num ambiente de segurança (para aquele que já se assumiu na sua condição ou pretende transacionar), e que haja uma valorização das diversidades de uma forma geral. Explicitar a identidade configura-se uma escolha pessoal e advinda de sua total liberdade, devendo ser igualmente respeitado caso ele opte por são assumir essa condição.

A CONSULTORIA DE IMAGEM COMO ESTRATÉGIA NOS AMBIENTES ORGANIZACIONAIS

A imposição de uma uniformidade acontece para que a imagem da empresa como um todo possa transmitir competência, confiança e profissionalismo, ou qualquer outra questão que para ela seja importante, colocando-a num patamar de visibilidade positiva e imprimindo sua marca no mercado (BERENHOLC, 2012).

Quando se fala em se transformar socialmente, isso reflete diretamente na forma como nos mostraremos para o mundo. Sendo a pessoa foco ou não, o que ela escolhe para se vestir traz uma mensagem. Essas escolhas são reflexos de fatores culturais, sociais, econômicos e até políticos (BARNARD, 2003). E fazem conexão com nosso interno, com aquilo que desejamos ser e mostrar, resultando em uma combinação entre aquilo que gostamos e o que é permitido pelas normas de conduta ou pelos costumes.

Unidos à roupa, estão também o comportamento e a forma de nos comunicarmos. Essa imagem é fundamental para a apresentação social, sendo que o que se veste pode determinar se seremos aceitos ou não. O vestir reproduz um modelo comportamental que deve ser seguido para que a convivência seja, supostamente, harmônica e pacífica, e possa promover a inclusão ou a separação, num ambiente ou uma situação.

A roupa — e, neste termo, incluídos os acessórios e as estruturas de corte e coloração de cabelo, bem como a maquiagem — acaba sendo um fator primordial e significativo no momento do reconhecimento, transição e transformação do transgênero. Identificar-se visualmente passa pela escolha da roupa, que comunica simbolicamente aquilo que é escolhido ser.

---

[12] O TransEmpregos é o mais antigo projeto de empregabilidade para pessoas transgêneras no Brasil e possui o maior banco de dados e currículos deste segmento dentro do país. Disponível em: www.transempregos.com.br. Acesso em: 19 ago. 2019.

É inevitável que o transgênero, que assim se assume em sociedade, também se vista de acordo com sua liberdade de ser no ambiente de trabalho. Mesmo com o preconceito, a exclusão e a discriminação, a partir do momento em que se decida transicionar, é compreensível que a roupa venha a acompanhar todas as etapas.

Uma pessoa que busca uma consultoria de imagem chega pela promoção do autoconhecimento e pelo desejo de acertar nas escolhas, sentindo-se, por fim, confortável e em paz com sua aparência. Para alguém transgênero, adiciona-se um corpo ou uma aparência que, em geral, não é aceita por ele mesmo, com normas convencionadas de que o que ele se identifica não é o correto, com pelos saindo ou faltando onde ele não gostaria, com curvas ou linhas mais rígidas onde deveria, para ele, ter leveza e suavidade.

As organizações, políticas e núcleos de diversidade, têm adotado medidas, normalmente com acompanhamento de profissionais capacitados, que trabalham, juntamente, questões sobre a aceitação e as mudanças que passarão a ser feitas, de forma a criar segurança e um ambiente respeitoso para todos os envolvidos. A mudança virá de muitas formas, mas uma das mais notáveis, sem dúvida, é a roupa.

Consultores de imagem destacam-se por tratar dos aspectos estéticos e simbólicos do vestir. O foco é a criação de uma identidade visual coerente com a personalidade, encontrando uma singularidade estética em si, levando em conta suas particularidades, como gosto pessoal e tipo físico. Nesse serviço, primeiramente, é necessário ter o maior número de informações possíveis sobre o estilo de vida e as necessidades de quem está passando pelo processo, além de suas características físicas. São consideradas características não observáveis, que são, na realidade, o que leva o cliente a querer trabalhar sua imagem. São elas: a imagem corporal — como a pessoa percebe e deseja que seu corpo pareça —; a autoimagem — como a pessoa percebe suas características psicológicas e sociais —; necessidades individuais que as roupas satisfazem — físicas, psicológicas, sociais ou estéticas (as roupas acabam por satisfazer alguns desses anseios) —; valores — o que a pessoa considera importante e rege suas escolhas (BERENHOLC, 2012).

Após isso, passa-se para a fase das recomendações e intervenções na imagem, que podem ser no uso de roupas, acessórios, maquiagem, corte de cabelo e coloração pessoal. A etapa de coleta de informações é extremamente importante para o entendimento da personalidade, para que as recomendações façam parte de suas preferências estéticas. O que se deve ter em mente é que, mesmo o transgênero não estando com o corpo e, consequentemente, com as formas e dimensões corporais que ele gostaria, em grande parte dos casos, são esses elementos, estudados e aplicados, conforme suas características e seus desejos de imagem que proporcionarão um resultado igual ou muito próximo de como ele realmente se vê e gostaria de parecer.

A consultoria de imagem no ambiente corporativo, que acontece para auxiliar o visual de funcionários de forma que a empresa possa ser entendida e compreendida de acordo com sua missão e seus valores, deve direcionar atenção especial aos transgêneros, pois, além da adequação exigida, quanto ambiente corporativo, já existe uma dificuldade inicial trazida pelo fato de ainda nem se reconhecerem naquele corpo que habitam.

Se o resultado se converter em um processo de autoconhecimento, autoexpressão, liberdade e autoafirmação do transgênero, e se trabalhado dentro de um ambiente onde a relação com sua imagem e a obtenção do seu sustento estão diretamente ligados, causando conforto e mais produtividade, mostra-se totalmente viável a ideia de oferecer dentro das políticas de diversidades o serviço de consultoria de imagem.

REFERÊNCIAS

BARNARD, Malcom. **Moda e comunicação**. Rio de Janeiro: Rocco, 2003.

BERENHOLC, Ilana. Personal styling e os serviços de consultoria de imagem. *In:* FAÇANHA, Astrid; MESQUITA, Cristiane (org.). **Styling e criação de imagem de moda**. São Paulo: Senac São Paulo, 2012, p. 145-160.

ECO, Umberto *et al.* **Psicologia do vestir.** Lisboa: Assirio e Alvim, 1982.

FISHER-MIRKIN, Toby. **O código do vestir**: os significados ocultos da roupa feminina. Rio de Janeiro: Rocco, 2001.

FOUCAULT, Michel. **História da sexualidade 1**: a vontade de saber. São Paulo: Paz e Terra, 2017.

LANZ, Leticia. **O corpo da roupa**: a pessoa transgênera entre a transgressão e a conformidade com as normas de gênero. 2014. 342 f. (Mestrado em Sociologia) –Programa de Pós-Graduação em Sociologia, Universidade Federal do Paraná, Paraná, 2014. Disponível em: https://acervodigital.ufpr.br/handle/1884/36800. Acesso em: 18 ago. 2019.

MODESTO, Edith. Transgeneridade: um complexo desafio. **Revista Via Atlântica**, São Paulo, n. 24, 2003, p. 49-65. Disponível em: https://doi.org/10.11606/va.v0i24.57215. Acesso em: 18 ago. 2019.

MOULIN, Anne Marie. O corpo diante da medicina. *In:* CORBIN, Alain; COURTINE, Jean-Jaques; VIGARELLO, Georges. Petrópolis, RJ: Vozes, 2008. Título original: Histoire du corps: Les mutations du regard: Le XXe siècle.

SALES, Ricardo. **Políticas de respeito à diversidade sexual no ambiente de trabalho**: análise das percepções sobre o papel da comunicação em organizações participantes do Fórum de Empresas e Direitos LGBT. 2017. 134 f. Dissertação (Mestrado em Ciências da Comunicação) – Programa de Pós-Graduação em Ciências da Comunicação, Escola de Comunicações e Artes da Universidade de São Paulo, São Paulo, 2017. Disponível em: http://www.teses.usp.br/teses/disponiveis/27/27154/tde-12012018-112601/pt-br.php. Acesso em: 18 ago. 2019.

SCOTT, Joan. Gênero: uma categoria útil de análise histórica. **Revista Educação & Realidade**, Porto Alegre, v. 20, n. 2, jul./dez. 1995, p. 71-99. Disponível em: https://repositorio.ufsc.br/xmlui/handle/123456789/1210. Acesso em: 18 ago. 2019.

SOHN, Anne-Marie. O corpo sexuado. *In:* CORBIN, Alain; COURTINE, Jean-Jaques; YAGO, Daniel Françoli. Problemáticas e rumos do campo LGBT* nas organizações. *In:* CAMILO, Juliana; FORTIM, Ivelise; AGUERRE, Pedro (org.). **Gestão de pessoas**: práticas de gestão da diversidade nas organizações. São Paulo: Senac, 2019.

MULHERES TRANS E LGBTQIAP+

ALDO CLECIUS @aldoclecius – BRASIL

<u>Márcia</u> É com muita alegria que começo a conversar agora com Aldo Clecius, que é consultor de imagem do público LGBTQIAP+. O Aldo, além de falar com a gente sobre a consultoria voltada para esse público, vai nos ensinar a lidar com toda a nomenclatura, explicando tudo para nós, porque eu entendo o nosso espaço como didático-pedagógico, para nós aprendermos sobre esse público que não é tão falado, mas que ganha mais visibilidade, justamente porque usa a moda e a consultoria de imagem como uma grande e importante ferramenta de construção da sua imagem.

<u>Aldo</u> **Acho que é de fundamental importância pensar as práticas contemporâneas que a gente tem na consultoria de imagem e entender a diversidade do ser humano. É algo vital e necessário para o futuro da consultoria de imagem.** A Ciência, desde o início do século XX até o início do século XXI, evoluiu muito no entendimento do que que é a psiquê do ser humano, o desejo do ser humano, como esta complexidade acontece nos "indivíduos". O termo indivíduo, ou sujeito, que veio de lá do Renascimento com toda discussão do Iluminismo, traz essa ideia de que algo é único. Entender isso é um aprendizado para a humanidade, é fundante para o pensamento contemporâneo. Se pensarmos na História, por exemplo, até pouco tempo atrás, nós tínhamos castas, não tínhamos pessoas. O Iluminismo começou a deflagrar essa ideia do sujeito, e essa definição de quem somos foi crescendo ao longo dos anos. Não que ela não existisse na História humana, mas somente a partir do Renascimento que começamos a amadurecer a ideia de sujeito, enquanto singularidade. Este conceito, que ainda não foi entendido e explorado em sua totalidade, é algo "novo" na História da humanidade.

Precisamos entender as complexidades ligadas não só à psiquê, mas à forma como se pensa a afetividade, a forma como se pensa o desejo sexual, a performatividade da imagem. E cada vez que entendemos e nomeamos, nós corremos riscos. A taxonomia, área da Biologia, preocupa-se em nomear e classificar, a partir de um conjunto de características, a diversidade dos seres vivos. Ao nomearmos, criarmos definições do que é, e o que não é, deixamos de fora as anomalias. Mas, elas existem e devem ser consideradas. Por exemplo, se definirmos que o sapo é um animal que tem quatro patas e pula, por acaso o que tem três e pula não será sapo? Da mesma forma temos que considerar a imensa gama de variantes humanas quando se trata de classificação, padrão e jeito de ser e manifestar-se visualmente por meio da aparência.

O ser humano tende a classificar para entender e lidar com o desconhecido. Quando não entende, a partir de suas classificações, o que está vendo, tende a anular, destruir, aniquilar porque o que vê representa para o cérebro um perigo. É uma reação psíquica, normal do ser humano. Por isso é preciso ter cuidado e entender o diferente para que a gente saiba conviver e lidar com ele. Quando falamos de público LGBTQIAP+ estamos falando de classificações que foram e são necessárias para entendermos a diversidade humana. Se por um lado, ter essas nomenclaturas significa um avanço social - cada grupo desses, que compõe essa sigla teve que brigar para existir e teve que criar uma classificação. E a partir delas gerar entendimento social do que são e as políticas públicas, sociais e econômicas para sobreviver. Estas classificações são muito perigosas porque elas estão longe de abranger a diversidade de gênero, desejo e performatividade humana.

Quando estamos falando de consultoria de imagem, pensamos em uma maneira de revestir a psiquê de um sujeito. De colocar algo que conte um pouco de como a pessoa se vê, de como ela se enxerga, mas também de como ela sente. **Então, antes mesmo de falar da sigla, eu queria falar de algumas definições científicas. Quando estamos falando de identidade de gênero, estamos falando de projetar minha imagem como eu me vejo. Então eu quero ajustar a minha imagem à minha identidade de gênero.**

Eu posso perfeitamente ser um homem, biologicamente determinado pela genitália comum aos homens, porém me ver como uma mulher. E isto não quer dizer que eu seja doente, é apenas um espectro da vasta diversidade de ser e estar da humanidade, dos sujeitos, dos indivíduos. **A identidade de gênero é como a cabeça pensa. É como a pessoa se sente, é como a pessoa se enxerga. Diferente da orientação sexual que é o desejo, é como se deseja. A identidade de gênero difere da minha orientação sexual porque tem a ver com o desejo de atração sexual mesmo. E o sexo biológico é aquele que é dado no nascimento, que nem sempre é como a pessoa se vê e nem como deseja ser, que é a orientação sexual. E por fim, a gente tem a camada mais, digamos assim, subjetiva e potente, que é aquilo que a consultoria de imagem trabalha: a "expressão de gênero" sendo o indivíduo uma pessoa cisgênera ou não.**

Márcia Traduz, Aldo!

Aldo [risos] **Cisgênero é aquele que nasceu se identificando com o seu sexo biológico.** Eu sou um homem *gay*. Eu me entendo enquanto o meu corpo como homem e eu gosto e me identifico como homem. Mas a minha orientação sexual, o meu desejo é por outro homem, e não por uma mulher. E a expressão de gênero é como eu gosto de aparecer. É como eu gosto de agir, como eu gosto de me vestir. Olha que interessante!

Durante muito tempo na história, as crianças eram dadas como agêneras, até determinado momento, quanto ao uso de roupas e indumentárias. Vestiam-se túnicas ou com adornos corporais comuns entre os dois gêneros. Essa demarcação visual potente de gênero desde a infância vai ser inaugurada junto com o triunfo do pensamento burguês – ele quer legar pra gente todo o código indumentário de quem foi colonizador ou de quem nasceu na Europa. Então, eurocêntrico, portanto.

A burguesia, nova força estabelecida, vai impor vários códigos. Antes da burguesia, os nobres embaralhavam também a expressão de gênero porque homem se vestia com perucas e maquiagens igual a mulher. É na Revolução Francesa que acontece de eles entenderem que aquela estética lembrava o regime velho e come-

çam a assassinar todos os homens que se vestiam e se pintavam como mulher. No livro "A moral da máscara", do francês Patrice Bollon, toda essa cena é bastante descrita. A consultoria de imagem precisa muito avançar na questão de entender a diversidade do ser humano. E é essa diversidade que a gente precisa procurar vestir, independente das classificações. Mas a gente precisa entender as classificações para entender sobre o que se fala.

Márcia Aldo, eu vou pedir que você fale sobre o "L" e o "G".

Aldo Então, vamos lá. O "L" se refere a mulheres que vão ter uma afetividade por mulheres. *Gays*, que é uma palavra construída que tem outros congêneres, mas aqui vai se referir ao homem que sente atração sexual e afetiva por outro homem. O "B" são os bissexuais. São aqueles que têm atração sexual tanto por homens como por mulheres. **Mesmo marcadas pelo binarismo**. Pode ser as duas ao mesmo tempo. Notadamente, a pessoa vai ter afetividade por homens e por mulheres. **Então, na verdade, essas siglas falam muito da relação afetiva sexual, que tudo isso a gente entendeu, está na identidade do gênero, e não no órgão genital.** E quando eu falo "a gente", eu estou falando da Ciência e trazendo esses conceitos. **A identidade é como a pessoa pensa, como se enxerga e como se vê. Que é diferente do sexo biológico, que é diferente do desejo. Então, essas siglas têm a ver com orientação sexual porque estão falando do desejo, do afetivo sexual. E a expressão de gênero é como a pessoa gosta de se mostrar, de aparecer e ser. Na sigla LGBTQIAP+ estão também os transexuais ou os travestis, que são pessoas que nasceram em um gênero, biologicamente falando, porém se entendem como outro gênero. Ainda temos muita repressão e preconceito com relação a população trans e travesti. Em alguns países ainda é um tabu. A população trans e travesti é a que mais morre no mundo. O nível de expectativa de vida da população travesti no Brasil é em torno de 30 anos.**

Márcia Que isso! Só 30?

Aldo: Só 30 anos. Principalmente a situação do travesti que é homem, que vai se identificar com o sexo feminino, quando ele não é aceito pela família, o único lugar que a sociedade mostra é a rua. Então, muitos vão para a prostituição. E isso não é só no Brasil. Por isso classificar ainda é importante, porque se reconhece a existência deste grupo social e se pensa em políticas públicas, sociais e econômicas de inclusão para esse grupo. Aos poucos, parte dessa população está acessando um lugar mais sofisticado, que é poder pensar num auxílio de um profissional para construir a sua expressão de gênero. É um grupo ainda muito pequeno. **O que eu quero dizer é que esse trabalho que eu faço não deixa de ser um trabalho para um grupo muito privilegiado que tem acesso e liberdade por conta do lugar onde transita, do meio em que convive de poder se expressar de acordo com a sua identidade de gênero.** É importante dizer que trans não é só aquele que faz as intervenções cirúrgicas radicais para adequar o corpo à psiquê. Existem trans e travestis que não fizeram a transição, que não fizeram toda a mudança radical de trocar a genitália ou só de trocar os seios. Existem vários estágios em todas essas decisões e a gente considera como sendo trans porque a transexualidade tem a ver com uma identidade profunda de como eu me vejo e de como me expresso. A sigla "QIA" foi acrescentada e é até um pouco controversa porque ela não diz sobre o desejo afetivo. Mas diz sobre pessoas que não se encontram nessa linha binária entre sexo masculino ou feminino. E confunde até um pouco a sigla com o pansexual com o desejo afetivo. Ele independe da sexualidade. O público "QIA" não quer se identificar com a imposição compulsória da heterossexualidade e da cisgeneridade, que é a pessoa ter que aceitar que o correto é pensar que a psiquê precisa ser igualzinha ao sexo biológico que nasceu. E é muito interessante a gente entender e pensar esses conceitos também na consultoria de imagem. **Basicamente, quando começamos a consultoria de imagem, sempre pensamos naquilo que é dado, muitas vezes, começamos na binariedade** ou a pessoa é heterossexual ou a pessoa não se identifica com a heterossexualidade. E aí se a pessoa não se identifica, pode ser *gay*, ser lésbica, ser QIA, ser bi, ser trans, pode, inclusive, ser assexuado, não sentir desejo sexual e não ter o seu corpo necessariamente ligado a nenhuma identidade. E aí a gente vai falar do sexo fluido. E quando falamos do sexo fluido, falamos da identidade fluida. Por exemplo: é o caso de muitas drags que eu acabo vestindo ou de travesti, que, em um momento, do dia a dia, se expressa enquanto homem e, alguns momentos, enquanto mulher, e outros momentos, embaralha essas identidades. E para mim é muito tranquilo. Tudo isso talvez seja muito complexo para a consultoria de imagem que nasceu muito ortodoxa, nasceu pensando no homem/mulher. Nos anos 2000 a consultoria de imagem começou a assimilar que nem todo homem e nem toda mulher tem que seguir um padrão. E esse não foi só um entendimento da consultoria de imagem, foi um entendimento da sociedade como um todo.

<u>Márcia</u> **Quais são as técnicas que você usa com esse público? Há diferenças?**

<u>Aldo</u> **As diferenças são enormes. Mas eu acho que as técnicas que eu uso poderiam ser usadas por todos os profissionais. Por isso eu fiz questão de trazer os conceitos. Eu acho que a gente tem que entender primeiro como aquele sujeito se identifica, a identidade de gênero dele. E existem várias técnicas pra gente começar a perceber isso,** desde a pergunta do questionário da anamnese. Eu desenvolvo uma técnica de criar painéis artísticos nos quais as pessoas vão construindo quem elas eram no passado, quem elas estão sendo no presente e como querem se apresentar no futuro. É importante ressaltar que o "eu" presente, está em movimento, em mutação constante. Na verdade, o consultor de imagem é aquele sujeito que, quando se está muito perdido com a própria expressão pessoal, está ali para "ajudar" o sujeito a mediar sua imagem com o mundo.

<u>Márcia</u> É construção de imagem.

<u>Aldo</u> Eu lido com público trans ou mesmo LGBT, alguns artistas e performers. Este público precisa se sentir seguro para expor o corpo, então a gente vai avaliando como construir esta imagem. Porque, na maioria das vezes, a mesma roupa que ela vai usar no palco, não poderá ser usada no dia adia, porque representa risco de vida.

<u>Márcia</u> **É a minha próxima pergunta: como lidar com a construção de imagem em um país transfóbico? Porque veja só, o que é o interessante da consultoria? Chega um cliente e diz o que quer. Mas o fato de se transformar exatamente no que se quer, no caso do grupo trans, pode significar correr mais risco caminhando na rua.**

<u>Aldo</u> Entender esse lugar da performatividade do sujeito é de extrema importância para o consultor de imagem. E performar não é fingir. Performar é ser aquilo, naquele momento. E nós,

sujeitos, temos vários tipos de performance. Performance com a família, no trabalho, do desejo, da orientação sexual. Eu tenho a minha grande orientadora da vida, a pesquisadora Kathia Castilho, que tem um livro incrível, que eu acho que todo consultor de imagem tem que ler, que é *A linguagem das roupas*.

Márcia A consultoria de imagem me ajuda a ser o que eu quero ser.

Aldo "Eu posso ser quem eu quero ser". E aí a gente entra em uma discussão muito interessante de liberdades individuais do século XXI.

Márcia Eu vou interromper porque eu não sei se você sabe. Aqui em Portugal tem uma lei de proteção ao público LGBTQIA+, que é por conta do assassinato da Gilsberta Salce Junior, que era uma mulher trans que fazia trabalho sexual, vivia com Aids e ficou em uma situação sem abrigo em Portugal. E aí sofreu muita violência e foi assassinada. Graças à busca por justiça pra ela, foi criada uma lei de auxílio e de justiça para esse público. O que eu vou perguntar com essa introdução é: o Brasil não vive um momento feliz nesse aspecto, né?

Aldo Não, super infeliz. O Brasil é onde mais assassinam trans e travestis.

Márcia Que tipo de militância ou de participação, ou de colaboração que seja, a consultoria de imagem pode trazer em função da aceitação do público trans ou LGBTQIAP+?

Aldo Todo consultor de imagem é, antes de tudo, um educador visual. Essa educação é uma educação do sujeito para com ele mesmo. A gente se entende enquanto sujeito na alteridade, então a gente precisa da existência do outro.

Márcia A identidade é estabelecida também pela comparação. Eu sei quem sou em função do outro que também deve saber quem é.

Aldo A primeira consideração é: precisamos aprender mais. Não existe uma fórmula, existem experiências que a gente pode ir testando. A consultoria de imagem vai lidar com subjetividades e delicadezas que são da alma. E quando a gente entende isso e tem o trabalho de estudo e orientação, a gente fica mais sensível para entender aquele sujeito que está ali, diante de nós. O nosso cliente. Porque a gente não vai dizer quem ele é, ele vai ter que mostrar para gente quem ele é, e ele só vai dizer quem ele é e se está satisfeito, se ele se sentir confortável na consultoria de imagem. O consultor de imagem precisa entender mais da psiquê humana, de sociologia, antropologia social, como é performar em grupo e em público, como é performar identidade de gênero.

A PELE ONDE EU VIVO[13] NOTAS PRELIMINARES ACERCA DE AVATARES, SKINS E A CONSTRUÇÃO DA IMAGEM DIGITAL

Selma Oliveira[14]

---

[13] Referência ao filme *La piel que habito*, de Pedro Almodóvar, 2011.
[14] Doutora em História pela Universidade de Brasília. Pesquisadora de narrativas gráficas e audiovisuais da Cultura Pop. Criativa das áreas gráficas e audiovisuais.

Ao refletir sobre as narrativas contemporâneas, tomamos de Tito Mácio Plauto uma de suas frases mais marcantes e subvertemos seu sentido: *homo homini narratus est*[15], ou o homem é o narrador do homem. Ele narra a si, ao mesmo tempo em que é narrado por outrem. De acordo com Roland Barthes (1971, p. 18), a narrativa é inerente à humanidade:

> [...] a narrativa está presente em todos os tempos, em todos os lugares, em todas as sociedades; a narrativa começa com a própria humanidade; não há, não há em parte alguma, povo algum sem narrativa; todas as classes, todos os grupos humanos tem suas narrativas, e frequentemente estas narrativas são apreciadas em comum por homens de cultura diferente, e mesmo opostas; a narrativa ridiculariza a boa e a má literatura; internacional, trans-históricas, transcultural, a narrativa está aí, como a vida.

Considerando a fala de Barthes (1971), queremos propor que o homem existe não somente porque é narrador, mas, principalmente, porque é personagem (quem), enredo/ conflito (como e por que), lugar (onde) e tempo (quando); ele escreve e se inscreve socialmente pela narrativa.

Se adotarmos a contemporaneidade stuartiana como cenário narrativo, podemos entender a década de 1970 como marco da modernidade tardia e, consequentemente, como ruptura do paradigma da identidade única. Nesse sentido, Hall (2005, p. 9) argumenta que:

> Um tipo diferente de mudança está transformando as sociedades modernas do final do século XX. Isso está fragmentando as paisagens culturais de classe, gênero, sexualidade, etnia, raça e nacionalidade que, no passado, nos tinham fornecido sólidas localizações com indivíduos sociais. Estas transformações estão também mudando nossas identidades pessoais, abalando a idéia que temos de nós próprios como sujeitos integrados. Essa perda de "um sentido de si" estável é chamada, algumas vezes, de deslocamento ou descentração do sujeito. Esse duplo deslocamento — descentração do indivíduo tanto de seu lugar no mundo social e cultural quanto de si mesmo — constitui uma "crise de identidade".

A compreensão da identidade como uma "celebração móvel" (HALL, 2005, p. 13) e, como sugere Hall, lócus no qual "o sujeito assume identidades diferentes em diferentes momentos" (p. 13) e não unificadas "ao redor de um eu coerente" (p. 13), permite-nos induzir que as múltiplas identidades desse mesmo sujeito são narrativas produzidas no cotidiano. Sendo assim, de acordo com a afirmação de Hall, vamos traçar o esboço da seguinte proposição: o sujeito da contemporaneidade é, por fim, narrador e personagem, criador e criatura, ou uma espécie de *homini narratus habilis.*[16] Temos, então, um sujeito cujas identidades são forjadas em suas e por suas narrativas perceptuais (afetos e sentidos) e físicas (materiais).

Narrar enquanto é narrado é uma condição histórica que, de acordo com Leite (2004, p. 5-6), foi se complicando de tal forma que:

> [...] o NARRADOR foi mesmo progressivamente se ocultando, ou atrás de outros narradores, ou atrás dos fatos narrados, que parecem cada vez mais, com o desenvolvi-

---

[15] De Tito Mácio Plauto (230 a.C. - 180 a.C.) — dramaturgo romano que viveu durante o período republicano: *homo homini lupus est* — o homem é o lobo do homem. Frase extraída da peça *Asinaria* (um dos mais antigos textos do latim), popularizada pelo ao filósofo Thomas Hobbes — https://pt.wikipedia.org/wiki/Plauto. Acesso em: 28 de junho de 2022.

[16] Sobre o *homini narratus habilis*, gostaria de remeter o leitor para meu o artigo "Imaginário e Narrativa", na obra *Mídia e Imaginário* (CASTRO), onde a noção proposta é desenvolvida.

mento do romance, narrarem-se a si próprios; ou, mais recentemente, atrás de uma voz que nos fala, velando e desvelando, ao mesmo tempo, narrador e personagem, numa fusão que, se os apresenta diretamente ao leitor, também os distancia, enquanto os dilui.

Quem narra, narra o que viu, o que viveu, o que testemunhou, mas também o que imaginou, o que sonhou, o que desejou. Por isso, NARRAÇÃO e FICÇÃO praticamente nascem juntas.

Nosso *homini narratus habilis* constrói suas identidades à medida que se narra e é narrado. Ele cria textos e imagens de si, possui texturas diversas e engendra suas tessituras, assim como a de outros indivíduos. Ele produz e é produzido por seu imaginário (*imago*[17], *imaginis*, imagografia[18], imagofagia[19]). Ele é constituído por um conjunto de narrativas e constitui a rede narrativa de outros sujeitos (imaginário potencial/ virtual[20]), em diferentes esferas – física, midiática e, principalmente, digital. O indivíduo contemporâneo é sujeito convertido em simbólico que se transforma em diabólico, e vice-versa.

Esse sujeito, criador e criatura de múltiplas narrativas, se move, se molda, é movido e moldado no imaginário e pelo imaginário social que, segundo Baczko (1985), opera por meio de um sistema simbólico que se baseia nas experiências afetivas dos indivíduos. Dessa forma, o imaginário contemporâneo é construído e experienciado[21] em meio a um fluxo constante de informações — textos, áudios e imagens —, no qual o tripé comunicação e cultura medeia a criação de seus universos simbólicos. Tempo espaço, identidade, o eu e o não-eu são apenas alguns dos muitos conceitos que se reconfiguram sob as influências de uma cultura digital cada vez mais presente no nosso cotidiano.

Para habitar o espaço digital, é necessário reordenar os sentidos de presença e corporeidade, cumprindo as regras e demandas desse lócus. Para ser-estar no ambiente digital, usamos o avatar[22] que, na contemporaneidade, se apresenta como manifestação gráfica que dá corpo e presentifica o sujeito nesse ambiente. Nos metaversos[23], nos quais a materialidade do corpo torna-se obsoleta, a figura do avatar torna-se mediadora entre a esfera digital e a esfera física.

---

[17] Do latim — *imago, imagines* — origem etimológica do termo imagem – no sentido de semelhança, representação ou retrato. Em Dicionário Houaiss Online — https://houaiss.uol.com.br. Acesso em: 23 de junho de 2022.

[18] **Escrever em imagens** — composição livre da pesquisadora dos termos *imago* e *grafia*. Lat. *imágo, ìnis* 'semelhança, representação, retrato', pelo genit., cp. *imago*; ver *imag-*; f.hist. sXIII *imagem*, sXIII *ymagem*, sXIII *omagem*. E graf(o) — + *-ia*; f.hist. 1858 *graphía* — pospositivo, conexo com ***-grafia*** 'escrita, escrito', ver, em compostos der. dos subst. lá relacionados com a noção de 'pessoa ou coisa que escreve, descreve, convenciona e afins' (como *aneroidógrafo, geógrafo, dactilógrafo, musicógrafo, estenógrafo* etc.); em profissões muito modernas, há a tendência (por influxo do ing.) de dominar ***-grafista***, ver; há uma constelação morfossemântica conexa, embora sem alguns elos explicitados (constituindo estes, assim, fonte de pal. virtuais ou potenciais): grafo:-grafia:-gráfico.

[19] **Comer imagens** — composição livre da pesquisadora dos termos *imago* e *phagos*. pospositivo, do gr. *-phagos*, de *phagëin*, inf. aor. de *esthíein* '*comer*' + *o suf.* *-ia*, formador de subst. abstratos, em comp. gregos, já formados analogicamente a partir do Renascimento: *acridofagia, afagia, androfagia, antropofagia, autofagia, bacteriofagia, creofagia, disfagia, hipofagia, homofagia, necrofagia, opiofagia, polifagia, sialofagia, zoofagia* etc.; ver ***fag(o)-***

[20] No sentido potência, sentido este adotado por Pierre Lévy em: *O que é virtual*, 1997.

[21] De acordo com Eugene Gendlini (1961): "(1) A Experienciação é sentida ao invés de pensada, sabida, ou verbalizada. (2) Experienciação ocorre no presente imediato. Não se trata de atributos generalizados de uma pessoa como traços, complexos ou disposições. Em lugar disso, a Experienciação é o que uma pessoa sente aqui e agora, neste momento. Experienciação é um fluxo constantemente mutável de sentimentos que torna possível para qualquer indivíduo sentir alguma coisa em qualquer dado momento."

[22] A palavra avatar tem origem no sânscrito, língua usada na religião hindu. Seu significado remete à ideia de deidades que adquirem corpo material para voltar a habitar a dimensão humana, e esse corpo recebe o nome de avatar. O termo avatar foi inicialmente usado nos anos 1970 para designar a identidade digital dos jogadores de videogames.

[23] O termo pode ser atribuído ao escritor Neal Stephenson que, no início da década de 90, o utilizou em um romance pós-moderno, intitulado *Snow Crash*. Para Stephenson, o metaverso é uma ampliação do espaço real do mundo físico dentro de um espaço virtual. Sua característica principal é ser um espaço dinâmico onde o ambiente se modifica em tempo real, na interação entre os usuários.

A representação gráfica do corpo digital reconfigura corpo físico, transforma-se em um híbrido que borra a fronteira da materialidade e amplia aquilo que o indivíduo pode entender como ele mesmo (*self*) e como corpo dentro da esfera digital e do contexto da cibercultura.

A reconfiguração ou modificação do corpo data de tempos primevos. Mulheres e homens lançavam mão de artifícios e artefatos para compor suas imagens e, com isso, demarcar suas identidades. Se pensarmos na maquiagem e nos adereços como *piercing*, alargadores, perucas etc., podemos afirmar que o corpo humano, há muito, é objeto de modificações que identificam grupos e determinam hierarquias sociais, ou são por elas determinados. O corpo humano sempre foi plástico, mas no lócus digital o *homini narratus habilis* pode criar e/ ou recriar corpos que representem suas identidades. Na contemporaneidade, ele pode desdobrar seu eu físico em várias representações, em vários eus digitais que podem ser zoomorfos, antropozoomorfos, ciborgues ou cibernéticos. Pode construir o seu eu-avatar, dando-lhe diferentes formas e atributos. De acordo com Lopes e Oliveira (2013, p. 3-4):

> Partindo de uma tradução imagética permitida pelo avatar constrói-se nesse ambiente uma nova perspectiva do "eu no mundo", adaptada às demandas desse lugar. Esse novo eu (corporificado pelo avatar) não se isola do primeiro eu, o físico, ou de outros "eus" que esse sujeito possua. O que se observa é a dialética entre as instâncias online e off-line, relação composta por contiguidades e rupturas. Caminhando para a construção de algo que extrapola o registro imagético do avatar, caminhando para o que muitos identificam como "identidade virtual".

A plasticidade do avatar amplia o sentido de corpo, assim como os sentidos do corpo. O ser-imagem pode ser moldado, modificado ou aperfeiçoado pelo sujeito de acordo com o metaverso no qual existe, transita e atua. As histórias do sujeito digital desdobram-se em múltiplos lugares e tempos, por diferentes avatares que, por sua vez, podem ser revestidos por diferentes *skins*. Segundo Macedo e Amaral Filho (2015, p. 234), "[...] as *skins*, peles de um avatar, são *designs* que possuem modelagens e temas específicos, compostos basicamente de customizações estéticas, efeitos gráficos e até mesmo nas falas (*quotes*) preestabelecidas de um personagem/campeão." São itens ou elementos estéticos — adereços, vestimentas etc. — que diferenciam os avatares, assim como as experiências do sujeito nos ambientes digitais.

Nos jogos online de ação/competição, como World of Warcraft, League of Legends, Fortnite, Free Fire[24], nos ambientes virtuais simuladores voltados para interações sociais, como Habbo Hotel, Second Life, IMVU[25], ou em plataformas de realidade virtual 3D, como Decentraland[26], as *skins* são bens virtuais que podem ser adquiridos por meio das moedas dos jogos ou compradas com moeda corrente ou criptomoeda.

De um modo geral, as *skins* são bens virtuais que não alteram ou fortalecem os atributos e as habilidades do avatar. São itens voltados para a construção da imagem do sujeito nesse ou naquele metaverso. Peles que podem conferir credibilidade, *status* e exclusividade ao sujeito/jogador, diferenciando-o dos demais. Nos jogos de batalha, uma *skin* pode conferir ao personagem/jogador uma aparência de superioridade e de força; e, em ambientes ou plataformas

---

[24] *World of Warcraft, Blizzard*, 2004; *League of Legend, Riot Games*, 2009; *Fortnite, Epic Games e People Can Fly*, 2017; *Garena Free Fire, 111dots Studio*, 2017.

[25] *Habbo Hotel, Sulake*, 2000; *Second Life, Linden Lab*, 2003; *IMVU*, Eric Ries, Matt Danzig, Marcus Gosling e Will Harvey, 2004.

[26] *Decentraland, Decentraland Foundation, community*, 2020.

digitais voltadas para a interação social, pode revestir o personagem/sujeito com uma aura de singularidade ou de sofisticação.

A plasticidade do avatar também vem sendo experimentada no campo das artes. As instalações I-SKIN 1.0 e I-SKIN 2.0 de Naziha Mestaoui, arquiteta e urbanista, e o *new media designer*, Yacine Aït Kaci, com a colaboração de Crstof, *designer* de moda, e Stephan Haer, músico compositor, foi apresentada no Musée de la Mode et du Textile e constitui uma reflexão sobre a identidade eletrônica.

> O projeto I-SKIN 1.0 + 2.0 Virtual Identities, concebido no âmbito da exposição La Beauté em Avignon, explora os temas da beleza e da transformação do corpo por meio do vetor das tecnologias de informação e comunicação. A partir do prisma do avatar (duplo virtual da pessoa), a instalação destaca questões relativas à percepção, representação e extensão do indivíduo no espaço eletrônico. Esse processo de criação ilustra a ligação entre informação e aparência, na origem do nome I -Skin, uma pele de informação. (Le Project I-Skin 1.0 + 2.0, tradução do autor)[27]

A importância das *skins* pode ser mensurada por sua ressonância na esfera física. Em 2021, o São Paulo Fashion Week (SPFW) foi palco de uma experiência que saltou da realidade digital para a realidade física. Algumas *skins* do jogo Free Fire chegaram ao mundo físico em uma coleção de moda que foi apresentada nas passarelas do evento. A ação foi uma parceria entre a Garena (desenvolvedora do Free Fire), o Banco Santander e a SPFW. Vinte *skins*[28] de personagens do jogo foram selecionados para serem adaptados e materializados em releituras criadas pelo *stylist* Daniel Ueda e pelo estilista Alexandre Herchcovitch. Breve (2021), colaboradora do *blog* Gizmodo Brasil — que versa sobre tecnologia, ciência e cultura — publicou no *post* sobre o evento:

> Essa não é a primeira vez que a moda e os jogos se misturam. A *Louis Vuitton* e *Riot Games* fizeram uma coleção especial inspirada em *League of Legends* para o Campeonato Mundial de *LoL* de 2019, por exemplo. Neste ano, a *Balenciaga* fez uma *collab* com *Fortnite* para trazer uma coleção ao mundo virtual — fazendo que jogadores a comprassem na loja online para usar no jogo. (BREVE, 2021, online).

A parceria entre a moda e os desenvolvedores de jogos e de plataformas de interação social, mais do que transpor os limites entre as realidades, funde o universo *fashion* com os metaversos e abre um campo inovador e desafiador para colaborações entre estilistas, *designers*, *stylists*, consultores de imagens e outras profissões que se ocupam, cada vez mais, da criação, produção ou reelaboração dos *looks*/narrativas indumentárias[29] que revestem o avatar.

Na esfera digital, o *homini narratus habilis* constrói seu corpo virtual, seu avatar, com o que ele quiser imaginar. O entendimento desse corpo estará cada vez mais ligado aos desdobramentos de sua relação cotidiana com a tecnocultura digital. Nesse processo, enquanto indivíduo, o

---

[27] *Le projet« I-SKIN 1.0 + 2.0 Identités virtuelles », conçu dans le cadre de l'exposition « La Beauté » en Avignon, exploite les thèmes de la beauté et de la transformation du corps par le vecteur des technologies de l'information et de la communication. Par le prisme de l'avatar (double virtuel de la personne), l'installation souligne les questions relatives à la perception, à la représentation et au prolongement de l'individu dans l'espace électronique. Ce processus de création illustre le lien entre l'information et l'apparence, à l'origine du nom I -Skin, une peau d'information.* Disponível em: https://madparis.fr/i-skin-1-2-identites-virtuelles. Acesso em: 28 jun. 2022.

[28] Algumas das 20 *skins* selecionadas: Sakura, Hip Hop, Kit Angelical, Hypado, Sombra Roxa, Rolezeiro, Gola Alta, T.R.A.P. Zika e Brabo, T.R.A.P. Chavosa e Chavoso, Coração Urbano, Mano Milgrau, Calça Angelical, Gatitude, Loucura Rebelde, Espírito Púrpura (BREVE, 2021).

[29] Expressão cunhada pela autora para definir as histórias que se contam por meio de um conjunto de roupas, complementos e acessórios, entendendo as coleções criadas pelos *designers* como uma espécie de prosa que pode ser formatada como um romance, um conto, uma crônica etc.

sujeito-imagem gera e gere um grande número de conexões que formam a rede vivida e fluida de suas relações socioculturais que, na contemporaneidade, são atravessadas por sua conexão com as máquinas. O avatar, eu-imagem, é um corpo plástico concebido como interface que medeia suas múltiplas narrativas nos metaversos. O ser-estar do sujeito contemporâneo ultrapassa os limites da esfera física e segue em direção ao apagamento das fronteiras que separam as realidades físicas e digitais, pois a *skin* que veste o avatar é, literalmente, a pele na qual ele vive.

REFERÊNCIAS

BACZKO, Bronislaw. Imaginação social. *In*: **Enciclopédia Einaudi**, v. 5. Lisboa: Imprensa Nacional/Casa da Moeda, 1985.

BARTHES, Roland. Introdução à análise estrutural da narrativa. *In*: **Análise estrutural da narrativa**. Rio de Janeiro: Editora Vozes, 1971.

BREVE, Giovanna. *Skins* do *Free Fire* recebem coleção no SPFW. **Gizmodo Brasil**, São Paulo, 12 nov. 2021. Disponível em: https://gizmodo.uol.com.br/skins-do-free-fire-recebem-colecao-no-spfw/. Acesso em: 28 jun. 2022.

GENDLIN, E.T. Experiencing: A variable in the process of therapeutic change. **American Journal of Psychotherapy**, [*S. l.*], v. 15, p. 233-245, 1961.

HALL, Stuart. **A identidade cultural na pós-modernidade**. Rio de Janeiro: DP&A, 2005.

HOUAISS, Antonio (ed.). **Grande dicionário Houaiss.** UOL: Edição online exclusiva para o assinante.

LEITE, Ligia Chiappini Moraes. **O foco narrativo**. São Paulo: Editora Ática, 2004. (Série Princípios).

LÉVY, Pierre. **O que é virtual**. São Paulo: Editora 34, 1997.

LOPES, Danielly Amatte; OLIVEIRA, Selma Regina Nunes. Avatar, game e subjetividade: desdobramentos do Imaginário acerca do corpo. **Artefactum – Revista de Estudos em Linguagem e Tecnologia**, [*S. l.*], v. 7, n. 1, 2013. Disponível em: http://artefactum.rafrom.com.br/index.php/artefactum/article/view/117/209. Acesso em: 23 jun. 2022.

MACEDO, Tarcízio; AMARAL FILHO, Octacílio. Dos rios à tela de cristal líquido: o retorno do mito e a arquitetura da cultura convergente em League of Legends. **Fronteiras – estudos midiáticos**, [*S. l.*], v. 17, n. 2, maio/ago. 2015. Disponível em: http://revistas.unisinos.br/index.php/fronteiras/article/view/fem.2015.172.10. Acesso em: 28 jun. 2022.

MUSÉE DE LA MODE ET DU TEXTILE: Projeto I-SKIN 1.0 + 2.0 Virtual Identities, [*S. l.*]. Disponível em https://madparis.fr/i-skin-1-2-identites-virtuelles. Acesso em: 28 jun. 2022.

OLIVEIRA, Selma R. N. Imaginário e narrativa. *In*: CASTRO, Gustavo de (org.). **Mídia e imaginário**. São Paulo: Annablume, 2012.

POSFÁCIO

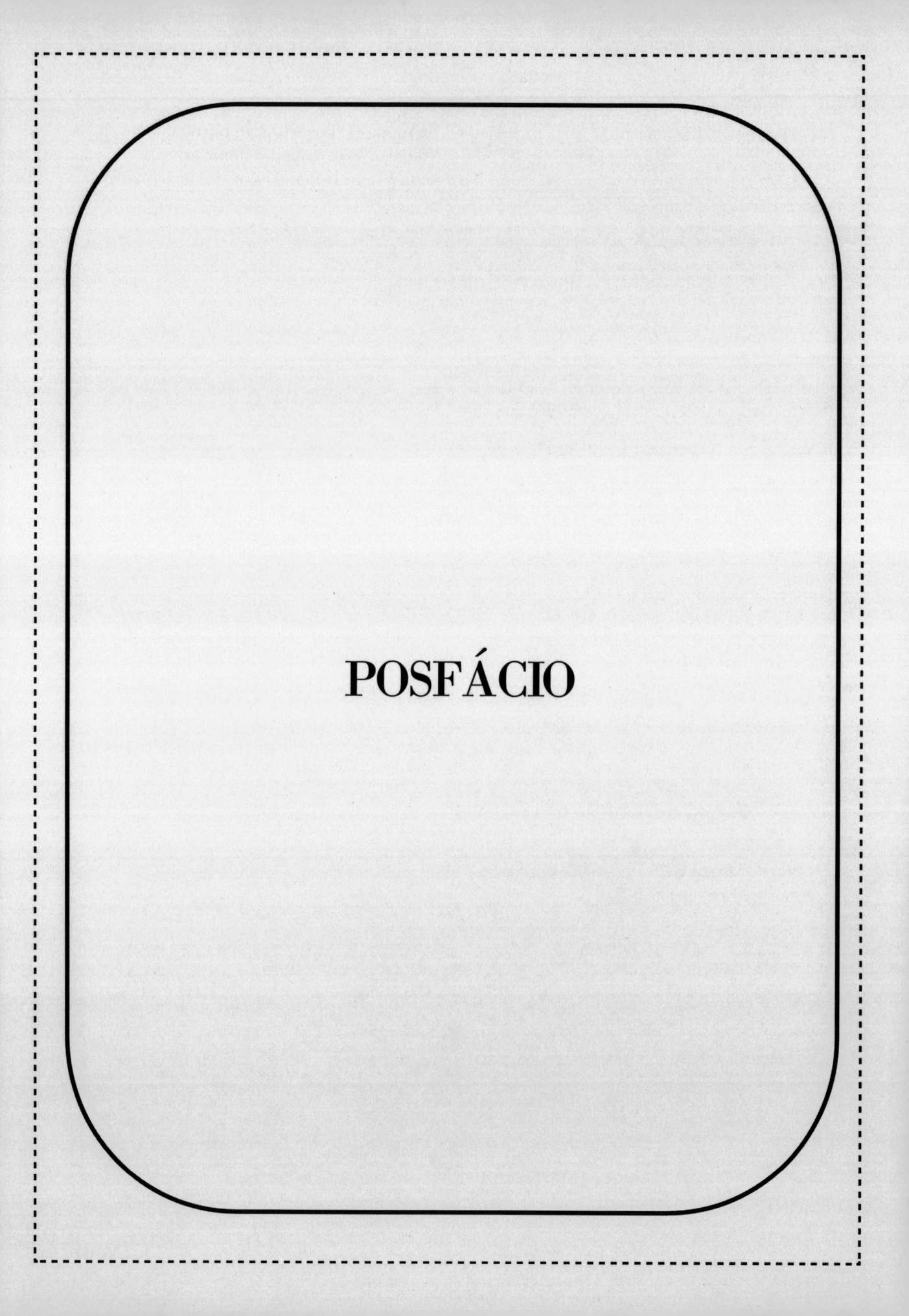

Desde o início dos anos 1970, profissionais de moda já desenvolviam o trabalho de consultoria de imagem, principalmente nos Estados Unidos. Não existia um nome específico para essa atividade. O profissional era confundido com consultor de moda. Somente nos anos 1980 surgiram nomes para esse tipo de trabalho: visagista, *personal stylist* e consultor de imagem.

Era uma época de grandes produções cinematográficas e, para reduzir os custos, era preciso um profissional para cuidar da criação das imagens dos personagens e de suas caracterizações. Surgiu a necessidade de ter na equipe alguém que entendesse do conjunto vestuário, cabelo e maquiagem. Na ocasião, começou um movimento liderado por Carole Jackson.

Na verdade, tudo iniciou décadas antes, com a "teoria das cores sazonais", inspirada nos estudos de **Johannes Itten**, quando lecionava na famosa escola Bauhaus, Alemanha 1919. Itten era pintor, professor e escritor suíço, que desenvolveu o disco de cores que permite combinações harmoniosas. Ele descreveu a força do colorido físico, na escolha de cores que os estudantes faziam para a própria pintura. Isso ainda no final do século XIX. Observou que as cores pessoais dos alunos eram, consistentemente, complementares aos seus tons de pele, cabelo e olhos, tanto em tonalidades, como em intensidade. Foram vários anos de documentação.

As teorias desenvolvidas por Itten tinham por objetivo o "eu": os estudantes deviam procurar o seu próprio ritmo e desenvolver uma personalidade harmoniosa. Itten foi uma figura dominante durante a primeira fase da Escola Bauhaus, tendo influência nas oficinas, na organização e na estruturação de cursos.

A metodologia de **Johannes Itten** era baseada em dois conceitos opostos: intuição e método ou experiência subjetiva e cognição objetiva. Na Bauhaus, desenvolveu um curso preliminar — Vorkus — cujo objetivo era "eliminar da mente do aluno todos os preconceitos que eles traziam, fazendo-os recomeçar a partir do zero". Acredito eu que deva ter sido o início do processo do conceito de autoconhecimento que décadas depois produziu várias literaturas de autoajuda.

Baseado nos estudos de Itten, em 1930, nos EUA, **Robert Dorr** criou o Color Key System, que revolucionou a indústria de cosméticos, por classificar as peles em quentes ou frias. Ainda hoje essa classificação é utilizada.

Nos anos 1940, **Suzanne Caygill** EUA, artista plástica e estilista, fez a mais profunda pesquisa de cores de pele, identificando 32 tipos. Para simplificar o uso da cor e identificar o tipo de pele, foi feita a classificação em quatro grupos: primavera, verão, outono e inverno.

Quem mais difundiu esse conceito nos últimos anos foi **Claude Juillard**, em 1980, na França. Coautor do livro *Formes et Couleurs*, Claude, grande cabeleireiro francês, foi o primeiro a criar um método baseado na análise do comportamento (linguagem corporal) e nas características físicas. Além da base da coloração sazonal, ele aplica conhecimentos de Proporção Áurea, *Leonard da Vinci* e o *Homem Vitruviano*. Foi um avanço grande, mas ainda limitado à percepção de como uma pessoa está, e não de quem ela é.

Nos anos 1980, consultoras de moda e imagem norte-americanas e europeias, entre elas **Carole Jackson**, adaptaram os estudos do Sistema Sazonal de Cores desenvolvido por Itten para a moda, aprimorando as cartelas de cores pessoais de guarda-roupa, acessórios, maquiagem e tinturação de cabelos para cada tipo cromático.

Em 1987, **Carole Jackson** lança o livro *Color Me Beautiful*, e com ele começa a popularização da coloração pessoal. Pela primeira vez, é abordado o estilo pessoal como uma identidade individual, que até então era associado a estilo de vida ou grupos de classes sociais. Foi um grande avanço para as discussões que hoje habitam nos universos sociais.

No Brasil, o movimento começa no final dos anos 1980, na caracterização de personagens na teledramaturgia. Surgem os primeiros profissionais com a nomenclatura de visagistas, depois, consultores de imagem e *personal stylists,* na sequência. Tudo ainda era meio confuso na denominação da profissão. Havia pouco material de apoio e a pesquisa era escassa. Eram necessárias muitas leituras, interpretações e adequações, como hoje, mas sem os atuais recursos disponíveis.

No início dos anos 1990, Claudia Raia e Maurício Mattar foram os primeiros artistas a falar do assunto. Na sequência, alguns políticos se interessaram pelo tema e logo depois a classe executiva nos meios corporativos.

Em 1993, no Brasil, surge mais que a ideia, mas a necessidade da formação profissional no segmento. Inicia-se um projeto no Senac de Belo Horizonte, prontamente aprovado pelo Departamento Nacional, sediado no Rio de Janeiro. À frente, eu e a supervisora pedagógica **Jaqueline Guerra,** que também tinha formação em Psicologia.

Seguindo as descrições do Código Brasileiro de Ocupações do Ministério do Trabalho, estudos e infinitas reuniões, iniciamos a elaboração do plano de curso, o desenvolvimento do conteúdo programático e suas ações e os planos de aula.

O processo mais complicado foi a criação do material didático de apoio e a organização dos planos de aulas, que deveriam refletir toda uma proposta nova de trabalho, aplicando metodologias facilitadoras da aprendizagem. Lembrando que havia poucas pesquisas específicas e nenhuma referência anterior. Tínhamos como objetivo a coloração pessoal e a tradução da moda voltada para uma identidade individual, não de um grupo de pessoas ou região.

Em 1995, realiza-se o primeiro curso em Belo Horizonte. Desafiador, mas ao mesmo tempo extremamente prazeroso. Entre erros e acertos, mais erros que acertos, fomos crescendo e criando uma linguagem na imagem dos brasileiros. Me sentia muito orgulhoso de estar à frente desse projeto.

Trabalhar com as cores foi o processo mais fácil. Definir e entender um estilo e criar uma identidade visual foi o mais complicado. Esbarrávamos em aspectos culturais, regionais e contaminações sociais muito fortes.

Era necessário aprofundar mais e obter mais conhecimentos. Tínhamos que desvendar os conceitos dos primeiros pesquisadores, mergulhar e entender melhor o "EU". Tudo começava a fazer sentido, mesmo depois de décadas.

Em 1996, **Mônica Simin** assumiu a supervisão pedagógica do curso de Consultoria de Imagem no Senac Minas e os desafios que eu enfrentava em várias questões no aprendizado dos alunos. O maior deles era exatamente dentro da anamnese; fechar com o cliente seus desejos, suas necessidades e criar uma linha de raciocínio que possibilitasse resultantes satisfatórias, objetivas e precisas.

Totalmente envolvida com tudo, Mônica Simin decidiu fazer uma pós-graduação em Neuropsicologia. Após algum tempo, fomos solucionando todos os problemas do curso e o desenvolvimento da consultoria com o cliente. Por volta dos anos 2000, tudo ficou redondinho e com resultados surpreendentemente satisfatórios, propiciando-nos criar alternativas, abordar novos métodos e técnicas sem comprometer o aprendizado dos alunos, como o entendimento do cliente no processo. Estava nascendo uma metodologia que hoje denomino **Três Passos:**

Quem? Onde? Por Quê? Além disso, passamos a utilizar a nomenclatura "**consultoria de imagem e estilo**".

No início dos anos 2000, há um crescimento mundial considerável dos cursos no segmento de moda e, consequentemente, da consultoria de imagem e publicações de livros mais técnicos ajudam a formação dos profissionais. No Brasil, continuávamos nossa trajetória, adequando a nossa realidade às novas linguagens universais. Havia, em alguns momentos, uma sensação de que vivíamos em um mundo à parte. Era fundamental entender melhor nossos códigos de comportamento e a linguagem corporal. Surgem livros no segmento, mas direcionados a um público leigo. Ainda assim, foram extremamente importantes na divulgação e consolidação da profissão.

Somente no início de 2010, a profissão passa a ser mais reconhecida pelo público, e há o crescimento de cursos por todo o Brasil. Muitas metodologias internacionais começam a ser divulgadas e aplicadas. Aqui em Belo Horizonte, conseguimos, depois de anos e vários cursos, ajustar a nossa metodologia pelo entendimento profundo dos temas/conteúdos necessários à capacitação dos profissionais e pela comprovação dos resultados dos trabalhos dos alunos. Fica consolidada a metodologia **Três Passos: Quem? Onde? Por Quê?** feita por meio da abordagem, investigação, negociação e interpretação de uma anamnese estruturada e direcionada a resultados.

Hoje temos metodologias e técnicas disponíveis a nosso favor. Torna-se cada vez mais necessário os consultores de imagem e estilo terem a maturidade de entendê-las, interpretá-las e aplicá-las com o objetivo de obter resultados consistentes e constantes. Depois de mais de um século do início de tudo, voltamos à origem. É essencial mudarmos a "percepção de como uma pessoa está e não de quem ela é". O desafio vivido pelos primeiros estudiosos passa ser a base dos nossos estudos também.

Após 26 anos dentro da instituição, chegou o momento de buscar novos horizontes e possibilidades, mas primeiro um ano sabático, porque eu mereço. Estava muito cansado das salas de aula nos últimos anos. Devido à alta procura, ministrava dois cursos por dia, eram oito horas de aulas, fora o planejamento delas.

Em 2017, fui convidado por um ex-aluno, parceiro e grande amigo nas transformações de cabelos em vários trabalhos de consultoria, a fazer parte de um projeto que levava o seu nome: **Bruno Rupf Academy**. Assim voltei a atuar, fiz a revisão do curso, planos de aula e material didático, e chegamos a realizar uma turma. Na segunda, fui diagnosticado com um problema de saúde. Perdi mais de 30 kg, passei por vários especialistas e uma internação, até descobrirem uma bactéria no meu esôfago e pulmão. O tratamento levou mais alguns longos meses pelo fato de não conseguirem isolar a bactéria para combatê-la com eficácia. Assim, foi mais de um ano fora do mercado de trabalho.

Era o momento de cuidar de mim. O que não imaginava é que levaria tanto tempo. Uma sensação de cansaço e desânimo me abateu e cheguei a pensar ser o momento de parar. Havia muitas pessoas novas no mercado, novas metodologias e caminhos que me deixavam, e ainda deixam, intrigados até hoje.

No final de 2018, resolvi voltar a trabalhar, já mais recuperado parcialmente dos problemas de saúde e com muita vontade de atuar. Confesso que levei um susto ao constatar várias mudanças no setor da consultoria de imagem e estilo, entre elas muitas abordagens sobre moda, marcas e um festival de coloração pessoal, uma inevitável sensação de retroceder no tempo, de já ter passado por esta etapa.

Fui acometido por um desânimo em meio a uma série de vertentes que não faziam sentido para mim. Pensei muito em Carole Jackson e seu trabalho de desfragmentar todos os estudos até então desenvolvidos em sua época, e em todos os estudiosos que se dedicaram à evolução direta e indireta, ligados à nossa profissão.

No início de 2019, fui convidado a fazer parte de uma mesa redonda para consultoras de imagem e estilo para falar sobre cores. A princípio, pensei em recusar, como recusei vários outros convites para participar de eventos ligados à profissão e à moda. Reconsiderei e, em fevereiro desse mesmo ano, participei da mesa redonda.

No evento, revi algumas ex-alunas e muitas pessoas novas no segmento, me surpreendi com a curiosidade de muitas em me conhecer pessoalmente, porque só ouviam falar. Ao final, me pediram para ministrar um curso abordando a minha metodologia de trabalho. Imediatamente um grupo tomou a frente e se prontificou a organizar tudo, percebendo que eu estava um pouco resistente.

Em março, preparei o material e a apostila e ministrei o curso em um hotel de Belo Horizonte, com muita disposição em compartilhar com os meus colegas. Em três dias, compreendi tudo o que estava acontecendo no mercado de consultoria de imagem e estilo. Cursos desfragmentados e sem direcionamento, metodologias internacionais aplicadas sem interpretações e adequações necessárias para a nossa realidade. Encontrei pessoas inteligentes, envolvidas com a profissão e com muita vontade de fazer o certo e fazer bem, mas sem terem um norte.

Além do direcionamento, faltava-lhes a construção de uma linha de raciocínio lógica e precisa, o que levei anos para entender e aplicar. Foram dois sentimentos que me invadiram; o primeiro, o de uma grande satisfação de que tudo que estudei, pesquisei, os erros e acertos não foram em vão e não estavam perdidos no tempo; o segundo foi uma tristeza de constatar o que fizeram com a nossa profissão, tão importante e necessária, se tornando rasa e sem significado, verdadeiramente um retrocesso.

Mas é claro que encontrei também muitas coisas bacanas e avanços extremante interessantes e aprofundados, mas tudo muito solto. Era preciso separar todos os retalhos bons e consistentes de tramas sólidas, dos retalhos ruins, e começar a tecer uma colcha bonita e harmoniosa como a profissão merece. E que essa colcha pudesse aquecer pessoas sedentas de conhecimento e de profundidades no exercício da profissão, que pudessem se dedicar a ela com bagagem e, principalmente, com segurança.

Em meio a esse turbilhão de pensamentos, começo a ministrar novamente os meus cursos e parto para a minha retomada ao mercado de trabalho. Foi necessário entender e mapear o mercado e como os métodos e técnicas estavam sendo desenvolvidos. Também foi necessário entender o comportamento dos consultores de imagem e estilo e, principalmente, a reação dos clientes, qual o perfil dos novos consumidores do nosso trabalho.

Aconteceram três pontos importantíssimos na minha trajetória: o primeiro foi a reorganização do meu Instagram, ao qual não dava a atenção necessária e merecida; depois foi ter ingressado em um grupo de consultores de imagem e estilo de Curitiba; e por último, mas não menos importante, entrei para a **FIPI Brazil**, o que me proporcionou vários contatos com colegas de todo o Brasil, com muitas trocas e novas amizades. Dentro da FIPI, fui inserido em vários eventos organizados pela associação, foi quando muitos tomaram conhecimento de que sou o primeiro professor de Consultoria de Imagem e Estilo do país.

Sempre fui transparente nos meus pensamentos e posicionamentos, uma característica que aprendi a desenvolver como consultor de imagem e estilo e que me ajudou muito em algumas situações. Em uma delas, expressei minha indignação da escassez de conteúdo e consistência dos cursos existentes. Havia uma preocupação de minha parte com a falta de abordagem dos meus colegas professores e a ausência de bases pedagógicas e didáticas muito necessárias em qualquer processo de aprendizagem. Tudo isso ia contra o desejo dos alunos de aprender e, principalmente, entender todo o processo da consultoria de imagem e estilo. Eram muitos métodos e técnicas aplicados sem nenhuma interpretação ou adequação, fórmulas que futuramente levam nossos clientes a frustações e, em alguns casos, a decepções.

Em agosto de 2019, recebo o convite para ministrar cursos online na plataforma **Em Nome do Estilo**. E depois de várias pesquisas, parti para transformar os planos de cursos em planos de vídeos, os planos de aulas em roteiros e todo o conteúdo programático para esse novo desafio. Em outubro, iniciaram-se as gravações, que se estenderam até dezembro. Em janeiro de 2020, terminaram as edições das aulas, e o curso online estava pronto para começar, o que ocorreu em março desse mesmo ano. Em janeiro de 2022, a plataforma deixou de atuar, e passei a conduzir os meus cursos com a ajuda de uma assistente.

Para finalizar, gostaria de acrescentar que precisamos ter uma linha de raciocínio lógica, dominar a arte de ouvir e interpretar, aplicar o que for necessário para o reconhecimento e aceitação do nosso cliente em suas escolhas sociais e profissionais, entender o universo que ele vive e necessita sobreviver. Precisamos eliminar os "prés" — preconceitos, presunção e preguiça — e lutar para que cada vez mais nossa profissão se fortaleça com qualidade e resultados eficazes.

Acho este livro de extrema importância para o mercado atual, importante conhecer o ponto de vista de vários consultores e ângulos — alguns foram meus alunos —, como atuam e, principalmente, a percepção de um bom profissional. Não existem fórmulas mágicas, precisamos é entender os conceitos e a filosofia da nossa profissão e, principalmente, nos posicionarmos com segurança.

Vivemos novamente em momento de desfragmentação, para construirmos em nós mesmos o profissional que queremos ser no futuro. É necessário resgatar de onde paramos e entender as mudanças de tantas crises vividas pela sociedade e que permitimos contaminar a nossa profissão. Consultoria de imagem e estilo nasceu para atender às necessidades de pessoas que, contaminadas socialmente, familiarmente e profissionalmente, se comunicam por meio de ruídos com o universo que escolheram viver. Precisamos escutar as suas histórias, entender as suas escolhas, ajudá-las no autoconhecimento, *ferramentá-las* na autoconfiança e resgatar-lhes a autoestima. Não podemos mais nos desviar do nosso caminho.

NOSSA IMAGEM É UMA AÇÃO QUE PROVOCA UMA REAÇÃO,
PORTANTO IMAGEM É PROVOCAÇÃO.

Prof. Eduardo Carvalho
Professor há mais de 30 anos, é pioneiro na área da Consultoria de Imagem e Estilo.
É também palestrante e mentor de profissionais da área.